墨香财经学术文库

"十二五"辽宁省重点图书出版规划项目

U0674668

数字创业情境下心理资本对创业者及创业绩效的影响

The Impact on Digital Entrepreneurial Psychological Capital
and Performance in the Context of Digital Entrepreneurship

李佳卉 著

东北财经大学出版社 大连
Dongbei University of Finance & Economics Press

图书在版编目（CIP）数据

数字创业情境下心理资本对创业者及创业绩效的影响 / 李佳卉著．—大连：东北
财经大学出版社，2023.9
（墨香财经学术文库）
ISBN 978-7-5654-4842-3

Ⅰ.数…　Ⅱ.李…　Ⅲ.创业-心理-资本-关系-企业绩效-研究　Ⅳ.F241.4

中国国家版本馆CIP数据核字（2023）第088023号

东北财经大学出版社出版发行

　大连市黑石礁尖山街217号　邮政编码　116025
　网　　址：http://www.dufep.cn
　读者信箱：dufep@dufe.edu.cn
大连图腾彩色印刷有限公司印刷

幅面尺寸：170mm×240mm　字数：233千字　印张：16　插页：1
2023年9月第1版　　　　2023年9月第1次印刷
责任编辑：高　鹏　赵　楠　责任校对：贺　力
封面设计：原　皓　　　　版式设计：原　皓
定价：68.00元

本书受福建省社会科学基金（项目名称：数字赋能福建省民营企业创新驱动效应与转型路径研究；项目号：FJ2023C028）以及福建江夏学院学术著作资助项目资助出版。

序言一

人文社科类的学术研究要结合时事、政策，发现社会群体面临的问题并努力解决问题。本书作者经过观察、思考与分析后，发现目前数字创业已从蓝海变为红海，由此出现了一系列的社会问题。焦虑、压力导致的创业失败是较为突出的问题。

从书中可以看出，作者在心理资本与创业之间的关联部分做了大量工作。同时，作者发现了在创业心理资本研究领域中哪些方面尚处于研究空白、哪些为薄弱环节，这为接续研究奠定了坚实的理论基础。

在实证研究环节，作者主要采用两个子研究解决"心理资本的成因"和"心理资本是否能提升创业绩效"这两个问题。由于研究主体的特殊性，实证所需的数据较难采集，同时采用问卷调查心理学方面的因素会导致共同方法偏差。鉴于以上原因，在问卷信效度的保证方面，作者进行了一系列严格的检验。

值得一提的是，作者采用模糊集定性分析法可以更为恰当地描述数字创业者的心理资本成因。过往研究主要将视线集中于心理资本与单变量之间的直接效应，心理资本是受多种因素共同影响的复杂因子这一观念在本书中得到了较为清晰的体现。

吉林大学商学与管理学院

葛宝山

序言二

在数字经济蓬勃发展的背后，是千千万万个数字创业者共同努力的结果。然而，日益激烈的竞争会导致数字创业者们身心俱疲。实现创业成功通常需要坚强的信念与顽强的意志。心理资本是一个由自我效能感、乐观、希望和韧性共同构建的高阶因子，通常会正向影响创业者的认知与行为。

本书作者从心理资本的角度展开对数字创业者的研究，这个视角是有着积极意义的。作者先是探索了数字创业者的心理资本水平受何种因素影响，通过对高心理资本与非高心理资本组态的分析阐述数字创业者应该从哪些方面着重关注自身的情况，对于优势加以改进、对于不足进行弥补，从而进一步提升心理资本水平。

数字创业相较于传统创业有诸多不同，数字创业心理资本对于创业绩效是否会具有相似的影响路径是应当思考的主要问题。所以，在探究了心理资本水平的成因后，作者进一步探究数字创业心理资本是如何对创业绩效产生作用的。通过详细梳理与大量的实证检验，作者印证了所提出的概念模型，进一步证实了心理资本可以通过个体能力和行为对绩效产生正向影响。

简言之，本书逻辑清楚、实证严谨，具有较强的可读性，非常贴合时下的热门群体，所得结论为数字创业者如何提升绩效给予了指导，具有一定的实用性。

吉林大学商学与管理学院

姚梅芳

前言

　　2022 年 1 月 12 日，国务院发布了《"十四五"数字经济发展规划》，强调要把握数字化发展新机遇，拓展经济发展新空间，推动我国数字经济健康发展。数字创业者面对的环境复杂并且压力大，心理资本能够有效缓解数字创业者的创业压力，因此，关注数字创业者的心理资本具有重要意义。

　　本书以数字创业心理资本为研究核心，主要解决以下几个问题：（1）数字创业心理资本是什么。（2）数字创业心理资本受何种因素和组态的影响。（3）如何提升数字创业心理资本。（4）数字创业心理资本与创业绩效之间的作用机制是如何形成的。

　　传统创业与数字创业有所不同，不能将创业心理资本概念直接应用于数字创业情境，本书认为遇到某些特殊事件（如新的数字技术或出现机会）时，数字创业心理资本能够积极影响数字创业者对于事件本身的认知并能有效干预其决策。

　　在探究数字创业心理资本的影响因素与其影响组态时，本书基于心理资本理论，结合构型理论提出了数字创业心理资本的组态分析模型，包括自我调节、创业学习、家庭支持和创业环境4个前提条件，并将自我调节和创业学习划分为内部条件，将家庭支持和创业环境划分为外部条件。运用模糊集定性比较分析对收集到的238位数字创业者的调查数据进行分析，结果表明数字创业心理资本的变化主要是多因素协同作用的结果。为了提高数字创业心理资本，数字创业者应该积极寻求家庭成员的支持，培养自主创业学习能力或经验学习能力，在良好的创业环境中积累数字创业经验。在理论层面，数字创业心理资本的组态分析模型识别出了影响数字创业心理资本的关键条件和组态；在实践层面上，数字创业心理资本的组态分析模型为数字创业心理资本的发展提供了有益启示。

在探究数字创业心理资本与创业绩效的作用机制时，本书通过"能力-行为-绩效"的研究思路，构建数字创业心理资本与创业绩效作用机制理论模型。在该模型中，数字创业能力和数字创业行为为链式中介，环境动态性为调节变量，采用探索性因子分析、验证性因子分析和Pearson相关分析等方法检验了问卷信效度，并通过构建结构方程模型和Bootstrap方法进行假设检验。研究结果表明，本书所提假设大多数得到了数据的支持和方法的验证，主要研究结论如下：（1）数字创业心理资本显著积极影响创业绩效。（2）数字创业能力和数字创业行为都与创业绩效有显著正向关系。（3）数字创业能力与数字创业行为在数字创业心理资本和创业绩效间起到部分中介作用。（4）数字创业能力与数字创业行为在数字创业心理资本和创业绩效间的链式中介效应部分成立。（5）环境动态性在数字创业心理资本与数字创业能力间、数字创业能力与创业绩效间起显著正向调节作用。

本书在理论上的贡献主要体现在以下方面：（1）厘清了有关数字创业心理资本、数字创业能力和数字创业行为等的概念内涵，使研究更为科学严谨，并为未来的相关研究提供参考。（2）界定了影响数字创业心理资本的关键条件，为数字创业心理资本关键条件的界定拓展了新的研究范畴。（3）识别出了影响数字创业心理资本形成的核心条件和条件组合，找到了数字创业心理资本形成、提升的部分原因。（4）揭示了数字创业心理资本对创业绩效的作用路径，研究结果得到了关于数字创业心理资本可以影响数字创业能力，继而影响数字创业行为最终传递到创业绩效的完整链条。（5）丰富了多理论在数字创业领域中的应用。（6）拓展了模糊集定性比较分析法在数字创业领域的应用和高数字创业心理资本的反事实分析，补充了非高数字创业心理资本的条件组合分析，进一步探究了抑制数字创业心理资本水平的原因所在。

本书的创新点如下：（1）将心理资本概念应用于数字创业者群体。相关研究的群体以往主要为大学生创业者、女性创业者等，关于数字创业者群体的数字创业心理资本水平对创业绩效是否产生影响的实证研究并不多见。（2）将心理学与管理学结合展开交叉学科研究。将心理资本理论应用于数字创业领域，在数字创业研究中除了关注数字技术和创业机会外，还以全新的积极心理学视角审视问题、提出问题并解决问题，寻求新的突破。（3）从个体层面构建数字创业心理资本组态模型。将研究对象聚焦于数字创业者个体，对其心理资本情况进行探究，使得结论更具有普适性。（4）在数字创业领域进行实证研究设计，探究数字创业领域的创业者如何提升绩效。通过分析数字创业心理资本、数字创业能力、数字创业行为与创业绩效之间的逻辑关系，构建结构方程模型展开实证研究。

作　者

2023 年 4 月

目录

导言

01 我国数字创业背景概述

数字经济在不同的时代背景下被赋予的含义有所不同，1960—1980年的数字经济内涵为信息经济，以软件、硬件等基础工具的发展为主；1990—2010年的数字经济内涵主要为网络经济，电子商务和门户网站得以快速发展；2010年至今已经步入现代数字经济时代，如云服务和共享经济等。中国信息通信研究院发布的《全球数字经济白皮书》显示，自2020年起，全球47个国家的数字经济规模总量达到32.6万亿美元。

随着科技的发展与前端的完善，数字创业变得越来越多。在攻克了技术壁垒之后，开放式的数字平台对想创业的普通人变得友好起来。数字创业因其低成本、高回报等特征备受创业者的青睐（Rosenbaum 和 Cronin，1993；Giones 和 Brem，2017；Hamid 和 Khalid，2016；Farani 等，2017）。淘宝、京东、拼多多等实现了传统商业模式向 C2C 和 B2C

等商业模式的转型；抖音、快手等短视频平台利用大数据和云计算等数字技术针对特定客户群体进行精准营销；滴滴出行、58同城、美团外卖等在出行、家政、餐饮等方面构建数字平台。

02　心理资本研究概述

心理资本作为继传统的经济资本、社会资本和人力资本之后的第四大创业资本，对于创业者的认知和行为有着显著影响（靳娟和杜羽笛，2020）。积极的心理资本可以让创业者拥有更强大的内心，在面对挫折、逆境和迷茫时感受到较小的压力，并且能够坚定自己的目标（Baron 和 Franklin 等，2016；Lopez 等，2003）。

有关研究结果显示，心理资本可以积极影响创业绩效（Hmieleski，2008；何红光，2015；牛骅，2015；王嫣婷，2015；关培兰和罗东霞，2009；谢雅萍等，2013），但目前关于数字创业者群体的数字创业心理资本水平对创业绩效是否产生影响的实证研究并不多见。数字创业的高失败率（Ammirato 等，2019）会导致数字创业者产生焦虑情绪以及感受到较大的创业压力。积极的心理资本作为个体拥有的资源，可以缓解压力（Luthans 等，2020；Baron 等，2016）、提升创业绩效（Grözinger 等，2022；Hmieleski，2008；Esfandabadi 等，2019）。本书在数字经济宏观背景下探究数字创业心理资本如何影响创业绩效，揭示二者之间的作用机理。

Luthans 等（2004）认为，经济资本是指"人们拥有什么"，人力资本是指"人们知道什么"，社会资本是指"人们知道谁"，而心理资本是指"知道自己是谁"。心理资本理论指出，在创业过程中心理资本将赋予创业者在不确定的条件下可以坚持下去并从失败中恢复的能力。Baron 和 Franklin 等（2016）在研究中发现，拥有较高水平心理资本的创业者在新的创业过程中往往经历较低的压力水平；而缺乏心理资本的创业者因承受不了压力会面临创业失败或者选择退出创业。Arshi 等（2020）通过实证研究发现积极的心理资本会调节创业者受到的负面影响以显著减轻其创业压力。Hmieleski 等（2008）研究发现，相比经济资本、人力资本和社会资本，心理资本可以更好地解释创业绩效。

对于创业者个体而言，心理资本是一个可以影响创业结果的重要个体特征，也是中小企业创业者成为成功企业家的关键个人心理资源（Hall 和 Chandler，2005；Hmieleski 和 Carr，2007；Peterson 等，2011）。一些学者认为创业者的心理资源越多，获得持久创业成功的机会越多（Hmieleski 和 Corbett，2008；Newman 等，2013）。数字经济正在改变国民经济的生产、消费和分配方式，为国家提供更加高效的经济运行模式（许宪春和张美慧，2020），在这种宏观经济背景下，数字技术的蓬勃发展不断为人们提供潜在创业机会。在日新月异的数字技术变革中，数字创业者保证积极的数字创业心理资本水平将会更有利于数字创业的开展。

在创业情境下，Venkataraman 等（2012）认为应重点关注个人在创业过程中的认知、决策和思维过程。依据关键心理资源理论和资源基础理论，心理资本是一种积极的心理资源，而资源是创业过程中实现创业目标的条件。面对相同事件时，具备积极心理资本的个体往往会有更为正向的解读。Friend 等（2016）、McKenny 等（2013）通过实证研究发现拥有积极的心理资本会影响个体的认知。由此可见，心理资本是可以改变个体认知的关键资源。基于自我决定论，人类的本质是具有主观能动性的有机体，其具备内在自我发展和实现的先天潜能（Deci 和 Ryan，1995），个体能够认知事物并根据自我认知来调节行为。社会认知论与计划行为理论则表明，外界条件对个体产生影响以及个体行为均受到个体认知的控制。由此可见，心理资本能够通过影响创业者的认知与决策最终影响创业者的行为。心理资本是创业者创业资本中的"心"，可以为创业者树立目标并指引其前进的方向（张铭和胡祖光，2012）。结合以上理论背景，本书提出心理资本适合在数字创业领域进行分析与讨论。那么，数字创业心理资本是什么？数字创业心理资本受何种因素和组态的影响？如何提升数字创业心理资本？数字创业心理资本与创业绩效之间的作用机制是如何形成的？以上问题本书将在后续论述中解答。

目前，有关数字创业的研究文献较少，关于数字创业、数字创业者和数字创业心理资本的概念尚不统一，本书通过归纳文献来界定以上概念。数字创业是指通过研发或运用数字产品、服务或平台发觉创业机会，并以实现自我价值或营利等目的而开展的商业行为。数字创业者有广义和狭义之分，利用数字技术、数字平台创业的个体为广义数字创业者；狭义数字创业者又称数字技术创业者，是运用自身数字知识、思维和能力创业的创业者，通过创造数字产物、利用科学或技术知识来识别及开发创业机会。本书结合有关研究认为数字创业心理资本是指在创业情景中，创业者个体遇到特定事件（如潜在创业机会等）时会对事件本身的认知产生积极影响，并能有效干预自我决策。

以往的研究文献主要从组织层面的心理资本展开论述并进行组态模型的构建，如对团队中的领导和员工们的心理资本研究框架的构建（朱瑜和周青，2013；张铭，2017）。本书根据研究框架探寻构成高水平的数字创业心理资本的条件组合，为数字创业者如何提高个体数字创业心理资本水平提供思路。

03　数字创业背景下心理资本研究意义概述

本书将心理资本应用于数字创业领域，在为心理资本影响因素的研究提供参考的同时，还为数字创业心理资本的形成提供了更为全面的理论支撑。国内数字创业领域主要停留在理论阶段，以综述的形式阐述数字创业，如郭海和杨主恩（2021）从数字技术切入进行数字创业的研究；余江等（2018）从数字化时代创业理论和实践的新趋势解读数字创业等，鲜有关于数字创业实证方面的研究文献。本书基于现有理论和文献在数字创业领域开展实证研究设计。在实证研究前，本书通过有关文献界定数字创业能力与数字创业行为的概念，通过构建结构方程模型验证了数字创业心理资本对于创业绩效有显著正向影响，说明开发数字创业心理资本对于成功进行数字创业有积极影响。在实证研究设计中，本书参考刘勤华和刘晓冰等（2020）、胡海青和张颖颖等（2019）的研究框架，遵循"能力-行为-绩效"的思路，探究数字创业心理资本对于创业绩效的影响。

狭义来说，数字创业通常是指创业者运用自身数字知识、思维和能力进行创业（Tumbas 等，2018；Ngoasong，2018），如百度、腾讯等数字企业。这种数字企业需要先进的科学技术以及庞大的资本运作，其巨大的壁垒让普通人望而却步。任何数字技术的出现，都需要庞大的使用人群，当数字技术的使用人群基数有保证时，数字企业才会加大研发投入来促使技术升级，从而加速数字化进程。

广义的数字创业是一种高效性、低成本以及低门槛的创业模式，只要依附于大型数字平台即可实现个体创业。这使得手中资本并不丰厚、无广泛人脉但具备创业意向的个体也可以实现创业梦想。但低壁垒等特性导致广义数字创业的群体非常庞大，处于同一赛道的创业者面临的竞争压力也是巨大的，数字创业者创业失败的可能性大大增加。不仅如此，平台为了体现自身良好的公开透明度，将消费者对数字创业者提供的产品、服务和推广宣传的评价和评论即时展示，这样一来负面言论的发酵和传播速度会更快。相对于传统创业者，数字创业者在创业活动的开展过程中更容易受到负面消息和言论的严重冲击。在面对失败、逆境和挫折时，拥有较高水平的心理资本通常可以使创业者更快从失败情境中恢复过来（Lopez 等，2003）。

04　本书采用的研究方法简述

0.4.1　文献分析法

文献分析法是指对收集到的某方面的文献资料进行研究，以探明研究对象的性质和状况，并从中引出自己的观点。文献分析法能帮助研究者形成关于研究对象的一般印象，有利于对研究对象进行历史的动态把握，还可研究已不可能接近的研究对象。文献分析法一般分两步进行：第一步，找出文献论述的对象，进一步查明是要论述该对象哪个方面的具体问题；第二步，找出文献中涉及的各种概念，进一步查明它们之间的关系，从而形成若干完整的主题。文献分析法的优点在于分析成本较低，工作效率高，并且能够为进一步工作分析提供基础资料、信息；缺点在于收集到的信息不够全面，尤其是从小型企业或管理落后的企业往往无法收集到有效、及时的信息，要与其他工作分析方法结合起来使用。

文献分析法的主要内容包括以下方面：第一，对查到的有关档案资料进行分析研究；第二，对收集来的个人日记、笔记、传记进行分析研究；第三，对收集到的公开出版的书籍、刊物等资料进行分析研究。

0.4.2　内容分析法

内容分析法是一种主要以各种文献为研究对象的研究方法。在教育科学研究中，内容分析法既是一种主要的文献资料分析方法，又是一种独立、完整的科学研究方法。内容分析法具有对于明显的传播内容进行客观、系统的分析，并加以量化描述的基本特征，可以借助计算机进行数据的分析处理，为使用现代信息技术处理研究问题提供了新的思路。

内容分析法将非定量的文献材料转化为定量的数据，依据这些数据对文献内容作出定量分析并进行关于事实的判断和推论，对组成文献的因素与结构的分析更为细致和程序化。

内容分析法的适用范围比较广泛。就研究材料的性质而言，内容分析法既适用于文字材料，也适用于非文字类型的材料（如广播与演讲录音、电视节目、动作与姿态的录像等）；就研究材料的来源而言，内容分析法既可以对用于其他目的的许多现有材料（如学生教科书、日记、作业）进行分析，也可以为某一特定的研究目的而专门收集有关材料（如访谈记录、观察记录等），然后再进行评判分析；就分析的侧重点而言，内容分析法既可以侧重于材料的内容进行分析，也可以侧重于材料的结构进行分析，或对两者都予以分析。

内容分析法的适用范围虽然较广，但潜在、深层的内容不适于采用内容分析法进行研究，否则难以保证结果的准确性和客观性。

0.4.3　问卷调查法

问卷调查法是一种在实证研究中常用的收集数据的方法。问卷是指为统计和调查所用的、以设问的方式表述问题的表格。问卷调查法就是研究者用控制式的测量对所研究的问题进行度量，从而收集到可靠的资料。大多用邮寄、个别分送或集体分发等方式发送问卷，由被调查者按照表格所问来填写答案。问卷调查法的主要优点是标准化和成本低。

问卷的设计类型通常包括结构型与非结构型。

结构型问卷也称封闭式问卷，是把问题的答案事先加以限制，只允许在问卷限制的范围内进行挑选。例如：你购买××物品的原因。a 选项：便宜；b 选项：好用。结构型问卷包括是否式、选择式、评判式与划记式等。封闭式回答的答案是预先设计的、标准化的，不仅有利于被调查者正确理解和回答问题，节约回答时间，提高问卷的回复率和有效率，而且有利于对回答进行统计和定量研究。结构型问卷有利于询问一些敏感问题，被调查者对这类问题往往不愿写出自己的看法，但对已有的答案却有可能进行真实选择。结构型问卷的缺点是设计比较困难，特别是一些比较复杂的、答案很多或不太清楚的问题，很难完整、周全设计，一旦设计有缺陷，被调查者就无法正确回答问题。由于结构型问卷填写比较容易，被调查者可能对自己不懂、甚至根本不了解的问题任意填写，从而降低回答的真实性和可靠性。

非结构型问卷也称开放式问卷，问卷由自由作答的问题组成，是非固定应答题。非结构型问卷往往用于以下情况：一是较深层次的问题研究；二是在研究初期，对所研究的问题或研究的对象有关情况还不十分清楚。

本书首先基于国内外相关构念进行问卷设计，根据预调研的情况进行问卷的修正与净化，形成最终的问卷。然后发放正式问卷并回收处理问卷以获取一手数据，为验证研究所构建的模型及假设做好数据准备。

0.4.4　统计分析法

统计分析法指通过对研究对象的规模、速度、范围、程度等数量关系的分析研究，认识和揭示事物间的相互关系、变化规律和发展趋势。该方法通过建立数学模型，对调查获取的各种数据及资料进行数理统计和分析，形成定量的结论。统计分析方法是广泛使用的现代科学方法，也是一种比较科学、精确和客观的测评方法。

统计分析法的优点是比较简单，工作量小。其局限性包括以下几点：一是对历史统计数据的完整性和准确性要求高；二是统计方法选择不当会严重影响标准的科学性；三是统计资料只反映历史的情况。

0.4.5 归纳演绎法

归纳演绎法的基本释义为归拢并使有条理，然后由一系列具体的事实概括出一般原理，最后从前提得出结论的推理，并从一些假设的命题出发，运用逻辑的规则导出另一些命题。归纳和演绎反映了人们认识事物两条方向相反的思维途径。

归纳和演绎是形式逻辑和辩证逻辑共有的思维方法，是辩证思维的起点。不同的是，形式逻辑把归纳和演绎看作各自独立、相互平行的两种逻辑的证明工具和推理规则，割裂了归纳和演绎的辩证关系，并且形式逻辑抛开事物的具体内容和矛盾，只注重归纳和演绎的形式，因而总是从不变的前提出发，按照固定的线路，推出僵硬的结论。与形式逻辑相反，辩证逻辑强调归纳和演绎是既相互区别又相互联系的两种思维方法，是概念、理论形成过程不可分割的两个方面。

05 本书概览

首先，确定了"提出问题—分析问题—解决问题"的研究思路，通过观察、结合时事并查阅有关文献找到切入点，在此基础上提出研究问题。其次，采用定性比较分析法，对影响数字创业心理资本的组态进行分析，解决"何种因素影响了数字创业心理资本的形成"的问题。最后，根据社会认知论与计划行为理论等构建"数字创业心理资本–创业绩效"的作用机制模型，并提出有关假设，进而开展实证研究设计。预调研阶段采用探索性因子分析来确定问卷的结构效度，并重新修订问卷；实证研究阶段采用信效度分析等方法来检验问卷的稳健性和准确性，并采用结构方程模型检验提出的假设。

本书主要内容如下：

导言首先论述了实践背景和理论背景，并详细阐述了研究的理论意义与现实意义。其次提出研究的问题并概括研究内容以进一步体现理论与实践价值。最后设计技术路线，展示研究结构。

第1章回归到相关文献之中，夯实理论基础，为后续的研究提供充足的理论依据。具体包括有关理论基础的阐述；对数字创业内涵、数字创业者和数字创业情境的相关文献进行梳理和概念界定；对数字创业心理资本的影响因素、结果变量及作用条件、情境因素的文献进行回顾并构建研究框架；根据有关文献给出数字创业心理资本的定义。

第2章探寻影响数字创业心理资本水平的条件及条件组合，找到可以提升或抑制数字创业心理资本水平的构型。分别从数字创业者的个体特征、行为、内部环境因素和外部环境因素等方面界定自我调节、创业学习、家庭支持和创业环境4个关键条件，通过梳理条件间的逻辑关系构建组态模型，并通过fsQCA软件分析出影响高心理资本水平与非高心理资本水平的组态并对其命名。

第3章遵循"能力-行为-绩效"的研究思路对数字创业心理资本与创业绩效之间的关系进行深入研究。在提出假设后，对于如何进行实证研究进行设计。实证研究设计中包含问卷设计、变量测量以及分析方法的选择。在预调研后修订最终测量量表。

第4章按照第3章构建的研究框架进行相关实证分析。首先对收集到的样本数据特征进行描述性统计分析，然后对样本数据进行信度分析、效度分析、相关分析和共同方法偏差检验。其中，效度分析中选择结构效度、内容效度、收敛效度和区分效度进行检验，并对提出的假设逐一检验。

第5章根据第4章得出的实证研究结果，结合相关实证研究的结论进行分析与讨论。

第6章进行整体总结陈述，并进行未来的研究展望。

本书技术路线图如图01-1所示。

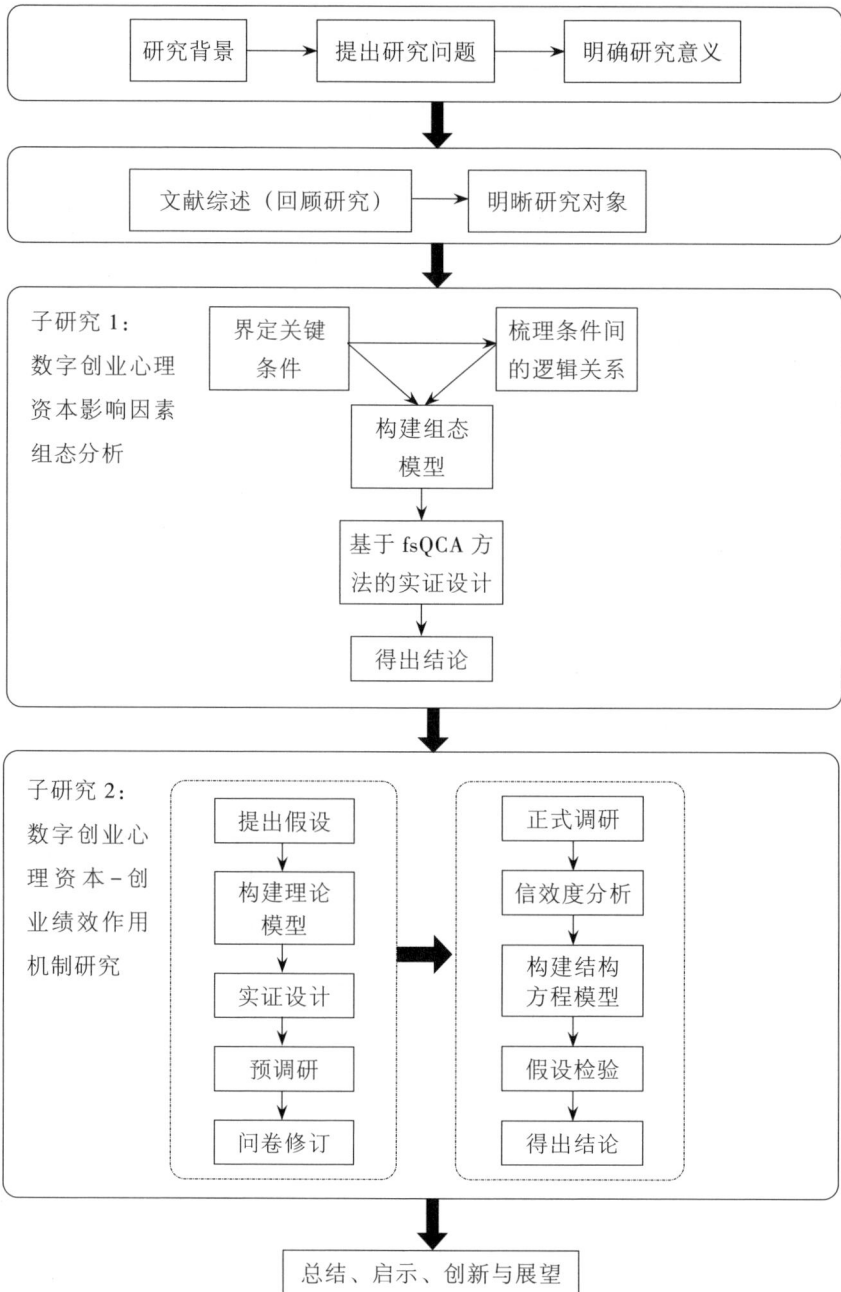

图01-1　技术路线图

第1章　数字创业与心理资本
相关理论及综述

　　本章按照理论基础、与数字创业研究有关的文献回顾以及创业心理资本文献综述的结构进行论述。"理论基础"一节涉及的心理资本理论、自我决定理论和资源基础理论是全书的理论支撑。

1.1　理论基础

1.1.1　心理资本理论

　　心理资本是指个体在成长和发展过程中表现出来的一种积极心理状态，是超越人力资本和社会资本的一种核心心理要素，可以促进个人成长和绩效提升。随着现代企业竞争压力增加、技术革新速度日益加快，关注创业者的心理状态变得尤为重要。如何帮助创业者保持积极的心理状态，高效应对事物变化是当今相关研究的热点。

　　心理资本理论起源于心理资源理论，该理论认为心理资源是一种可以帮助个体取得事业成功的关键资源（Hobfoll，2002）。心理资本是积极的组织行为学和人力资本理论中的重要概念。Goldsmith 等（1997）在有关研究中认为心理资本是广义的自尊感，是个人控制力的核心。

但事实证明，心理资本并不是一种特质。Luthans 等（2002）从积极的心理学和组织行为学角度重新定义了心理资本。他们认为，心理资本是具有更高阶结构的积极组织行为，并将其定义为个体积极的心理资源。其特征包括以下方面：有信心承担并作出必要的努力以成功完成具有挑战性的任务，即具备自我效能感；对现在和将来的成功作出积极的归因，即保持乐观；坚持不懈地追求目标，并在必要时重新调整通往目标的路径以取得成功，即对事物充满希望；在遇到问题和逆境时，能从逆境中恢复并取得成功，即保持韧性。Luthans 和 Youssef 等（2007）更为详细地解释了综合论视角下的心理资本的性质，即具备一定的延展性与开放性，并且可以被测量、开发与干预，同时兼备稳定性。

心理资本包括自我效能感、希望、乐观、韧性。

自我效能感又称自信，指有信心呈现和投入必要的努力以完成挑战性的工作。Stajkovic 和 Luthans（1998）把自我效能感定义为"人们对自己激发动机、认知资源并且在既定的环境中采取必要行动来完成特定行为的能力"。

希望指为了成功按照预定的目标前进。Snyder（2000）指出，希望是"基于成功、路径和意志力三者之间互动而形成的积极动机状态"。在这个定义中，意志力是对完成目标的决心，路径是实现目标的方法、策略或能力，即在目标完成过程中，一旦出现"道路阻塞"，要创造性地找到可替代的路径以完成目标。

乐观包括积极的情绪、动机和对未来的预见（Luthans，2002）。没有乐观，即使是成功的事情也很少会被认为是可靠的，悲观者通常把成功事件看成幸运。乐观的人会以积极的情绪面对困难，对未来的期望是积极的。乐观这一因子可以被可靠地测量，同时可以影响工作场所中的绩效。

韧性又称复原力，是指当面临困难和危机时，持续保持韧劲从中迅速恢复，直至摆脱困难走向成功。人们从逆境、冲突、失败甚至一些积极事件中迅速恢复的心理能力，对于提升个人能力和社会的人力资本有重要的意义。Maddi（1987）发现，一个有韧性的雇员在面对公司的大规模裁员时能维持健康状态、幸福感和绩效。Luthans 等（2005）发现，面对重大的组织变革时，雇员的绩效与他们的韧性密切相关。韧性是能够被测量的（Block 和 Kremen，1996；Wagnild 和 Young，1993），同时韧性与工作场所的绩效是相关的（Coutu，2002；Luthan 等，2005）。

Luthans 等（2004）的研究结果显示，工人的希望、乐观和韧性与领导的表现、绩效显著相关。该研究符合心理资本理论的第三要点，即工厂的工人要更加清楚"我是谁"，从而实现自我价值、提升工作绩效。心理资本不仅被用于研究员工的幸福感、绩效等方面，也经常被用于研究领导、创业者、学生、护士等特殊群体。在这些群体中存在交叉关系，例如在创业者心理资本的研究中，通常还会分为大学生创业者、女性创业者等。由此可见，心理资本作为人类具备的一种心理资源是具有普适性的。心理资本具有投资和收益特性，能被测量、开发、有效管理，可以通过特定方式将其潜力挖掘出来，这为后续本书研究数字创业心理资本和创业绩效间的关系打下了良好的理论基础。

1.1.2 自我决定理论

自我决定理论是在传统认知评价理论基础上提出的动机理论。自我决定是指一种关于经验选择的潜能，是在充分认识个人需要和环境信息的基础上，个体对自己的行动作出的自由选择。自我决定理论由美国心理学家 Deci Edward L. 和 Ryan Richard M. 等人在 20 世纪 80 年代提出，强调自我在动机过程中的能动作用。

自我决定理论将人类行为分为自我决定行为和非自我决定行为，认为驱力、内在需要和情绪是自我决定行为的动机来源。该理论认为，人类的本质是具有主观能动性的有机体，具有内在自我发展和实现的先天潜能（Deci 和 Ryan，1995），个体在充分认识其内在需要和外在环境的基础上，可以充分发挥自我动机的能动作用并作出自我决定行为或非自我决定行为。内部动机是人类固有的一种追求新奇和挑战、发展和锻炼自身能力、勇于探索和学习的先天倾向（Deci 和 Ryan，1985），与个体的内部因素如兴趣、满足感等密切相关，是高度自主的动机类型。

Vallerand（1997）把内部动机分为3种类型。第一种类型为了解刺激型，是指个体为了获得新的知识，了解周围的事物、探索世界、满足个人好奇心或兴趣。第二种类型为取得成就型，是与个体试图达到某一目标或完成某项任务相关的动机类型，在这种动机的调节下，个体遵循内在需要迎接挑战，超越自我。第三种类型为体验刺激型，是具有自主性的内部动机形式，个体把行为完全接纳为自我的一部分。在这种情况下，个体从事某种活动是为了行为本身内在的快乐。

与内部动机对应的是外部动机。外部动机是指人们为了获得某种可分离的结果而去从事一项活动的倾向。自我决定理论根据个体对行为的自主程度将外部动机分为3种类型。第一种类型为外在调节型，是指个体的行为完全遵循外部规则，其目的是满足外在要求或是获得附带的报酬。第二种类型为摄入调节型，是指个体吸收了外在规则，但没有完全接纳为自我的一部分，是相对受到控制的动机类型。在这种情况下人们从事一项活动是为了避免焦虑、责怪或是增强自我。在这种动机的支配下，人们去做某件事是为了展示自己的能力（或避免失败）。第三种类型为认同调节型，是指个体对一个行为目标或规则进行有意识的评价，如果发现这个行为是重要的，就接纳为自我的一部分。个体更多地体验到自己是行为的主人，感觉到更少的冲突。其含有更多的自主或自我决定的成分，是最具自主性的外部动机形式。

除了内部动机与外部动机之外，还有无动机。无动机是最缺少自我决定的动机类型，特点是个体对所从事的活动毫无兴趣，没有任何外在的或内在的调节行为来确保活动正常进行。

自我决定理论需要个体具备动机，缺乏动机的个体将面临没有意向行动的窘境。认同调节、整合调节与内在动机被称为自主性动机。其中，认同调节是指个体对于一种行为目标或者规则进行评价，并接纳为自我的一部分。整合调节是指某种行为被评价后，已经与个体的价值观和自身需要吻合。自我决定理论阐述了外在动机自主化的过程，该过程包含的外在调节和摄入调节被称为控制性动机。

外在环境强化个体的内在动机，使得个体满足其自主性需要、胜任需要和关系需要（Adams等，2017）。自主性需要是指个体遵循自己的意愿自由选择从事某项活动，这种需要的满足利于个体发展。胜任需要是指在活动中，个体可以感受到自己有能力完成某项事情。关系需要是指在外界环境中，个体与之交互可以体验到来自社会和他人的关怀和帮助。有关研究表明，个体的内在动机和外在动机都与工作绩效、满意度和幸福感等有关（Gagne和Deci，2005）。创业者拥有充分的内在动机和自我需要，从而产生创业的想法。数字创业是具有主观意愿才能开展的活动，同样离不开个体的动机和需求。外部环境提供了个体实现数字创业的技术和平台，个体得到有关信息后激发出数字创业意愿，这一过程中控制性动机和自主性动机缺一不可。

1.1.3　资源基础理论

资源基础理论的基本思想是把企业看成资源的集合体，将目标集中在资源的特性和战略要素市场上。该理论来源于企业成长理论和经济演化理论（Penrose，1959；Nelson和Winter，1982）。资源基础论认为企业的经营决策就是指定各种资源的特定用途，且决策一旦实施就不可还原。其假设企业具有不同的有形和无形资源，这些资源可转变成独特的能力，资源在企业间是不可流动的且难以复制，这些独特的资源与能力是企业保持持久竞争优势的源泉。

20世纪50年代以来，资源基础理论经历了数次演化。张琳等（2021）将资源基础理论划分成以下几个阶段：1959—1990年为萌芽阶段，1991—2000年为成长阶段，2001—2010年为成熟阶段，2011年至今为新发展阶段。

资源基础理论的萌芽阶段为战略管理研究带来了新鲜视角，分析组织内外部资源获取的差异成为资源基础理论早期文献的主要贡献。Penrose指出，资源基础理论强调如果可以建立强大的资源优势则远胜于拥有突出的市场地位，由此演化出竞争优势理论。

资源基础理论的成长阶段研究视角开始转向企业的内部分析。在内部分析中，核心能力的研究成为焦点。Prahalad和Hamel（1990）提出的能力基础理论将"核心能力"解读为资源并非创业成功的决定性因素，如何利用好资源才是创业成功的关键。Barney（1991）将资源定义为组织掌控的有利于构思战略、实施战略从而提升效率的各种要素集合，提出有价值、稀有、难以模仿、不可替代与组织获得持续竞争优势密切相关。这个阶段资源对持续竞争优势的影响被看作静态的、永恒的、稳定不变的，因此，组织能够获取持续竞争优势的重点就在于能够获取某些特定资源。

在资源基础理论的成熟阶段，部分学者注意到仅研究资源与组织持续竞争优势间关系的局限性，进一步提出在动态视角下探究能力与持续竞争优势的关系。这个阶段关注组织整合资源、在动态环境变化中获取持续竞争优势的过程（董保宝等，2011），动态能力、吸收能力、组织能力、应急能力、能力发展、能力来源等成为出现的高频关键词。随着对企业核心能力研究的深入，学者们（Grant，1991；Conner 和 Prahalad，1996；Nonaka 等，1994）发现持续竞争力的异质性来源于掌握知识的异质性，于是便诞生了知识基础理论。知识基础理论指出企业的知识结构和认知的异质性决定了企业的异质性（吴金南和刘林，2011）。在该阶段，资源与能力的区分引起了更多学者关注，能力相关研究迅速发展。1997年，Teece 等学者首次提出了动态能力理论。该理论认为动态能力是竞争优势的源泉。

在资源基础理论的新发展阶段，相关研究构建了分析资源管理过程的跨层次、系统性框架，为后续学者大量展开实证研究提供了有效借鉴（张青，2020）。资源管理等新研究方向开始出现，为资源基础理论发展注入了生机。

1.2 数字创业、数字创业者与数字创业情境

1.2.1 数字创业的内涵

传统创业理论脱离不了创业过程和结果中固有的不确定性（Kirzner，1979；Knight，1921；McKelvie 等，2011；Schumpeter，1934；McMullen 和 Shepherd，2006），而数字技术的出现改变了创业过

程和结果中固有的不确定性的性质以及处理这种不确定性的方式。在数字技术和创业两个领域的交叉点上，学者提出了数字创业的概念。近年来，人工智能、云计算等新的数字技术进入了创新和创业的各个方面，并且越来越多的创业文献开始关注数字技术在创业过程和实践中的作用（Nambisan，2017；Srinivasan 和 Venkatraman，2018）。

Nambisan（2017）认为数字创业是指利用新的数字组件、数字平台和数字基础设施追逐创业机会。数字技术和平台的使用有利于出现新类型的工作，这些工作很难在传统的自营职业、自由职业中明确分类。数字创业很难简化为创业的一个子类目（Hull 等，2007），应该是"传统创业与数字时代新的创业方式的调和"（Le Dinh 等，2018）。Giones 和 Brem（2017）认为数字创业是基于互联网和云计算，利用大数据和人工智能的创业机会。Zhao 和 Collier（2016）认为数字创业是通过开发新的数字技术或试验此类技术的新用途，创建新企业并改造现有业务。余江等（2018）认为，数字创业是创业者使用大量的数字化技术与社交媒体以及其他新兴的信息通信技术参与创业机会识别、发展、实现和改进的过程。

数字创业是一个全新的研究领域（Hull 等，2007；Nambisan，2016）。有关研究表明，数字技术已被学者们认为是初始创业的外部促成因素（Von Briel 等，2018）。数字技术可以通过人工智能或远程工作来降低初始人力成本。

数字创业基于数字技术视角包含以下几个要素：数字产物、数字平台、数字基础设施（Nambisan，2016）。

数字产物或数字组件不仅是指人们在移动端应用的软件或服务（Lusch 和 Nambisan，2015），还可以是独立的软件或硬件设备上的组件，或者是在数字平台上运行的产品。

数字平台为创业成果注入了一定程度的生成性，但也带来了一定程度的不可预测性和流动性。生成性是指数字平台允许元素重组以及功能组装、扩展和再分配的能力（Yoo 等，2010；Zittrain，2006）。Srinivasan 等（2018）在研究中发现，一个数字平台的成功取决于第三方在该数字平台上的投入。

云计算、数字制造空间和数据分析使新企业能够经济高效地构建和测试涉及更多潜在客户的新概念（Hatch，2013）。目前，新的数字基础设施支持端到端的创业活动。

由此可以看出，数字创业具有两个特点：

第一，数字技术弱化了创业过程和结果的边界感，即从离散的、不渗透的和稳定的边界向越来越多孔的、流动的边界转变。就过程而言，这与创业活动的空间和时间边界有关（例如何时、何地开展活动）；就结果而言，这与产品、服务等的结构边界有关（例如产品的特征、范围和市场范围）。数字化的产品和服务通过将功能从形式中分离出来、将内容从媒介中分离出来（Yoo等，2010），使得创业成果"故意不完整"（Garud等，2008）。

第二，数字化导致创业机构预计的所在地减少。数字创业涉及更广泛、更多样化并且不断发展的参与者，从一个预定义的、焦点代理转变为具有不同目标、动机和能力的代理的动态集合。

综上所述，本书认为数字创业是指创业者通过研发或运用数字技术、产品、服务以及数字平台来识别和开发创业机会，并以营利或实现自我价值为目的而开展的商业行为。

1.2.2 数字创业者

随着科技的进步，数字创业正在依附数字技术的完善而蓬勃发展。各大科技公司利用技术推出一系列公共平台，为使用者提供十分便捷高效的创业环境，帮助他们创业。这些科技公司是数字创业企业是毋庸置疑的，但利用数字平台进行创业的用户是否是数字创业者呢？目前学术界尚存争议，本书认为可以从狭义与广义两方面阐述。

狭义来说，数字平台用户不能称为数字创业者。因为持有该观点的学者认为数字创业的主体是可以运用自身的数字知识、思维与能力进行创业的人（Ngoasong，2018）。

而广义地讲，运用数字技术进行传统创业的行为也是数字创业（Davidson等，2010）。Delacroix等（2019）认为一些在Meta上进行商品兜售的博主是生存型数字创业者，Törhönen和Giertz（2021）认为运用流媒体进行视频创作、直播等获取收入的主播、博主等也是数字创业者。一些用户在数字技术的使用中，会逐渐演变成为"用户创业者"，他们在平台或社区中的互动可能导致其意外开发出新的产品或服务（Shah 和 Tripsas，2007），在由用户转变为企业家的案例中，他们通常以用户的身份萌发一个想法，并在商业化之前挖掘社区的知识和创造力（Hussain 等，2010；Shah 和 Tripsas，2007）。有研究表明，数字技术不仅支持用户主导的创新（De Moor 等，2010），还为用户提供了惊人的创业机会（Giones 和 Brem，2017）。这些用户可以利用特定类型的知识实施创业行为（Agarwal 和 Shah，2014），并创造和利用新的商业机会（Nambisan，2017）。

数字创业者的定义划分见表1-1。

表1-1 **数字创业者的定义划分**

数字创业者	提出学者	概念
数字技术创业者	Tumbas 和 Berente 等，2018；Ngoasong，2018；Giones 和 Brem，2017	运用自身数字知识、思维和能力进行创业的创业者，通过创造数字产物来识别创业机会。数字技术创业者以技术为基础并通过服务建立公司，如百度、腾讯等
广义数字创业者	Davidson 等，2010；Sussan 和 Acs，2017；Delacroix 等，2019	运用数字技术与数字平台进行创业的创业者，例如淘宝等数字平台上的创业者
	Törhönen 和 Giertz，2021	运用流媒体进行直播、视频创作以获取收入的创业者
	Shah 和 Tripsas，2007；Hussain 等，2010	先期为数字用户，随着对平台的使用而意外开创了某些产品或服务的创业者

资料来源：作者根据相关资料整理。

本书根据已有文献得出如下结论：数字创业是利用数字技术谋取

利润的行为，利用数字技术和数字平台开展创业的个体即为数字创业者。

1.2.3　数字创业情境

数字创业情境是指数字创业者在何处开展数字创业活动，通常分为宏观数字创业情境与微观数字创业情境（朱秀梅和刘月等，2020）。宏观数字创业情境包含数字法律政策环境、数字经济环境、数字社会文化环境和数字技术支持环境等；微观数字创业情境包含数字基础设施、数字市场、数字用户或企业等。

本书在数字创业情境下展开研究，对数字创业情境从微观层面与宏观层面进行分析。

（1）数字创业生态系统

"生态系统"一词来自生物学，是有机体与无机环境的复杂交互形成的统一整体（Tansley，1935）。随着科学技术的进步和产品生命周期的缩短，技术创新过程呈现出更多的非线性特征。从成立之初到最终消亡，初创企业始终与所在环境（关键要素流入和产品产出）保持动态沟通。

2005年，有关创业生态系统的概念被学者提出，但尚未有明确定义（Dunn，2005）。随后学者们将创业生态系统的概念划分为两类：一类认为创业生态系统为创业企业的外部环境（Cohen 和 Isenberg等，2006），另一类认为创业企业和外部环境共同构成创业生态系统（Vogel，2013）。数字生态系统是一个自组织、可扩展和可持续的系统，由异构数字实体及其相互关系组成，侧重于实体之间的交互，以增加系统效用、获得利益，促进信息共享、相互合作以及系统创新（Li等，2012）。数字时代下，政府、社会组织、企业和个人等通过数字化、信息化和智能化等进行沟通、互动等活动，形成围绕数据流动循环相互作用的社会经济生态系统。打造理想的数字生态系统是推动数字经济与实体经济深度融合的必由之路。

生态系统需要物质和能量的流入和流出来维持正常运行。对于商业生态来说，需要在与商业环境和商业资源相关的各个领域进行新业务的创建和发展。在创业环境中，创业资源对新企业的成长和绩效具有积极影响（Hutson，2018）。生物只有与环境交换物质和能量，才能确保自身的发展；创业型企业只有充分利用、整合资源与环境，才能确保自身的可持续发展。创业生态系统具有区域性、多样性、共生性、外部溢出性、自组织性和自我调节性等特征。许多文献对创业生态系统的区域性和多样性进行了相关研究，但对其自组织性和自我调节性的研究相对较少。随着创业生态学理论的进一步发展，对创业生态系统的研究逐渐从构建概念框架转向对其动态演化进行分析。

创业生态系统可以节约过度的交易成本和组织成本，可以在不稳定的市场环境中为新创企业提供更有利的发展环境，这是保证新创企业长足发展的关键。分析创业生态系统的影响因素，探讨各因素之间的联系，对形成实时、创新、有序的创业生态系统具有重要的指导作用。

数字创业生态系统的概念衍生于创业生态系统和数字生态系统。2017 年，Sussan 和 Acs 意识到了数字技术在创业中的作用以及用户和代理人在数字创业中的作用，首次将数字创业与创业生态系统进行整合。他们提出了数字创业生态系统的概念框架，其中包含数字创业和数字市场两个主体。Song（2019）在其研究基础上完善了可持续发展"数字创业生态系统"的条件：用户隐私得到保护，平台效率通过第三方代理得到增强，市场竞争不被平台扼杀，数字安全基础设施得到保障。

数字创业生态系统通常从生命周期视角、共生视角和元组织视角进行研究（朱秀梅等，2020；Du 和 Pan 等，2017）。生命周期的概念应用很广泛，在政治、经济、环境、技术、社会等诸多领域经常出现，其基本含义可以通俗地理解为"从摇篮到坟墓"。对于某个产品而言，其生命周期就是从自然中来，回到自然中去的全过程，既包括制造产品需要的原材料的采集、加工等生产过程，也包括产品储存、运输等流通过程，还包括产品的使用过程以及产品报废或处置等回到自然的过程。生命周期视角下，创业生态系统存在孕育期、成长期、成熟期和衰退期的演化状态（白峰，2015）。

数字创业生态系统的概念见表1-2。

表1-2 **数字创业生态系统的概念**

学者	年份	概念
Sussan和Acs	2017	数字创业生态系统创造性地利用数字生态系统进行商业生态系统管理，降低交易成本，在数字空间平台上匹配数字客户（用户和代理），从而创造社会效用
Du和Pan等	2017	数字创业生态系统是一个地区政治、经济和文化因素的结合，寻求数字技术带来的发展机遇
Li和Du等	2017	数字创业生态系统是一种使组织内的利益相关者在没有领导者的情况下可以进行有效分工与协作的新型组织形态
Autio等	2018	数字创业生态系统是基于知识集群、区域创新系统开发的数字供给创新环境；注重商业模式创新
Elia和Margherita等	2020	数字创业生态系统是多个创业主体形成的组织群落。群落的开放性和相互协作的模式决定了该系统的扩张性，数字技术与利益相关主体改变了其创业过程
朱秀梅等	2020	在共生视角下，数字创业生态系统遵循"多主体→机会集开发→共生关系"路径的动态演进，以政府政策推动、企业数字技术驱动以及用户数字需求拉动为主要动力

资料来源：作者根据相关资料整理。

共生理论由美国生物学家Lynn Margulis等在"盖娅假说"的基础上提出。他们认为生命并不像新达尔文主义假定的那样，是消极被动地适应环境；相反，生命主动形成和改造它们的环境；生命有机体与新的生物群体融合的共生是地球上进化过程中最重要的创新来源。目前，透过生物共生现象，人们认识到共生是人类之间、自然之间以及人与自然之间形成的一种相互依存、和谐、统一的命运关系。在共生视角下，数字生态系统的多主体之间存在相互依存的共生关系。

元组织是指代理人本身具有法律自主性且不通过雇佣关系联系的组织（Gulati等，2012）。Du和Pan等（2017）在关于中关村的研究中认为中关村的数字创业生态系统由以下角色组成：机构支持者、合作空间运营商和利基参与者。

数字创业生态系统的构成见表1-3。

表1-3　　　　　　　　　**数字创业生态系统的构成**

学者	范畴	构成
Sussan 和 Acs，2017	数字创业生态系统	数字创业、数字市场、数字用户公民身份和数字基础设施治理
Song，2019	数字创业生态系统（修订）	用户隐私、平台效率、市场竞争和数字安全基础设施
刘志铭和邹文，2020	数字创业生态系统	数字化多边平台、非平台型数字创业、数字用户和环境因素（数字基础设施、相关制度、融资和人才环境等）
Elia 和 Margherita 等，2020	数字创业生态系统	数字输出创业生态系统和数字环境创业生态系统
Du 和 Pan 等，2017	中关村数字创业生态系统	机构支持者、合作空间运营商和利基参与者
朱秀梅等，2020	杭州云栖小镇数字创业生态系统	数字创业企业、数字用户、数字孵化器、政府和行业协会

资料来源：作者根据相关资料整理。

　　单一的方法并不能充分发挥生态学在创业领域的作用，所以要在深层次考虑两者的整合（Nuseir，2018）。Li 和 Yao（2021a）基于文本分析法构建了数字创业生态系统结构模型（如图1-1所示），对创新创业政策的制定具有重要意义。

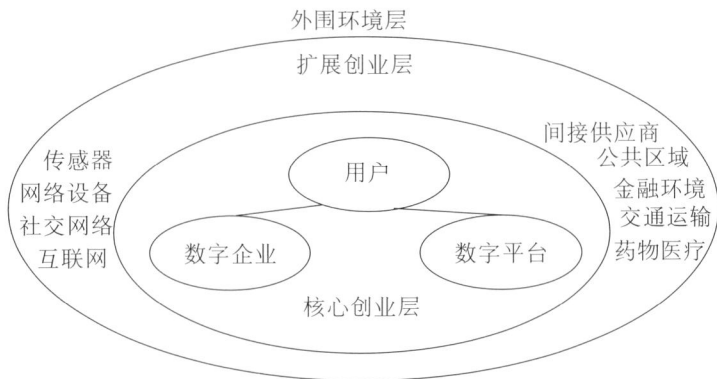

图1-1　数字创业生态系统结构模型

　　数字创业生态系统的核心创业层由数字企业、数字平台和用户组成。这三者之间的关系可以从宏观层面的制度构成和来自各个级别的内部组件方面来理解。其中,数字企业是推动数字创业生态系统形成的主力军,其为用户提供了丰富的数据产品和服务;数字平台是数据资源交换、流通以及提供技术服务的平台,进一步为大数据产业的发展提供"原料"、技术和服务支持;用户则是数据产品和服务的消费者,是实现产品价值的最终渠道,他们对数据产品和服务的巨大需求是大数据产业发展的驱动力。扩展创业层由传感器、网络设备、社交网络、互联网、间接供应商、公共区域、金融环境、交通运输和药物医疗等构成。数字创业活动的开展与数字创业环境密切相关,发达的数字基础设施和良好的政策与市场环境是数字创业顺利进行的关键。

　　近年来,以大数据、人工智能、区块链等为代表的数字技术改变了企业的运作模式和行业格局。依托数字技术,一大批数字初创企业不断涌现。与此同时,传统企业纷纷借助数字技术进行二次创业。数字经济下的创业活动不仅取决于创业者自身状况,而且受到所处外部环境的影响。数字创业者与数字用户及其他数字企业等形成了互利共生、相互依存的复杂关系。基于生态系统视角分析数字经济下的创业活动非常必要。

　　数字创业生态系统概念性框架如图1-2所示。

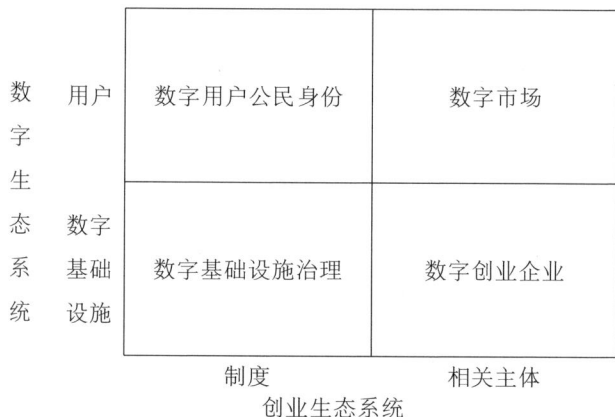

图1-2　数字创业生态系统概念性框架

随着创业型企业的快速发展和新兴技术的广泛应用,Li和Yao

（2021b）在数字创业生态系统结构模型的核心创业层深入探讨了基于人工智能和云计算的数字创业模式新框架。其中，人工智能提高了文化生产和运作的效率。人工智能潜力巨大，目前已从实验研究逐步进入社会生产和服务领域。人工智能的出现为整个宏观文化产业供给结构的优化提供了新思路。由于人机交互导致大量数据以非结构化的方式存在，如果能够从这些非结构化的数据中提取情感信息，将极大提升文本情感分析的能力，具有很大的科研价值和实际应用价值。

云计算是一种动态的、易于扩展的、通过互联网实现的虚拟计算方法。使用大数据分析和云计算技术可以为客户提供一系列解决方案，如仓库管理、销售预测等。以云栖小镇为例，其利用短短几年的时间成功培育孵化阿里云、数梦工场、政采云等 2 600 余家数字创业企业，预计到 2025 年实现千亿元数字经济产值。数字创业生态系统作为数字创业的加速器，能够利用数字和空间可供性帮助数字创业者创建企业并提供相关支持，实现价值创造、传递和获取，从而提高数字创业绩效。

（2）数字创业宏观环境

本书认为数字创业宏观环境的子维度主要包括社会文化环境、经济环境、技术环境、社会服务环境、法律政策环境以及金融环境。

社会文化环境是指在一种社会形态下形成的信念、价值观念、宗教信仰、道德规范、审美观念以及世代相传的风俗习惯等被社会公认的各种行为规范。社会文化环境主要影响数字用户的意识、思维方式，会影响数字创业者的价值取向、生活方式。

经济环境是指企业在进行财务活动时面临的宏观经济状况。经济环境的内容十分广泛，包括经济体制、经济周期、经济发展水平、宏观经济政策及社会通货膨胀水平等。经济环境主要反映数字创业者所在区域的经济增长情况和经济效益水平。数字经济下的平台类型见表1-4。其中，社交平台、电子商务平台和生活服务平台为广义数字创业者开展创业提供了条件。

表1-4 **数字经济下的平台类型**

平台类型	平台服务内容	平台企业举例
社交平台	提供在线分享、交流的平台	微信、微博、抖音等
电子商务平台	提供买卖双方信息沟通及交易的平台	淘宝、京东等
生活服务平台	提供满足居民日常生活服务的平台	58同城、美团外卖等
搜索平台	提供信息的搜索和检索服务	百度等
媒体平台	提供各类新闻资讯	新浪、搜狐等
支付平台	提供第三方担保支付服务	支付宝、银联等
互助平台	在线互动式分析与外包	数码大方等

资料来源：作者根据相关资料整理。

技术环境对企业经营的影响是多方面的，技术进步将使社会对企业的产品或服务的需求发生变化，从而给企业提供有利的发展机会。但一项新技术的发明或应用可能意味着"破坏"，因为一种新技术的发明和应用会带动一批新行业的兴起，从而损害甚至破坏另外一些行业，如静电印刷的发展，使得复印机业得到发展，但使复写纸行业衰落。

社会服务是指在教育、医疗健康、养老、托育、家政、文化和旅游、体育等社会领域，为满足人民群众多层次和多样化需求，依靠多元化主体提供服务的活动，事关广大人民群众最关心、最直接、最现实的利益问题。社会服务与营利性商业服务有本质区别，是福利性质的服务。

法律环境是指国家或地方政府颁布的各项法规、法令、条例、政策等。法律环境对企业的营销活动具有一定的调节作用，对市场消费需求的形成和实现也具有一定的调节作用。企业研究并熟悉法律环境，不仅可以保证自身严格依法经营和运用法律手段保障自身权益，还可以通过法律条文的变化对市场需求及走势进行预测。其主要包含两个层次：一个层次是外显的表层结构，即法律规范、法律制度、法律组织机构；另一个层次是内化的里层结构，即法律意识形态。政策环境广义是指决定或影响政策制定和实施的自然条件和社会条件的总和，包括公共政策系统以外的一切与之相关的因素。政策环境狭义指影响公共政策产生、存在和发展的一切自然因素和社会因素的总和。政策环境因素具有复杂性、多样性、差异性、动态性的特征。

金融环境是指一个国家在一定的金融体制下，影响经济主体活动的各种要素的集合。构建和谐金融环境是新形势下加强金融宏观调控，维护金融和社会稳定，促进我国经济社会持续发展的重要举措。构建和谐金融环境必须充分发挥政府、银行、企业及社会各个层面的作用，大力打造诚实守信的社会体系，建立健全激励约束机制，做大做强金融产业，加速经济发展。

1.3 创业心理资本综述

1.3.1 创业心理资本的内涵、构成和测量

（1）创业心理资本的内涵

Jensen和Luthans（2006）将心理资本概念引入创业领域。他们认为真实型领导力是受创业者积极的心理资本和组织环境共同影响的，提出将生活阅历作为心理资本的前因变量，提出的概念模型如图1-3所示。其在实证研究中指出，创业者的心理资本以及乐观、希望和韧性均与真实型领导力显著正相关。

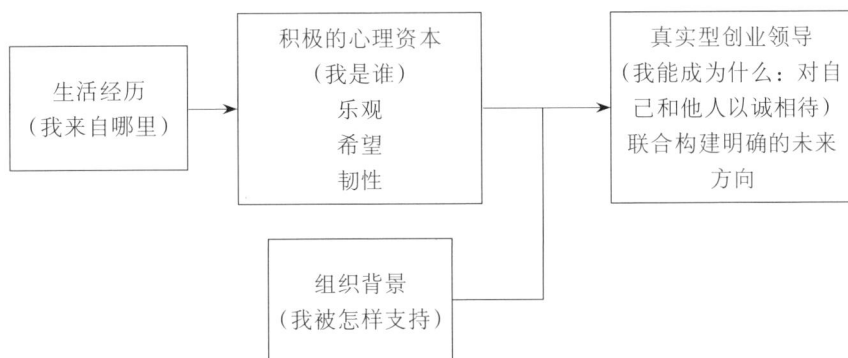

```
┌──────────────┐     ┌──────────────┐        ┌──────────────┐
│   生活经历    │     │  积极的心理资本 │        │  真实型创业领导 │
│ （我来自哪里） │ ──> │   （我是谁）   │   ──>  │（我能成为什么：对自│
│              │     │     乐观      │        │ 己和他人以诚相待）│
└──────────────┘     │     希望      │        │ 联合构建明确的未来 │
                     │     韧性      │        │      方向       │
                     └──────────────┘        └──────────────┘
                            ↑                         ↑
                     ┌──────────────┐                │
                     │   组织背景    │ ───────────────┘
                     │（我被怎样支持）│
                     └──────────────┘
```

图1-3 创业者的心理资本与真实型领导力关系模型

学术界对于创业心理资本的概念尚未达成统一。我国学者江波和高娜（2013）认为创业心理资本是指能够满足创业者在创业过程中的情感

要求并促使创业成功的心理资源总和。牛骅（2015）认为创业心理资本是在创业相关活动中个体表现出来的并能影响创业相关活动的一种特定的积极心理状态，是由心理资本概念衍生而来的，是心理资本概念在创业相关活动中的应用。

以上概念均偏向于"特质论"和"状态论"视角，从"认知论"视角对创业领域心理资本的研究已经逐渐兴起。创业认知学派关注在创业情境下引发的个人认知、决策和思维过程（Venkataraman等，2012），并进一步探究其对创业行为的影响机理（杨俊等，2015）。Friend等（2016）在对销售人员绩效的研究中发现，积极的心理资本可以影响个人的认知。McKenny等（2013）运用文本分析的方法将个体层级的结构运用在组织中，发现积极的心理资本可以影响组织的认知。

本书结合现有认知论视角的有关研究认为创业心理资本在创业者个体遇到特定事件（如潜在创业机会等）时会使创业者对于事件本身的认知产生积极影响，并能有效干预自我决策。

（2）创业心理资本的构成

主流学术观点认为，心理资本是由自我效能感、希望、乐观与韧性构成的（Luthans等，2007）。自我效能感和韧性很早就已经进入大众视野。创业心理资本作为更高阶的构念，对于创业活动的影响效果要高于单个因子，在研究中应用更为广泛（柯江林等，2013）。

学术界有关创业心理资本的构成内容仍未达成统一。江波和高娜（2013）认为创业心理资本构成维度有6个，分别是创业自我效能感、乐观、希望、韧性、机会识别和社交能力。高娜和江波（2014）提出的修订创业心理资本构成模型中含有7个要素，分别是创业者自我效能感、乐观希望、主动应对、积极成长、敏锐卓越、热情创新和社交智慧。包新春（2015）将创业心理资本归纳成3个维度，分别为创业自我效能感，由创业认知、能力与自我效能感构成；创业积极心态，由创业动机、情绪与乐观和希望构成；创业积极人格，由创业人格与韧性共同构成。冯艳阳（2018）则将创业心理资本划分为自我效能感、乐观希望、坚韧顽强、积极创新和学习成长。刘素婷（2015）认为大学生创业心理资本除了自我效能感、乐观、希望和韧性外，还有感恩、包容和诚信。牛骅（2015）认为大学生创业心理资本包含敢为、乐观希望和积极成长3个维度。

由此可见，学者普遍认可的创业心理资本中的核心构念是自我效能感，并且均由Luthans等提出的四因子结构进行延展。由于在国内外实证研究中，主流研究运用的是Luthans等提出的四因子结构，所以本书将按照四因子结构有针对性地梳理和概括构成创业心理资本的创业自我效能感、创业希望、创业乐观和创业韧性4个维度。

创业自我效能感是个体在特定的情境中有效实施行动方案的自信程度，主要代表个体对自身能力的认知（Bandura，2012），并能影响个体从事特定活动的动机和行为（Kickul等，2009）。创业自我效能感是创业者对自身能够胜任不同创业角色和任务的信念（Chen等，1998）。Wang和Tsai等（2019）在研究中提出，创业自我效能感可以使其相信自己完成任务的能力，从而影响创业行为。

创业自我效能感在研究中常从"认知论"视角切入（陈昀和贺远琼，2012），与创业者个体的行为、动机等方面息息相关（宁德鹏和葛宝山，2017；孙红霞、郭霜飞等，2013；李爱国和曾宪军，2018），并且其在创业意向、创业绩效等方面也有着极强的解释力度（Stajkovic和Luthans，1998；苏晓华等，2018）。陈寒松等（2017）研究发现，创业者可以通过创业学习提升创业自我效能感，从而促进创业意向的提升。孟新和胡汉辉（2015）在研究中发现，大学生创业自我效能感与创业意向显著正相关，并且前者对于后者有预测作用。钟卫东和黄兆信（2012）研究发现，科技创业者的创业自我效能感对初创企业绩效具有显著的正向影响。综上所述，创业自我效能感水平较高时对于创业活动的顺利开展有着十分显著的效果。

积极心理学家Snyder（2000）认为希望由3个相互作用的部分组成，分别是目标、机构和途径。Luthans等（2007）在《心理资本——打造人类竞争优势》一书中基于Snyder的研究进行拓展，提出具有希望的管理者、员工和组织应具备的特征，认为希望会提升幸福感，并对工作绩效产生影响。Valle和Huebner等（2006）认为希望是一种性格倾向性的个人特征，通过长期训练可以适度强化这种特征。希望可以缓冲心理压力，并且拥有高希望的个体往往具有处理"意外事件"的非凡能力。希望在创业背景下的作用也十分重要，例如设定目标、规划将来和设想实现目标的多种途径等已被证明是创业者成功的关键因素。Alexander 和 Onwuegbuzie（2007）认为创业希望有助于创业者确定目标和对未来作出安排以达成公司的目标。

创业乐观受到地域、创业者群体等影响，从而对创业意向产生不同程度的影响，在一定程度上可以帮助创业者更好地开展创业活动，但是盲目乐观则会让创业者对客观事实的认知出现偏差从而导致不良后果。乐观是对现在和将来的成功作出积极的归因。乐观主义者把坏事理解为暂时的，而悲观主义者则把坏事理解为永久性的。对好事则恰恰相反，乐观主义者将其永久性归因，而悲观主义者对其则是暂时性归因。研究表明，乐观与潜在真实领导力显著正相关（Chemers 等，2000）。

创业韧性对于创业绩效有正向预测作用（程聪，2015），并且对于创业成功也有着积极的影响（张秀娥和李梦莹，2020）。Chen（2005）最早提出创业韧性的概念，并将其定义为创业者克服失败的消极影响，审视失败的潜在原因并重新创造新企业的过程。Ayala 和 Manzano（2014）认为创业韧性是创业成功的关键因素之一。唐静等（2016）认为大学生具有的创业韧性主要是指对认定的创业目标坚持不懈、不怕困难、持之以恒的精神和态度以及自我恢复能力与自我超越行为的统一。郝喜玲等（2018）对有过创业失败经历的创业者进行研究，发现高韧性的创业者能够更快从失败的阴影中走出来，从而更好地进行创业学习。刘凤等（2020）通过研究发现，创业韧性对于创业意向有着显著正向影响。由此可见，创业韧性对于创业活动有显著影响。

（3）创业心理资本的测量

在创业心理资本的测量方面，虽然 Luthans（2007）修订的心理资本量表 PCQ-24 已经在多次实证中显示出了稳健性，但是由于不同研究群体的异质性导致该量表在具体使用时仍需根据研究对象的特质进行调整。心理资本的概念是从西方引入的，所以地域和文化上的差异会导致测量有所不同。创业心理资本量表归纳总结见表 1-5。

表1-5　　　　　　　　　　　创业心理资本量表归纳总结

量表名称	年度	开发者	量表维度	适用群体
心理资本量表 PCQ-24	2007	Luthans等	希望、乐观和韧性	普适性
本土心理 资本量表	2009	柯江林等	事务型心理资本和人际型心理资本	普适性
创业心理 资本量表	2013	江波和高娜	创业者自我效能感、乐观、希望、韧性、机会识别和社交能力	创业者
创业心理资本 量表（修订）	2014	高娜和江波	创业者自我效能感、乐观希望、主动应对、积极成长、敏锐卓越、热情创新和社交智慧	创业者
大学生创业 心理资本量表	2015	刘素婷	乐观、希望、韧性、感恩、包容和诚信	大学生 创业者
大学生创业 心理资本量表	2015	牛骅	乐观希望	大学生 创业者
创业心理 资本量表	2018	冯艳阳	自我效能感、乐观希望、坚韧顽强、积极创新和学习成长	创业者

资料来源：作者根据相关资料整理。

柯江林等（2009）在研究中将心理资本进行了本土化处理，编制了本土心理资本量表。其含有二阶双因素结构，分别为事务型心理资本，包含自信勇敢、乐观希望、奋发进取和坚韧顽强；人际型心理资本，包含包容宽恕、尊敬礼让、谦虚沉稳和感恩奉献。该量表于2013年被运用到对中国大学生创业意向影响的实证研究中，并得出中国大学生心理资本对于远期创业意向有着较强的正向作用、对于近期创业意向有微弱的负向作用的结论。随后，我国学者针对中国大学生创业的实际情况展开研究，提出了不同的创业心理资本模型。王瑾编制了创业心理资本问卷，证实了创业心理资本包括乐观、韧性、希望和自我效能感4个维度。高娜等通过实证研究，提出了创业心理资本的七因素模型，即创业心理资本包括主动应对、敏锐卓越、热情创新、自我效能感、积极成长、社交智慧和乐观希望。

本书对于创业心理资本量表进行总结与分析后发现我国创业心理资本尚未出现统一的测度量表。与国外有关研究中直接应用Luthans等开发的四维度PCQ-24心理资本量表有所不同，我国学者通常以PCQ-24量表为核心，在此基础上对研究的创业者群体进行有针对性的量表开发和调试。出现这种现象的原因是学者们认为不同群体创业者的异质性会导致创业心理资本的构成维度有所不同。学者们为了让从国外引入的PCQ-24心理资本量表适用于我国进行了本土化调试，但是调试后量表复杂度的增加使得模型过度拟合、实证研究中方差偏差过大，导致量表缺乏普适性，研究结论无法展开和推广。一般来说，开发出的新量表需要用多次实证研究进行检验，这恰恰是我国创业心理资本量表缺乏的。在此，本书认为国内缺乏得到高度认可的、具有普适性的创业心理资本量表，可在未来进行相关研究。

1.3.2 创业心理资本的相关变量

（1）影响创业心理资本的因素

现有文献总结出的创业心理资本影响因素尚少，并且实证研究较为缺乏。为了在后文更好地分析数字创业心理资本的形成受何种因素影响，本小节对于目前实证研究中涉及的影响变量进行归纳与总结，以便更加深入地了解创业心理资本的影响因素。

①创业者特征。

第一个特征为个体性格。靳娟和杜羽笛（2020）在对我国大学生创业心理资本的研究中发现，主动型人格对创业心理资本有显著正向影响，其对于"主动应对"的影响最为强烈。Brandt等（2011）在研究中发现，人格特质和心理资本显著相关。在相关研究中，外向型、直觉型和思维型的受试者心理资本的得分高于内向型、感觉型和情绪型的受试者。

第二个特征为教育水平、性别、经历和地区。魏国江（2020）在研究中发现我国大学生中男生的创业心理资本高于女生，理工科学生高于文科学生，中部地区学生高于东部及西部地区学生。祝军和尹晓婧（2017）在实证研究中发现应届大学毕业生的性别、学历层次、担任学生干部的经历和家庭经济情况都会对他们的心理资本水平产生显著影响。

②创业教育。

创业教育是提供个人具备认知商业机会能力的过程，并使其具备创业行动所需的洞察力、知识与技能。创业教育作为创业心理资本的前因变量，学者们已有所研究。Suksod和Somjai（2019）在对中小企业创业者的心理资本研究中发现，创业教育对于创业心理资本有正向促进作用，创业教育对于提高创业者的社交能力是至关重要的。Lux和Macau（2020）通过研究发现创业教育可以很好地影响创业心理资本，从而影响创业者绩效。本书认为创业教育对于创业心理资本的开发尤为重要，值得深入研究。

③创业态度。

创业态度指个人对创业的价值、利益和偏好的看法。创业态度是评估企业家对过程、实践和决策行为态度的衡量标准。创业态度包含创新性、冒险性、成就需要、自信和控制点等维度。Mahfud等（2020）在对大学生创业者的心理资本进行研究时发现，创业态度可以显著正向影响创业心理资本，并且创业心理资本在创业态度取向和创业意向间起到部分中介作用。本书认为从创业态度角度切入对我国创业者的心理资本进行研究有一定意义。

④创业学习。

创业学习是学习与认知的过程，创业者在这个过程中获取、保留和使用创业知识。Hasan等（2019）在对大学生创业心理资本的研究中发现，创业学习对创业心理资本有显著的正向影响。Hasan等从认知视角通过认知策略、元认知策略和资源管理策略维度对创业心理资本进行实证检验，结果均显著相关。Suksod和Somjai（2019）研究发现创业学习对于创业心理资本有正向促进作用。目前，有关创业学习对于创业心理资本影响的研究尚少，本书认为从不同视角切入将会让研究更加透彻。

⑤社会资本和社会支持。

社会资本是个体通过社会关系获取资源并获利的能力，作为创业心理资本的前因变量，创业者的心理资本需要通过社会资本等才能发挥作用（张铭和胡祖光，2012；魏国江，2020）。Mahfud（2020）研究发现，社会资本对于创业心理资本有显著的正向影响。有的学者将社会支持作为社会资本的一个子维度进行研究。社会支持是指人们对于外界支持的感知力（Sarason 和 Pierce 等，1991）。马红玉和王转弟（2018）指出社会支持是构成社会资本的维度之一，经过实证检验后得出了社会支持与创业绩效正相关的结论。Mahfud（2020）在研究中认为社会支持可以影响学生创业者的心理资本。社会资本以及社会支持强调的是创业者在人脉方面的感知和运用，其对于创业心理资本具有影响。

⑥社会规范感知。

社会规范感知是一种感受社会规范的能力，只有在其归属于对自我定义有意义的社会群体中才是有效的。个体所处规范环境将会塑造他们的价值观和行为准则。Ephrem 等（2019）在对非洲大学生创业者进行创业心理的有关研究中发现，社会规范感知对于创业心理资本起到正向预测作用。社会规范感知越强烈，创业心理资本水平越高。本书认为在社会规范感知方向可展开广泛研究。

⑦团队学习气氛。

团队学习气氛是通过创造有利于知识交换和获取的环境，对团队学习活动提供支持和激励，使成员积极主动地解决问题，进行合作交流和信息共享等（Schein，2004）。团队学习气氛包含安全气氛、参与决策和开放交流（Nemanich 和 Vera，2009）。邹艳春和彭坚等（2018）通过实证研究发现，团队学习气氛显著正向影响团队心理资本。

（2）创业心理资本的结果变量与作用条件

创业心理资本的结果变量主要包括创业意向、创业绩效和创业团队绩效等。以下对这些结果变量以及影响其内部机理的作用条件进行梳理与分析。

①对创业意向的影响及作用条件。

创业意向是潜在创业者是否开展创业的主观态度，是创业活动领域十分重要的研究方向。研究表明创业心理资本对于创业意向有显著正向预测作用（Baluku 等，2019）。何红光和宋林（2015）研究创业资本（包含人力资本、社会资本和心理资本）对大学生创业意向的影响，得出其对大学生创业者创业意向均有显著正向影响的结论。创业心理资本对于创业意向有直接影响，并且可以通过传统资本对创业意向产生影响（魏江国，2020）。本书对于创业心理资本与创业意向之间的影响机制和作用条件进行总结，构建创业心理资本与创业意向关系模型，如图1-4所示。

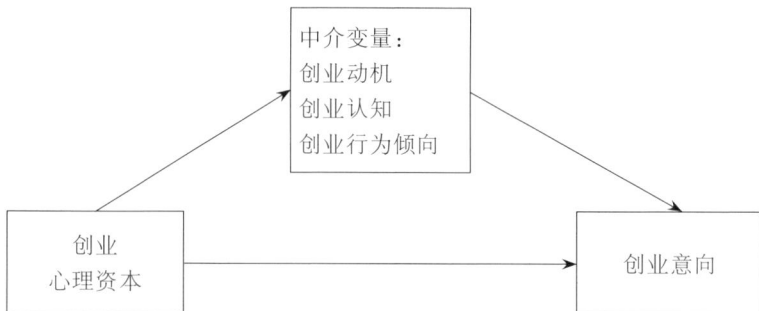

图1-4 创业心理资本与创业意向关系模型

创业心理资本与创业意向关系模型中的中介变量主要包括创业动机、创业认知和创业行为倾向。

创业动机与创业意向之间有着紧密的联系，在创业心理资本与创业意向的有关研究中创业动机是关键因素之一。Dec等（2000）在研究中阐明，创业动机是促进和激发创业意向的重要因素。

创业认知是一种知识结构，让个体对机会、资源等创业信息进行评估、判断与决策。刘聪（2017）在研究中发现，创业认知是创业意向的前因变量且与创业心理资本正相关。

本书对创业心理资本与创业意向之间的作用条件进行总结，认为创业心理资本对于创业意向的正向预测效果显著，并且按照"如何增加创业者积极的心理资本""何种因素会影响创业意向""心理资本与该因素有何关联"的思路进行探究。

②对创业绩效的影响及作用条件。

创业绩效是创业成功与否的关键评判指标。创业心理资本是创业者自身包含的一种潜在能力，不会直接作用到组织层面的创业绩效因子上，需要通过扩大其他能力来对外界环境进行应答，从而使创业心理资本正向促进创业绩效。2008年，Hmieleski等首次验证了创业心理资本可以更好地解释创业绩效后，学者们纷纷对该研究方向进行了更加深入的研究和讨论。2015年，何红光、牛骅和王嫣婷等学者均得出大学生积极的心理资本对于创业绩效有正向影响的结论。本书对于创业心理资本与创业绩效之间的影响机制和作用条件进行总结，构建了创业心理资本与创业绩效关系模型，如图1-5所示。

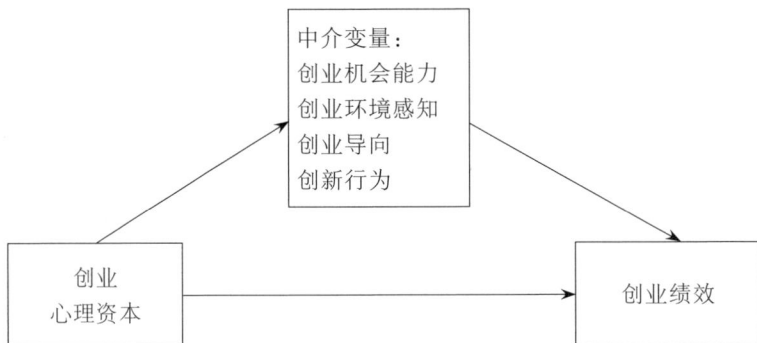

图 1-5　创业心理资本与创业绩效关系模型

创业心理资本与创业绩效关系模型的中介变量主要包括创业机会能力、创业导向和创新行为等。

创业机会能力是创业能力的子维度之一，是指对创业机会的搜寻、感知和运用的能力，由机会搜寻能力、机会识别能力和机会评价能力构成。牛骅（2015）在研究中提出，创业机会能力对创业心理资本和创业绩效均存在正向影响，并且创业机会能力起到了中介作用。

创业导向是创业者在进行战略决策时所持的倾向，对于创业绩效有重要促进作用。程聪（2015）在创业心理资本对于创业绩效的影响研究中发现，创业导向在二者间起完全中介作用。

创新行为是指个体在工作中产生的新颖的、对组织有潜在价值的想法以及解决问题的新方法和新流程。Gao和Wu等（2020）在对安徽省创业者的研究中发现，心理资本可以正向影响创新行为，并在创新行为与创业绩效间起到中介作用。

③对创业团队绩效的影响及作用条件。

创业团队是指由两个或两个以上的人组成的创业队伍，他们需要对企业的将来负责，拥有共同的义务，并在完成共同目标的工作中相互依赖。

创业团队在创业心理资本和创业团队绩效间起到中介作用。尚晓（2012）在研究中发现，大学生创业心理资本对于创业团队绩效有显著影响。创业团队是目前创业研究的主流趋势，虽然观察与测量较为困难，但其对于创业研究有实际意义。

（3）创业心理资本发挥作用的情境因素

创业心理资本对于结果变量的影响并非完全一致，除去内部的作用条件影响外，其外部情境因素的调节作用也是不容忽视的，主要调节变量包括环境因素、环境动态性和团队氛围等。

①环境因素。

对创业心理资本可以产生调节作用的环境因素主要包括政策环境、社会文化环境和创业环境等。席晓阳（2015）在对大学生创业心理资本的研究中发现，政策环境较利于创业时，心理资本水平越高创业意向提升越快。周亚萍（2014）在对青年创业者的心理资本的研究中发现，创业环境较好时，青年创业者的心理资本水平较高，创业绩效提高较快；创业环境较差时，青年创业者的心理资本对于创业绩效的影响显著降低。由此可见，外界环境因素对于创业心理资本相关模型的影响是不容忽视的。

②环境动态性。

环境动态性是环境变化的速度以及不确定程度，是影响团队行为与绩效关系的关键变量（Liang等，2010）。Hmieleski等（2015）在对创始CEO无形资源（社会资本、人力资本和心理资本）的探究中发现，环境动态性在创业心理资本和企业绩效间起到调节作用。其实证研究结果表明，创业者处在动态环境（创造性环境）时，创业心理资本水平的提升对于企业绩效有提升作用；创业者处在稳定的环境（探索性环境）时，创业心理资本的提升会降低企业的绩效。

③团队氛围。

团队氛围是指在某种特定的环境中个体对事件、活动和程序等的认知。积极的团队氛围是指团队成员在一种资源开放和信息共享的环境下，人与人充分沟通并为共同目标而努力。在这样的团队氛围中，创业者会受到来自团队的鼓励与支持，从而提高创业者的决策能力，弱化失败对创业者造成的打击。程聪（2015）在研究中发现，团队氛围在创业心理资本和创业导向间起到调节作用。在积极的团队氛围下，创业心理资本可以更好地促进创业导向的形成；团队氛围较差时，创业者的决策质量会受到相应的影响。

1.3.3　创业心理资本研究框架

本书针对创业心理资本的前因变量、结果变量以及有关的作用条件和情境因素进行归纳与总结，构建出创业心理资本研究框架，如图1-6所示。

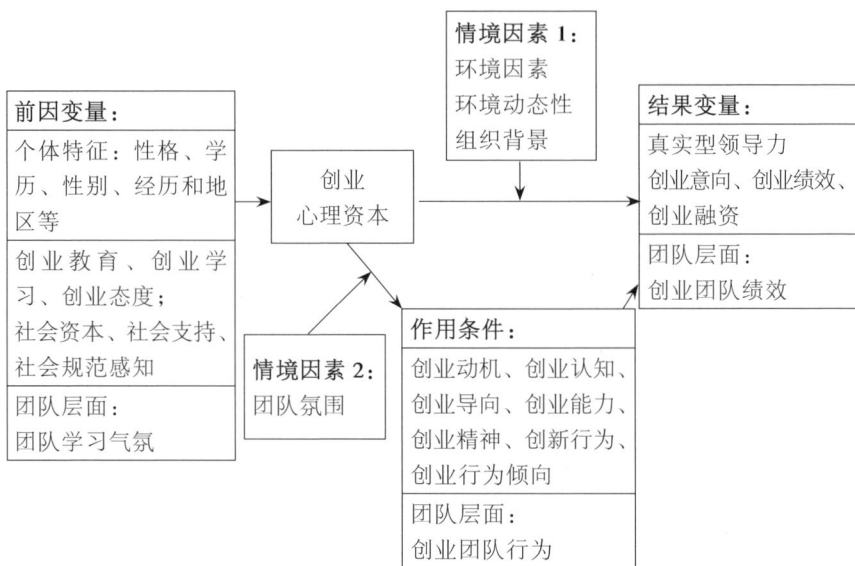

图1-6　创业心理资本研究框架

创业能力的主要结果变量是创业绩效，创业心理资本可以很好地解释创业能力（田硕和申晴，2015）。吴能全和李芬香（2020）构建了结构方程，验证后得出创业心理资本与创业能力显著相关的结论。通过对创业心理资本与创业能力关系的总结，本书认为目前的研究以验证创业心理资本和创业能力之间的关系为主，有关研究尚少，原因如下：第一，创业能力的测量维度划分方式较多，在创业能力维度的选择上需要学者通过深入研究找到与研究内容契合的维度；第二，构

成创业能力的维度数量较多，心理资本与创业能力的关系验证过程较
为复杂。因为创业能力对于新企业成长、创业绩效以及创业成功均有
显著影响，对于创业失败后的恢复也有重要作用，所以本书认为"创
业心理资本和创业能力将如何影响创业绩效"是一个很好的研究切入
点，值得深入探究。

影响创业心理资本的前因变量中，除了教育、学习，还有个人感知
和态度。心理资本具备的特征使创业心理资本可开发、可干预，在研究
中可以针对创业者个体的特质和经历不同，挖掘新的影响创业心理资本
的前因变量。

1.3.4　创业心理资本研究的现有不足与未来方向

本书对影响创业心理资本的因素进行总结，并对其主要结果变量和
作用条件以及情境因素进行梳理，构建创业心理资本研究框架。

通过对有关文献的总结与梳理，本书提出创业心理资本的未来研究
方向：

第一，以认知论视角切入对于创业心理资本的研究具有重要意义。
可以从认知论视角出发进行创业心理资本量表的开发。

第二，对创业心理资本影响因素的研究中，创业教育和创业学习虽
已有学者进行相关研究，但是研究尚少。这两个前因变量均可开发和
干预。

第三，目前国外研究中兴起了创业心理资本对创业融资影响的有关
研究，旨在发觉如何更好地提升创业心理资本，从而获取创业所需的资
金。Anglin 等（2018）发现，传递积极心理资本信号的创业者会有卓越
的筹资表现，心理资本对于众筹绩效有正向预测作用。本书将创业融资
纳入研究框架，并认为探究创业心理资本与创业融资的关系将是未来的
研究方向之一。

第四，由于创业能力的维度划分方式较多，并且每一种划分方式下
的构成结构较为复杂，所以创业心理资本、创业能力与创业绩效关系的
验证将比较复杂，可以在创业能力构成中选择具有代表性的能力维度进
行探究。

1.3.5　数字创业心理资本

心理资本能够积极影响个体的认知与行为，能够对创业能力和创业绩效等创业活动产生积极影响。心理资本作为一种可以改变个体认知的关键资源，是创业者在创业过程中的必备条件之一。自我决定论认为个体能够从主观上有意识地认知事物并调整个体行为，说明提升心理资本水平可以有效改善个体认知水平并影响个体行为。

数字创业心理资本能够积极影响创业者对于事件本身的认知并能有效干预决策。例如，遇到潜在的数字创业机会时，具有高水平数字创业心理资本的创业者会倾向于把握机会。

第2章 数字创业心理资本影响因素组态分析

基于心理资本理论，本章提出了一个包含自我调节、创业学习、家庭支持和创业环境等前因条件的结构框架，并运用模糊集定性比较分析对中国238位数字企业家的调查数据进行分析，结果显示4种组态导致高数字创业心理资本，5种组态导致非高数字创业心理资本。结果表明数字创业心理资本的变化主要是多因素协同作用的结果。

数字创业者应积极寻求家庭成员的支持，提高自主创业学习能力或创业经验学习能力，在良好的创业环境中积累数字创业经验。本书通过界定关键条件以及寻找关键条件的内在联系构建组态模型，使用 fsQCA 方法确定影响数字创业心理资本的核心条件与边缘条件，为数字创业者创业活动的顺利展开提供理论依据。

2.1 数字创业心理资本关键条件的界定与测量

Avey 等（2011a）发现，相关文献中缺乏检验心理资本前因变量的系统化方法，导致心理资本的前因条件研究进展缓慢。为了科学构建组态模型，本书遵循Furnari等（2021）的构型理论化过程，通过相关文献界定影响数字创业心理资本的关键条件，厘清条件之间的内在联系，标记构型并按主题命名。

影响创业心理资本的因素见表2-1。

表2-1 影响创业心理资本的因素

内部因素			环境因素	
个人特征	行为	能力	内部环境	外部环境
性格	创业学习	社会规范感知	组织氛围	政府政策
教育水平	创业教育	创业态度导向	家庭支持	文化背景
性别		社会资本	团队学习气氛	创业环境
地区		社会支持		

资料来源：作者根据相关资料整理。

运用模糊集定性分析方法时，若选择过多的变量会导致样本数过大，在模型过于复杂的情况下，一个条件组合中因子的必要性将得不到验证。为了找到影响数字创业心理资本的核心因子，本书在每个方面选取一个关键变量作为代表变量构建数字创业心理资本前因模型。其中，自我调节代表创业者的个人特征，创业学习代表创业者的行为，家庭支持代表创业者所处内部环境，创业环境代表创业者所处外部环境。

本书选择自我调节为创业者个人特征的代表。自我调节是一种个体具备的可以调节自身行为的技能（Bandura，1991；Carver and Scheier，1998；Trevino等，2006），是创业者特征之一（Garud和Giuliani，2013；Shane，2012；Shepherd等，2013）。在创业过程中，自我调节可以提高创业者的抗压能力（Baron和Franklin等，2016）。具备高水平自我调节能力的创业者能够通过改变态度以实现目标，这使其在困难的情况下保持自信。自我调节能力低的创业者不够灵活，无法有意识地规划自己的行为以实现目标。在逆境中，自我调节能力差的人会更加依赖他人的意见，并且实证表明自我调节能够正向影响心理能力水平（Galina和Vlada等，2021）。本书认为自我调节是影响数字创业心理资本的关键条件之一。

本书选择创业学习为创业者创业行为的代表。创业学习作为创业者完善个人能力的源泉，是一种积极进取的行为范畴。从经验视角出发，创业者需要通过不断试错来找到适合自己的方向，将试错总结的经验转化成为自身所需的知识（Politis，2005）。在不断失败和再学习的过程中，创业者可以提高自身在逆境中不断成长的能力和个体心理资本水平。广义的数字创业过程是较为公开透明并且可以复制的，数字创业者可以更好地开展创业学习。目前，有关研究表明，创业学习对于心理资本有显著正向影响（Hasan，2019；Suksod 和 Somjai，2019）。本书认为创业学习对数字创业心理资本水平会产生重要影响。

本书选择家庭支持为创业者创业内部环境代表。创业者在创业过程中往往依赖家庭支持，在创业中遇到困难时，家庭是其获取帮助的首要来源。家庭领域可能提供各种类型的资源，帮助创业成功（Powell 和 Eddleston，2013）。其中，家庭支持主要有情感支持和资源支持两方面（Arregle 等，2015）。创业者遇到问题时，家人是创业者倾诉的对象（Tagiuri 和 Davis，1996），家庭成员之间的沟通效率也会更高（Hoffman 等，2006），情感支持可以让创业者缓解创业过程中的压力（Brondolo 和 Ben，2002）。数字创业者经常在家中办公，这会让创业者受到更多家庭氛围的影响。本书认为家庭支持对数字创业者自身心理资本水平造成影响，并将家庭支持纳入模型中进行观察。

外部环境方面，本书选择创业环境为代表。VUCA（Volatility（易变性），Uncertainty（不确定性），Complexity（复杂性），Ambiguity（模糊性））环境使企业家需要预测或快速有效地应对外部变化，以实现生存（Troise 等，2022）。个体心理及其周围环境是独立的实体，但它们可以相互作用（Bandura，2007）。相关研究表明，心理资本对外部环境与个人态度和行为有重要影响（Alexander 和 Onwuegbuzie，2007；Beins，2019）。个体的心理与周遭的环境均是独立存在的实体，但是二者之间可以相互作用（Bandura，2007）。创业环境作为创业者依附的大环境对于创业者的影响尤为重要。根据权变理论，创业环境是创业者获取资源的途径（Gnyawali 和 Fogel，1994），包含创业企业从初创到成熟阶段的一系列外部影响因素。张铭（2013）认为，创业环境恶劣时，可能引起心理资本存量不足。王洁琼和孙泽厚（2018）通过实证研究发现，良好的创业环境对新型农业创业人才心理资本产生正向影响。本书将创业环境纳入模型，探究其如何影响数字创业心理资本水平。

综上所述，本书选择创业者个体的特征、行为、内部环境与外部环境进行研究。

2.1.1　自我调节

（1）自我调节的内涵

自我调节是指个体通过监控、评估、指导和调整其行为，以实现自己的目标（Bandura，1991）。自我调节理论在发展过程中，对个人努力和行为的理解方面被证明是非常有价值的（Bagozzi，1992；Kuhl，1992）。Bagozzi（1992）将决定意图的核心自我调节过程确定为对任务结果的评估、与任务有关的情绪（如焦虑、希望、不满、喜悦）以及对这些情绪的反应。

自我调节可以很好地应用于创业领域，因为它确定了工作的目标方向，即促进型目标导向和预防型目标导向（Higgins，1997）。促进型目标导向是指对能够成长、晋升和发展的任务和情况的偏好。这对创业者来说显然很重要，因为创建和发展企业是企业家精神与普通管理思想的区别（Busenitz和Barney，1997）。预防型目标导向是指避免无法保证安全和可能发生危险的任务和情况。以预防为导向的创业者可以对新企业的发展采取降低风险的方法（Pennington和Roese，2003）。

（2）自我调节的理论视角

①调节焦点理论。

调节焦点理论是由心理学家Higgins于1997年提出的。他首先把一个人尝试去达成目标的模式分为两种：预防焦点，以分析者视角分析个体的行为会不会产生坏结果；促进焦点，以进取者视角分析个体的行为会不会带来好结果。

调节焦点理论指出，人类自身拥有的基础自我调节体系有两类，第一类是促进型调节焦点，指人类为获取奖励而进行的正向调节，重点放在关注积极的目标上，主要表现为关注自身的愿望；第二类是防御型调节焦点，指人类为避免惩罚而进行的正向调节，主要表现为关注自身应尽的责任和义务。该理论主张由于调节焦点不同，导致人们在行事过程中产生明显差异，其主要涉及动机系统、目标框架以及相关的情感和认知属性。

促进型调节焦点的个体往往具有开放的头脑和广泛的想法（Tumasjan和Braun，2012）。他们在创造新的可能、考虑新的替代方案和开发创业机会方面具备优势（Brockner等，2004），这可以激励他们尝试创业。此外，即使在不熟悉、不确定和困难的情况下，促进型调节焦点的个体在认知任务中也能表现出更高水平的毅力（Crowe和Higgins，1997；Markman和Baron，2003），这将使他们在推动创业方面有优势，将商业想法或机会转化为可付诸行动的创业意图。此外，该类个体相信，有行动计划就足以实现目标（Brockner等，2002）。

防御型调节焦点是由对安全和保障的需要来控制的，这促使个体倾向于保证安全，并使用谨慎的手段来履行责任（Crowe和Higgins，1997）。他们注重保障和安全（Piperopoulos和Dimov，2015），并更有可能注意到或回忆起与损失和失败相关的信息（Higgins和Tykocinski，1992），以获得期望的最终状态（Förster等，2003）。

②社会认知理论。

社会认知理论是心理学家Bandura于1977年提出的，侧重于目标追求中的动机强度、自我参照和自我反应过程。社会认知理论与行为主义的分歧在于两者对环境与行为之间关系的看法不同。行为主义忽视了人类的主观能动性，认为人们的行为都是由外部刺激诱发的，即环境决定行为。Bandura（1986）认为，不仅环境会引发人们的行为后果，行为也能塑造环境，并将这一过程称为"交互决定论"。在后来的理论发展中，Bandura进一步引入个体的心理与认知过程作为要素，形成环境、行为、个体心理与认知过程共同决定人类活动的分析框架。

社会认知理论包括三元交互决定论、自我效能理论和观察学习理论。

三元交互决定论是社会认知理论的核心。该理论认为个人因素、环境因素和行为因素相互作用、相互决定。其中，个体通过主观能动性来支配自身行为，行为产生的结果会反作用于个体的情绪。个体的主观特征会激发环境反应，环境也会作用于个体情绪。

自我效能理论认为个体具有自我反思和自我反应的能力，能够在一定程度上控制自己的思想、情感、动机和行为。自我效能感能够影响或激起若干特殊形态的思维过程，这些思维过程对个体活动产生自我促进的或自我阻碍的影响。

第一，目标设定是人类行为自我调节的主要机制之一，但个体把什么样的成绩设定为自我行为的目标则受自我效能感的影响。目标的挑战性不仅激发个体的动机水平，而且也决定个体对活动的投入程度，从而决定其活动的实际结果。

第二，自我效能感决定了个体对即将执行的活动场面或动作流程想象内容：个体若坚信自己的活动效能，则会倾向于想象成功的活动场面并体验与活动有关的身体状态的微妙变化，从而有助于支持并改善活动的物理执行过程；否则，个体更多想象到的是活动的失败场面，担心自己能力不足，并将心理资源关注于活动中可能出现的失误，从而对活动产生消极影响。

第三，在归因活动中，自我效能感强的人倾向于把成功归因为自己的能力和努力，而把失败归因为技能的缺乏和努力的不足。这种思维方式反过来促使个体提高动机水平，发展行为技能，从而有利于活动的成功。

第四，个体对行为结果形成内控或外控的不同期待，部分决定于其自我效能感的高低。自我效能感还与自我调节的其他方面有关，如自信、任务承诺和动机强度。自我效能感本身并不关注目标焦点，也不关注一个人拥有的具体技能，而是关注一个人如何利用自己拥有的技能来实现自己的目标（Bandura，1997）。

观察学习理论认为通过榜样进行观察和学习，可以形成或抑制自身的某种行为（Bandura和Walters，1963）。该理论填补了传统行为主义理论的缺陷，通过强调个体有意识的学习行为，从认知视角完善了社会心理学和学习方法论的空白。

（3）自我调节的构成和测量

自我调节的主流测量方法包括BIS/BAS量表、RFQ量表、RWS测量指标、特质调节焦点量表等。

BIS/BAS量表是Carver和White基于Gray的大脑功能和行为理论提出的，详见表2-2。BIS/BAS量表分为行为抑制系统（BIS）和行为活跃系统（BAS）。

表2-2   BIS/BAS量表

开发者	构成		题项
Carver和White，1994	行为抑制系统（BIS）（Cronbach's α系数=0.74）		1.我如果觉得有什么不愉快的事情要发生，通常会非常生气
			2.我担心犯错
			3.批评或责骂让我很难过
			4.当得知有人生我的气时，我会感觉焦虑或沮丧
			5.即使坏事即将发生在我身上，我也很少恐惧或紧张
			6.我会担心自己在某件事上做得不好
			7.和朋友相比我很少害怕
	行为活跃系统（BAS）	对酬劳的反应（Cronbach's α系数=0.73）	1.当得到我想要的东西时，我感到兴奋和充满活力
			2.当在某件事上做得很好时，我喜欢坚持下去
			3.好事发生在我身上时，会对我产生强烈的影响
			4.赢得比赛会使我兴奋
			5.当我有机会做我喜欢的事情时，我立刻兴奋起来
		驱动力（Cronbach's α系数=0.76）	1.当想要某样东西时，我通常会全力以赴
			2.我千方百计得到想要的东西
			3.如果有机会得到我想要的东西，我会马上行动
			4.我会不受任何规则约束去追求想得到的东西
		寻求快乐（Cronbach's α系数=0.66）	1.我经常只是为了好玩而去做一些事情
			2.我渴望刺激和新鲜感
			3.如果觉得有趣的话，我总是愿意尝试一些新事物
			4.我经常冲动行事

资料来源：作者根据相关资料整理。

RFQ量表是基于调节焦点理论而开发的量表，与 BIS/BAS 量表高度相关（Higgins，2001），详见表2-3。

表2-3 　　　　　　　　　　　　　　RFQ量表

开发者	构成	题项
Higgins，2001	促进型调节焦点（Cronbach's α 系数=0.73）	1.与大多数人相比，你是否总是无法获得想要得到的东西
		2.你是否经常完成感到刺激的工作，哪怕工作十分困难
		3.你会经常尽力将不同的事情做好吗
		4.生活中是否很少有能促使你为之付出努力的事情
		5.你是否认为自己在通往人生成功的道路上取得了进步
		6.即将完成一个对你来说非常重要的任务时，你是否发现自己的表现并不如想象中的好
	防御型调节焦点（Cronbach's α 系数=0.8）	1.在成长过程中，你是否曾经作出让父母不能容忍的事情
		2.在成长的过程中，你会经常让父母感到不安吗
		3.你是否会经常服从父母制定的规则和要求
		4.你是否有时候会因为不够仔细、小心，使自己陷入麻烦
		5.在成长过程中，你是否曾经用让父母不高兴的或是厌恶的方式行事

资料来源：作者根据相关资料整理。

RWS测量指标是由 Wallace 和 Chen 等于 2006 年编制的，主要测量工作环境中的特质调节焦点，详见表2-4。

表2-4 　　　　　　　　　　　　　RWS测量指标

开发者	构成	题项
Wallace 和 Chen，2006	提升焦点（Cronbach's α 系数=0.88）	1.我能否完成更多的工作
		2.不论发生什么事情我总要完成工作
		3.在短时间内我可以完成更多的工作
		4.我能否因为努力工作而获得进步
		5.我的工作能否带来成就感
		6.我能否完成足够数量的任务
	防御焦点（Cronbach's α 系数=0.86）	1.我能否遵守工作规则和惯例
		2.我能否正确地完成工作
		3.我只完成职责内的工作
		4.我能否尽到工作职责
		5.我能否实现工作责任和义务
		6.我能否处理好工作中的细节问题

资料来源：作者根据相关资料整理。

特质调节焦点量表是由 Lockwood 和 Jordan 等于 2002 年在 RFQ 量表的基础上开发的，用于对特质调节焦点进行测量，详见表2-5。

表2-5 　　　　　　　　　　　　　特质调节焦点量表

开发者	构成	题项
Lockwood 和 Jordan 等，2002	提升焦点因子（Cronbach's α 系数=0.98）	1.我总是设想自己将来如何实现理想和愿望
		2.我总是勾画出一个理想自我的形象
		3.我相信自己将来能够成功
		4.我经常思考自己如何能获得好的学习成绩
		5.我在学校的主要目标是实现抱负
		6.我把自己看作一个主要致力于实现我的希望、愿望和抱负的人

续表

开发者	构成	题项
Lockwood 和 Jordan 等，2002	提升焦点因子（Cronbach's α 系数=0.98）	7.总的来说，我专注于在生活中取得积极成果
		8.我经常想象自己经历了好事
		9.总的来说，我更倾向于取得成功，而不是防止失败
	防御焦点因子（Cronbach's α 系数=0.79）	1.总的来说，我专注于预防生活中的负面事件
		2.我总是担心不能履行责任和义务
		3.我经常思考如何避免生活中的失败
		4.我在学校的主要目标是避免成为学业上的失败者
		5.我经常担心自己无法完成学业目标
		6.我更倾向于防止损失，而不是实现收益
		7.我经常想象自己正在经历一些发生在自己身上的坏事
		8.我把自己看作一个努力成为履行我的责任和义务的人
		9.我经常为我未来成为什么样子而担心

资料来源：作者根据相关资料整理。

本书选择适合创业环境的自我调节量表，即 RFQ 量表。该量表具有较好的信度和效度，已有国内学者在创业领域使用该量表进行研究（谷晨等，2021）。

2.1.2　创业学习

（1）创业学习的内涵

创业学习能够从动态的视角来分析创业问题、解释创业现象，极大地拓展了已有的创业研究领域，成为前沿研究问题并受到学者们的极大关注。

早期的学者主要从特质论的角度来探讨创业问题、解释创业现象。根据特质论的观点，创业者与非创业者之间存在明显的差异，主要体现为高风险承担性、高自信心、高容忍度等。正是因为这些常人不具备的特质使得创业者能够大胆地从事高风险行为，并取得成功。特质论的核心思想在于强调创业者是天生的，有些个体适合进行创业活动，而不具备这些特质的个体不适合进行创业活动。

特质论的研究更多是从静态角度出发揭示创业现象，忽略了创业活动的动态性、复杂性。创业活动本身是高度不确定的，每个个体面临的创业情境存在极大的差异，仅仅从特质论的角度难以揭示这一复杂的创业现象。创业者自身的经验和技能是有限的，需要通过后天不断模仿、反思和纠偏等克服创业活动中面临的各种困境和不确定性，即进行持续的创业学习。

创业学习本质上是动态的，需要创业者不断调节自己的行为、自我认知（Cope，2005；Gielnik 等，2020）。创业学习主要包括个体学习、收集式学习、探索与开发式学习、直观与感知学习（Wang 和 Chugh，2014）。个体学习是指个人获取数据、信息、技能或知识的过程。收集式学习基于一套共享的规则和程序，允许个人协调行动以寻求问题解决方案（Capello，1999）。个体学习和收集式学习的关键在于如何将个人机会寻求行为与组织优势寻求行为结合（Hitt 等，2001）。直观学习是指通过发现某种可能性来了解事实之间的关系。感知学习是指通过视觉、声音和身体感觉（具体的、分析性的思维）了解事实或细节（Felder 和 Silverman，1988）。直观学习和感知学习的区别在于创业机会是如何产生的，是发现的还是创造的（Buenstorf，2007；Eckhardt 和 Shane，2003；Short 等，2010）。

Ghezzi 和 Cavallo（2020）提出了精益创业方法，以支持需要商业模式创新的数字企业家。精益创业方法是一种经验证的学习过程，用于测试和验证商业模式，帮助数字企业家探索创业机会或寻找潜在客户（Ghezzi，2019；Ghezzy，2020）。数字创业是无边界和高度创新的（Tumbas 等，2018；Nambisan，2017），数字创业者需要通过创业学习适应不可预测的环境。知识收集可以提高创业者的自我效能感（Rae 和 Carswell，2001），数字创业者需要不断学习和掌握数字知识、技术和精益创业方法，以提高数字创业心理资本水平。

（2）创业学习的理论视角

创业学习从不同视角有不同解读。

从经验视角切入的创业学习研究，注重通过自身的经历和已有经验的转化来获取或创造新的创业知识（Kolb，1984；Politis，2005），这是最为经典也是获得关注最多的观点。该观点认为，可以不断试错和总结经验，以得出更优决策。

认知学习以他人经验为主，当创业者个体主观上留意到其他创业者的经营、管理以及成功经验，他们会找到其认为有价值的信息并融入自身的思维模式之中（Holcomb 和 Ireland 等，2009）。认知学习更注重外界人士行为的结果，受关系网络和社会环境的影响较大（蔡莉等，2012）。

实践学习强调在特定的环境之下，创业者通过实践将已知的知识进行更正，得到全新的、适应新环境的知识（Lumpkin 和 Lichtenstein，2005；Hamilton，2011）。

（3）创业学习的构成和测量

创业学习的主流研究视角有3种，但从不同视角出发的创业学习往往不是相互独立的，而是有着紧密联系。其中，经验学习和认知学习存在互补关系，二者结合可以共同构成创业学习（Holcomb，2009）。除此之外，一些学者认为创业学习需要经验学习、认知学习和实践学习共同作用，缺一不可。

三维创业学习测量量表见表2-6。

表2-6　　　　　　　　　　**三维创业学习测量量表**

开发者	维度	题项
单标安和蔡莉等，2014	经验学习（Cronbach's α 系数 =0.709）	1.已有的管理经验、创业经验等对创业决策并不重要
		2.会不断反思先前的失败行为
		3.大部分经验来自不断重复某些行为
		4.失败并不可怕，关键在于能从中吸取教训

续表

开发者	维度	题项
单标安和蔡莉等，2014	认知学习（Cronbach's α 系数=0.78）	1.经常与同行业中的专业人员进行交流
		2.非常关注同行业中"标杆"企业的行为
		3.经常参加各种正式或非正式的讨论会
		4.经常阅读相关书籍和文献以获取有价值的创业信息
	实践学习（Cronbach's α 系数=0.79）	1.创业过程中持续收集有关内、外部环境的信息
		2.注重在创业实践中深化创业认识
		3.通过创业实践获得的经验极为有限
		4.通过持续的创业实践来反思或纠正已有的经验

资料来源：作者根据相关资料整理。

从社会网络视角切入研究的学者们认为创业学习主要由网络学习构成，构成网络学习的维度分别是模仿学习、交流学习和指导学习。

网络学习测量量表见表2-7。

表2-7 **网络学习测量量表**

开发者	维度	题项
谢雅萍和黄美娇，2014	模仿学习（Cronbach's α 系数=0.808）	1.你经常通过观察网络成员的行为、行动或结果进行学习
		2.你经常通过效仿网络成员的行为、行动进行学习
		3.观察、效仿网络成员的行为、行动或结果的学习，对你的创业过程影响很大
		4.你经常得到网络中专家顾问、高素质专业人才、导师等的指点或引导
	指导学习（Cronbach's α 系数=0.792）	1.网络成员的指点、引导可以解决你在创业过程中的关键问题
		2.网络成员的指点、引导可以让你提高创业自信心、坚定创业信念
		3.你经常通过与网络成员的正式交流或合作来学习
		4.你经常通过非正式交流来进行学习
	交流学习（Cronbach's α 系数=0.763）	1.与网络成员间的正式交流或合作、非正式交流可以帮助你获得完成创业任务及应对挑战的信息
		2.与网络成员间的正式交流或合作、非正式交流可以使你提高创业自信心、坚定创业信念

资料来源：作者根据相关资料整理。

本书选择单标安等（2014）提出的开发量表中的认知学习和实践学习进行探讨。在数字创业过程中，广义数字创业者进行数字创业是相对容易的，但是这需要创业者观察他人的创业模式并将之融入自己的架构之中，并通过实践检验获取新的、更有价值的知识。

2.1.3 家庭支持

（1）家庭支持的内涵

家庭支持是家庭成员对于个体的帮助，是创业者社会支持的重要组成部分。Adams等（1996）研究发现，家庭支持包括经济支持、社会资本支持和情感支持。经济支持是创业和经营新企业的重中之重（Winborg和Landstrom，2001）。社会资本支持是指家庭群体的社会网络可以提供的支持（Adams等，1996）。情感支持鼓励潜在创业者冒险、容忍失败并对未来充满信心（Burgelman，1988）。初始创业者通常从有凝聚力的家庭成员那里寻求情感支持，因为他们可能有相同或相似的思维方式（Granovetter，1992）。其他家庭成员可能为创业者承担更多的家庭责任（Huang等，2020）。情感支持对于创业者的心理资本有正向影响（董静和赵策，2019）。Soluk和Kammerlander（2021）通过实证研究发现，在发展中国家中，家庭成员提供的的资源可以通过数字技术提高个体的创业意愿。家庭支持构筑了创业者稳定的后方阵地，家庭成员与创业者是共荣共辱的利益体，对创业者的资源、精神、人力支持最直接、最无私、最具持续力。相关研究证实，即使创业者拥有企业家才能，真正作出创业选择还需要家人、亲友等利益共同体人员的信任与支持，他们不仅会为创业者提供有形资源，如技术支持、资金筹集、雇员信息、市场机会，还可以提供难以复制的无形资源，如情感激励、创业压力疏解、抗挫信念与意志支持等。

（2）家庭支持的有关理论

①社会支持理论。

社会支持理论是指通过个人之间的接触得以维持社会身份，并且获得情绪支持、物质援助和服务、信息。作为一种理论范式，社会支持源于"社会病原学"，最早是和个体的生理、心理和社会适应能力联系在一起的。基于此，一些学者的研究将其限制在"社会心理健康"领域。但就已有研究来看，国内外对社会支持的使用都已超越了原有的解释，将其扩张为一种为弱势群体提供精神和物质资源，以帮助其摆脱生存和发展困境的社会行为的总合。社会支持理论基于对弱势群体需要的假设，判定弱势群体需要什么样的资源才能改善和摆脱不利处境。

依据社会支持理论的观点，一个人拥有的社会支持网络越强大，就越能够应对各种来自环境的挑战。个人拥有的资源可以分为个人资源和社会资源。个人资源包括个人的自我功能和应对能力，后者是指个人社会网络中的广度和网络中的人能提供的社会支持功能的程度。

社会支持是感知或体验被爱、被他人关心、被尊重、被重视（Taylor，2011）。社会支持有两个主导假设，分别是缓冲假设和直接效应假设。缓冲假设假定社会支持可以缓冲或保护个人免受压力事件的潜在负面影响（Taylor 和 Seeman，2000）。直接效应假说认为无论个体的压力水平如何，社会支持都具有有益的效应。相关研究中这两个假设都得到了支持（Taylor，2011）。

目前，按照支持主体可以将社会支持分为以下几类：由政府和正式组织（非政府组织）主导的正式支持，以社区为主导的准正式支持，由个人提供的社会支持，由社会工作专业人士和组织提供的专业技术性支持。这几类支持互有交叉，但在更多层面相互补充，已经初步形成了政府主导、多元并举的社会支持系统。

社会支持通常包含情感支持和工具性支持。情感支持包括倾听和同理心（Adams 等，1996），通过满足亲密关系和与他人在一起的需要来减少或阻止压力。工具性支持也称信息或物质支持，包括关注、反馈、物质援助、护理和教育支持等。

②资源保存理论。

压力是影响人们生活的一个重要因素，一直备受学界关注。资源保存理论作为压力研究的一个分支，为该领域的研究开拓了一个新思路。资源保存理论已成为组织行为学文献中经常被引用的理论，在探索个体对环境的应激反应和应对行为等方面得到广泛应用。资源保存理论认为个体会尽最大努力获取、保护与维持他们的现有资源（包括个体资源和情境资源），并将损失视为外在威胁，从而根据外部环境进行自我调整。个体拥有充足资源时，容易达成目标并进一步获取新资源（Mauno等，2007）。资源保存理论将资源分成以下几类：第一类是物质性资源，其与社会经济地位直接相关，是决定抗压能力的一个重要因素（Dohrenwend，1978），如汽车、住房等。第二类是条件性资源，可以为个体获得关键性资源创造条件，决定个体或群体的抗压潜能，如朋友、婚姻、权力。第三类是人格特质（尤其是积极的人格特质），其是决定个体内在抗压能力的重要因素，如自我效能和自尊。第四类是能源性资源，是帮助个体获得其他资源的资源，如时间、金钱与知识。

资源保存理论的核心观点是拥有较多资源的个体不易受到资源损失的影响，且更有能力获得资源，反之亦然，进而揭示出资源的两个螺旋效应——丧失螺旋和增值螺旋。丧失螺旋是指缺乏资源的个体不但更易遭受资源损失带来的压力，而且这种压力的存在致使防止资源损失的资源投入往往入不敷出，从而加速资源损失（Dohrenwend，1978）。增值螺旋是指拥有充足珍贵资源的个体不但更有能力获得资源，而且所获得的资源会产生更大的资源增量。家庭作为个体最为核心的圈层，在创业者资源获取方面最为便捷，家人可以提供资金、人脉以及体谅和支持等创业者在创业过程中需要的重要资源。

资源保存理论最初主要被运用于压力研究，后来被广泛用于倦怠（Hobfoll，2002）以及具有挑战性的工作环境等领域的研究，如组织政治、绩效评价（Halbesleben和Wheeler，2011）、组织承诺等，该理论已成为积极心理学新兴领域研究的基础理论。

（3）家庭支持的构成和测量

最初编制的家庭支持量表旨在检验养育发育障碍儿童的父母（Dunst和Trivette，1988）。家庭支持量表由18个Likert量表题项组成，要求评分员确定不同社会支持来源的帮助程度。量表内的项目涉及不同类型的社会支持，包括配偶、配偶的父母、亲属和朋友、父母团体、社会团体和俱乐部以及专业帮手和社会服务机构等。

李永鑫、赵娜（2009）基于中国国情给家庭支持编制了10个题项，分别是：对于工作上的问题，家人经常提供不同的意见和看法；当工作上有烦恼时，家人总是能理解我的心情；我工作上出现困难时，家人总和我一起分担；工作很劳累时，家人总会鼓励我；工作上遇到问题时，我总会和家人说；工作上出现问题时，家人总是安慰我；工作之余，家人总能给我一些个人的空间；我某段时间工作很忙时，家人总是多做些家务；我与家人谈及有关工作上的事情时很舒服；家人对我所做的工作比较感兴趣。

Powell 和 Eddleston（2013）创建了家庭对创业支持的变量，该变量的测量共有 4 个题项。其中 1 个题项为 "当我对我的生意感到沮丧时，家里有人试图理解"，这与 King 等人研究中的原始项目非常相似，但在此强调的是 "我的生意" 而非工作。其他 3 个题项分别是 "家人为了帮助我创业成功所做的事情超出了我的预期"、"我的家庭给我关于我的创业想法的有用反馈" 以及 "家庭成员经常为我创业作出贡献而不期望得到回报"。受访者对每个题项用 1 分到 7 分表示（1 分表示强烈不同意，7 分表示强烈同意）同意程度。将这 4 个题项得分除以 4，得出家庭对创业的支持得分（Cronbach's α=0.82）。考虑到 Powell 和 Eddleston（2013）开发的具有 4 个题项的家庭支持量表适用于创业环境，具有良好的信度和效度，并且题项较少可以避免问卷过于复杂，本书选择该量表对家庭支持因子进行测量。

2.1.4 创业环境

（1）创业环境的内涵和构成

创业环境是指创业者进行创业活动和实现其创业理想的过程中必须面对和能够利用的各种因素的总和（Gnyawali 和 Fogel，1994）。创业环境主要包括环境主体、环境要素、环境特征和感知环境（蔡莉和单标安等，2011）。按照环境要素划分，应用较为广泛的创业环境构成主要有五维度模型（Gnyawali 和 Fogel，1994）和全球创业观察项目组构建的创业环境条件模型。

创业环境的构成见表 2-8。

表2-8   创业环境的构成

研究者	时间	构成要素
Gnyawali 和 Fogel	1994	经济支持；创业服务；创业文化；社会经济条件；政府政策和流程；非资金支持
全球创业观察项目组	1999年至今	金融支持；政府政策；政府项目；教育和培训；研发和技术转移；商务环境；市场开放程度；有形基础设施；文化及社会规范；知识产权保护
Shane	2003	政治环境；经济环境；社会文化环境
蔡莉和崔启国等	2007	政策法规环境；中介服务体系；信息化环境；市场环境；融资环境；文化环境；人才环境
张秀娥和何山	2010	资源要素环境；嵌入型要素环境

资料来源：作者根据相关资料整理。

管理学大师德鲁克曾预言，企业会面对无数挑战和机遇，这是在全球日趋复杂的社会环境下必须面对的问题，无论是组织层面还是个体层面，都无法摆脱外部环境的影响。

（2）创业环境的有关理论

①资源依附理论。

资源依附理论主要强调组织生存要从周围的环境汲取资源，从而与周围环境实现相互依存和互相作用（Pfeffer和Salancik，1978）。资源依附理论认为组织主要受到其所处环境的限制。创业企业要与外部环境进行物质或者服务的交换，要依赖环境。企业对外部组织的依赖程度包括以下几个因素：第一个因素是资源的重要性，即组织对外部资源的需求程度；第二个因素是外部组织的使用权力水平；第三个因素是资源替代的程度或外部组织对资源控制的程度。

资源依附理论除了认为组织需要适应环境，更强调组织要积极面对环境，按照自己的优势来控制环境，而不是被动的接纳。资源依附理论指出：第一，要理解企业间的关系以及社会的基本单位是组织；第二，这些组织不是自治的，而是与其他组织相互依赖的；第三，组织间的相互依赖性与不确定性结合时，组织将会采取行动；第四，存在生存和持续成功的不确定性情况；第五，组织采取行动管理外部相互依赖关系（尽管这些行动不可避免地不会完全成功），并产生新的依赖和相互依赖模式；第六，这些依赖模式产生组织间和组织内的权力，这些权力对组织行为有一定的影响。

资源依附理论将组织内部权力的描述与组织如何寻求管理其环境的理论结合，在组织方法的范畴内较为全面（Hillman 和 Withers 等，2009；Davis 和 Cobb，2010）。

②环境决定论和战略选择理论。

环境决定论和战略选择理论都是组织适应性的主要理论。环境决定论认为组织必须适应一系列的外部条件（Aldrich 和 Pfeffer，1976）。环境决定论特别强调环境对人类的影响，考察自然环境与人类社会生活的相互关系时，以地理环境作为社会发展的决定力量。环境决定论产生于18世纪，主要代表人物有法国的孟德斯鸠、英国的巴克尔、德国的拉采尔和美国的森普尔等。组织和环境会存在潜在依赖性或相对脆弱性，并影响组织和环境变化。

战略选择理论作为环境决定论的对立面出现。1972年，查尔德提出了战略选择理论，一改学术界在组织结构和行为研究中过分关注企业外部环境而忽略企业代理人的研究方式，对组织理论产生了重大而深远的影响。查尔德认为，战略选择是组织内权力持有者决定战略行动路线的过程。

战略选择理论认为，外部环境中的力量和变量是动态的，经营战略受到这些因素相互作用的影响。战略选择理论的核心问题分别是代理人与选择的性质、环境的性质。

人类在创造社会组织体系的过程中取得了成功，但这限制了人类能动性的进一步发挥，这种有组织的约束既影响个人又影响组织。Whittington（1988）提出了外部和内部约束形式之间的区别，旨在完善战略选择分析。他指出，战略选择观念最初是鼓励分析人员将组织中关注意志论的方法与强调决定论的观点（Astley 和 Van de Ven，1983）区分开。但这种区分方法倾向于忽视实践机构的先决条件，同时行为人本身可能并没有足够的能力来行使选择权的这种可能性也被忽视了。最初的战略选择分析假定决策者对情境的认知将由他们"先前的意识形态"决定，并认为应该注意阶级、职业和国家社会化这些因素可能影响行动选择。有学者认为个人能力，会限制组织代理人作出的选择（Streufert and Swezey，1986）。

组织行动者不可能从当前环境中抽象出企业发展战略，主要是因为环境会带给组织机会和威胁，这决定了战略选择的边界，而且组织行动者理解当前环境的方式会影响他们在战略选择中的自主选择权（Child，1997）。目前，外部制度和商业背景的多变性对企业提出了更高的要求，企业要提高自身对环境变化的敏感度，选择环境的同时要适应和管理环境，确保自身战略选择和外部环境的动态匹配，从而在保持自身竞争优势的同时确保企业取得良好绩效。企业应重视外部环境的变化，决策制定者要在环境变化初期迅速识别出企业面对的机会和威胁，从而把握自身优势，利用环境机会创造出更高的绩效。

战略选择理论识别出了组织决策制定与环境互动间积极主动和消极被动的两个方面。组织行动者被认为享有一种"有界"的自主权，他们可以采取外部举措，并作出适应性的内部安排。Weick（1969）认为，组织中的人们"制定"环境，有两种方式可以解释这种说法：首先，组织行动者必须对环境的主观定义作出回应；其次，组织中的人们可以按照自己的意愿来营造环境。战略选择分析中的"制定"主要是指将某些环境引入相关性的行动及组织阶段。变化的外部环境促使决策制定者调整其竞争性经营战略，进行调整的过程中，考虑的意见范围将受到过滤和限制。

战略选择理论认为，组织适应的有效性取决于组织决策团队对环境条件的看法及其就组织如何应对这些条件所作出的决定（Miles 和 Snow，1978）。从 Neegaard（1992）开发的部分应变模型中可以看出，组织所处环境的性质可能影响组织采用的内部控制系统。通过案例研究可以证明环境管理对组织控制的类型和程度有直接影响，进一步证实了通过缓冲和桥接进行环境管理的可能性。缓冲是保护管理者的核心活动免受外部影响；桥接是管理者通过谈判、合作、信息交流尽量管理他们的环境。

战略选择是通过一个过程来认识和实现的，是有权作出组织决策的代理人与其他组织成员及外部各方间的相互作用，最终组成一个变化的主导联盟。战略选择理论承认组织中个人行动者的作用，但认为组织行动者经常以主导联盟的形式存在，行动和回应的周期是一种环境因素。Mintzberg等（1985）指出，战略制定有"两条腿"，一条是深思熟虑的，而另一条则是自然形成的。在"两条腿"之间，存在不同类型的战略：计划型战略，领导者是权力中心，有清晰的意图；创业型战略，所有者严格控制企业在新创企业中较为普遍；意识型战略，集体享有共同的愿景；过程型战略，领导者设计行为模式；无关型战略，次单元及个体可以主导自身的行动；一致型战略，不同行动者和行动之间相互调整；强加型战略，战略和行动来自企业外部。

战略选择视角是对"组织的设计和构造是由其运营中的意外事件决定的"观点的修正（Child，1972），这种观点忽视了组织领导者的方式，无论是私人的还是公共的领导方式都可以在实践中影响组织形式。战略选择理论认为，应该注意那些有权力通过政治过程影响组织结构的活跃代理人。由于战略选择理论的意图在于纠正组织理论中的不平衡性，因此对战略选择的阐述有助于就该主题进行观点和方法上的拓展，如关键组织理论。在惯例下强调情境决定组织秩序的观点已成为少数人的选择，现在这个领域是极其多元化的，有众多观点，每个观点都试图以不同的"新方向"来加以论证。Child（1997）认为，虽然不同的理论观点或范式可能不可调和，但在应用于组织现象的研究时，不一定是不可比较的。

战略选择分析的贡献源于其将组织研究中的一些不同观点结合起来的潜力。这种潜力来源于战略选择理论描述了一个政治过程，将代理人和结构置于重要的背景下，同时把它们的关系看作动态的。在这一过程中，战略选择理论不仅弥合了一些相互竞争的观点，而且采取了非确定性和潜在性进化的立场。当战略选择被视为一个过程时，其指出了一种持续适应性学习周期的可能性，但仍然在一个组织学习的理论框架中（Child，1997）。

战略选择理论作出了两个值得关注的贡献：第一，认识到组织人员经常属于或可以接触到组织内外的社交机构。例如，专家可能属于专业学会，经理可能是委员会的工作成员。第二，组织成员更有可能影响其他组织的标准，换句话说，通过组织与外部机构之间的社会联系，前者的成员可以主动参与到后者制定标准的过程中，并在实践中产生一种激活标准的共情氛围（Child，1997）。

随着战略选择理论的提出，人们开始认为环境决定论忽视了组织内部战略制定者（代理人）的作用，毕竟环境因素对企业决策的影响不是直接的，而是要通过企业代理人的主观筛选与解释。战略选择理论强调代理人与环境的共同作用，环境给代理人相应的空间约束，决定企业最终走向何方的应归结于代理人作出的战略选择。

（3）创业环境的测量

创业环境的测量主要分为两种，一种是针对环境描述加以测量（Zahra和Bogner，2000；Lumpkin，2001）；另一种是以环境因素加以测量（Tan和Litschert，1994；Peng，1994）。

在针对环境加以描述的测量中，主要侧重于受试者处于某种环境中的具体感受。例如，段利民和杜跃平（2012）在大学生创业环境对创业意愿的影响研究中，为GEM模型的每个维度设计了5个题项，每个题项均用Likert五级量表从1分到5分表示"非常不同意"到"非常同意"。其中，金融支持环境中设置的题项包括"新企业能获取充足的贷款资金"、"政府能提供创业资本给新创企业"和"有充足的政府补贴提供给新企业"等。社会文化环境中设置的题项包括"本地文化能够容忍创业失败"、"本地积极创业的人能够得到社会尊重"和"本地文化鼓励创新和创业"等。胡玲玉和吴剑琳等（2014）在创业环境和创业自我效能对于个人创业意向的研究中，在GEM模型的基础上，选择创业环境中的市场资源环境和制度规范环境的有关量表进行适应性修改。其中，市场资源环境包括"如果创业，本地市场能够为我提供良好的技术支持"、"如果创业，本地市场能够为我提供良好的资金支持"和"如果创业，本地市场具有潜在的消费需求"等6个题项，该维度的Cronbach's α 为0.85；制度规范环境包括"本地政府对创业非常重视，为促进创业出台了多种措施"、"本地文化鼓励创造和创新"和"本地文化鼓励自立、自治和个人主动性"等4个题项，其 Cronbach's α 为0.85。

研究人员在对环境因素进行的测量中，将环境主体作为测量目标。例如，Tan（1993）将消费者、供应商、竞争者、技术、国际化、文化、经济和制度等作为测量环境特性的指标。Peng（1994）将消费者、供应商、竞争者、社会文化等作为测量环境特性的指标。崔启国（2007）在创业环境与新企业绩效的研究中，进行了竞争者、消费者、供应商、人才供应方、融资机构、技术条件、政策法规和社会文化对公司的影响、发展、可预见性Likert五级量表测量，1分为"很小"，5分为"很大"。

市场资源环境包含技术支持、社会服务、金融支持等，目前数字创业的有关政策和法律规范仍处于完善期，有关政策的变动和法律条款的更迭对于创业者均会造成很大影响。本书选择市场资源环境量表和制度规范环境量表对创业环境进行测量，两个量表均具有较好的信度和效度。

2.2　数字创业心理资本条件间的逻辑关系

2.2.1　数字创业心理资本影响因素的关系探究

传统回归中，自变量对因变量的作用效应是"净效应"，自变量之间的关系被认为是相互独立的。但是在定性比较分析法中，前因条件之间若存在相互影响，其效应是可以叠加的，会影响结果。在社会科学的研究中，影响一个结果的前因往往不止一个，并且这些前因相互间也可能存在影响。本小节对所提出的数字创业心理资本的前因变量之间存在关联的研究进行了梳理分析，有助于整体模型的构建。

（1）自我调节与创业学习之间的关系

在有关自我调节和创业学习的研究中，自主学习理论主张将学习解释为一个依赖计划、监控和自我反思的动态自我调节的过程（Schunk，2001；Zimmerman，2000）。早期创业学习的研究中应用了经验学习理论，但其有不能解释创业者遇到新情况时应如何处理以及对于创业者的认知方面解释力有限等局限性。为了更好地解释创业学习，学者们便在学习过程中融入认知策略方面的概念并转化为综合模型（Zimmerman，2001；Zimmerman，2002；Zimmerman 和 Campillo，2003）。在预想阶段，学习者会设定目标并考虑学习后可能产生的效果。预想阶段包含目标、动机和激励。在表现阶段，学习者不断反思自己的学习行为是否有助于实现目标，并相应地调整自己的行为。自我反省阶段包括根据设定的目标对学习结果进行评估，对于产生实际结果的原因进行因果归因。

Littunen（2000）研究发现，强烈渴望成功的创业者想要不断提高效率，会主动进行创业学习。Harms（2015）通过实证研究证明自主学习理论对于个体创业学习和团队学习均有显著正向影响。自主学习理论提供了在没有创业经验情况下学习的策略，从而在经验缺乏或潜在有害的新环境中给创业者提供帮助（Haynie 和 Shepherd 等，2012）。Winkler 和 Fust（2021）基于自主学习理论，构建了自主创业学习模型，展示了创业者应如何系统地开发创业专业知识以提高创业成功的概率。自主创业学习模型由自主学习理论组成，创业实操为导向的基本原则被嵌入其中。自主创业学习模型详细地阐述了创业者如何表明他们的学习过程，以及他们如何通过调节认知与认知偏差来避免潜在有害学习的影响。此外，自主创业学习模型还可以应用于高度不确定性的环境。相关实证研究表明，心理资本与自我调节学习之间存在显著相关性（Sava 等，2020）。因此，本书提出假设：

假设 1：存在一种包含自我调节条件和创业学习条件的组态，会导致高数字创业心理资本。

（2）自我调节与家庭支持之间的关系

自我调节能力更强的个体在生活中获得更积极的结果，并且不太可能出现重大的心理健康等问题。Sanders 和 Turner 等（2019）提出一个积极的育儿支持计划以提高父母和子女的自我调节能力。这个计划为父母提供了一个有意义的环境和许多机会来提高他们的自我调节能力，包括目标设定、自我管控、自我评估、自我效能、个人能动性、思维和情绪调节等。基于社会学习理论、认知行为原则和发展理论的育儿计划通常包括结构化的会话活动和作业任务，这些活动和任务可以优化以促进父母的自我调节，包括增强执行功能，如预测、提前计划、遵循计划和解决问题，使父母获得更大的认知灵活性、更好的冲动控制以解决更广泛的家庭问题。由此可以看出，自我调节的形成与自身和家庭影响皆有关系。

（3）家庭支持与创业环境之间的关系

宏观创业环境对微观环境有重大影响（Statman，2007）。Chen 等（2014）认为，在不利的监管环境下，家族企业的销售额和劳动力增长率将显著下降。家庭支持可以减少个人感受到的外部环境带来的冲突量（Dianne 等，2021）。相关研究表明，对家庭环境持负面看法的人在社会环境中获得的支持感较低（Brian 和 Lewis，1994）。换言之，个体的认知和行为会在一定程度上受到家庭的影响。Allen（2001）发现，有家庭支持的个人能够更好地适应工作环境。Markoski（2014）认为，家族企业可以更快地应对环境挑战。本书认为家庭支持可以帮助数字企业家快速适应环境。

（4）家庭支持与创业学习之间的关系

Bloemen Bekx（2019）指出，父母的创业经历将对子女的创业学习和创业意愿产生积极影响。一些企业家愿意向家庭成员学习（Zamani，2018），家庭成员的建议对年轻企业家尤其重要（Edelman 等，2016）。因此，本书提出以下假设：

假设 2：至少有一种高数字创业心理资本的组态包含家庭支持条件。

（5）自我调节与创业环境之间的关系

自我调节与个体-环境匹配度密切相关（Johnson 和 Taing 等，2013）。个体-环境匹配度本质上为理想条件和经验条件之间的差异（Edwards，1992；French 等，1982）。当人们面对理想和经验之间的差异时，往往会更加努力或采取新的行为策略（Campion 和 Lord，1982；Chang 等，2010）。采取这些策略是为了增强环境感知与人们理想标准的一致性，从而减少差异。只有当差异很少或没有差异时，人们才会倾向于以有利的方式作出反应。个体意识到理想条件和经验条件之间的差异时，会破坏个人调节系统（例如，引发负面影响），刺激人们改变行为或改变理想。

研究显示自我调节与各种环境有关，例如学习环境（Canter，2019；Yusufu 等，2021）和个人环境（Dwivedi 等，2018）。Chang 等（2010）认为，恶劣的环境将破坏自我调节系统，并导致个人变化。从心理学角度来看，环境结构背景通过自我调节影响人类行为（Luthans 等，2000）。过度使用数字环境与自我调节失败的神经和心理基础有关（Caudle 和 Dartmouth，2012）。个人需要更多的自我调节才能在恶劣的环境中进行创业，高水平的自我调节容易促使企业家在良好的创业环境中保持自信。因此，本书提出以下假设：

假设 3：存在一种导致高数字创业心理资本的构型，其中创业环境条件和自我调节条件不能同时存在。

（6）创业学习与创业环境之间的关系

创业环境是影响创业学习的重要因素（Man，2006；Petkova，2009）。创业环境是复杂且多变的，其具有高度不确定性。Lévesque 和 Minniti 等（2009）通过研究发现，学习需要的信息量很大时，通过其他方式才能让学习更有效。环境中的资源不会凭空转化成知识，创业者要使用他们的批判性分析技能转换环境中的信息，并充分利用创业网络提供的资源。环境扮演的角色在个体学习中起着直接刺激作用（Toutain 和 Fayolle 等，2017）。在创业环境对个体学习的影响研究中，创业者社交网络的影响尤为重要。有创业经验的创业者拥有更大的社交网络，更能有效地从网络中发展优势（Mosey 和 Wright，2007）。Brunetto 和 Farr-Wharton（2007）的研究表明，创业者与其网络成员建立的信任关系体现为在多大程度上相互鼓励学习，如何发现新的商业机会。在以创新为基础的数字时代，有必要拥有训练有素的企业技术专长，以应对快速变化的全球经济环境（Essia，2012）。创业学习可以帮助数字创业者快速适应新环境，良好的创业环境有利于创业学习。Choi 等（2020）指出，心理资本、非正式学习和人际环境之间的相关性非常显著。因此，本书提出以下假设：

假设 4：有一个创业学习条件和创业环境条件同时存在的组态会导致高数字创业心理资本。

2.2.2　数字创业情境下前因条件与心理资本的关系研究

（1）自我调节与心理资本之间的关系

自我调节是随着自我发展而发展的个人特征，可以反映创业者个体在面临机遇和风险时的不同态度。Luthans 等（2021）通过实证研究发现，自我调节与心理资本显著正相关。前文提及的自我调节包含促进型调节焦点和防御型调节焦点。

拥有促进型调节焦点的个体渴望得到激励，其头脑也更开放、想法更广泛（Crowe 和 Higgins，1997；Tumasjan 和 Braun，2012）。在创业情境下，具备促进型调节焦点的创业者会表现得更有毅力（Markman 和 Baron，2003）。在数字创业情境下，创业者将面临诸如竞品激增、技术迭代等难题，具备促进型调节焦点的创业者在面对这些问题时不轻易退缩，能够激发创业韧性。Lanaj 等（2012）描述了不同调节焦点对于自我效能感的影响效应，其中促进型调节焦点可以促进个体自我效能感的提升。因此，本书认为促进型调节焦点可以提升数字创业心理资本水平。

拥有防御型调节焦点的个体重视与失败和损失相关的信息（Higgins 和 Tykocinski，1992），这促使个体倾向于保证安全并且更加谨慎（Crowe 和 Higgins，1997；Piperopoulos 和 Dimov，2015）。在数字创业情境下，数字创业者会面对较高的不确定性和风险。防御型创业者对于数字创业的有关策略会更加谨慎，在开展创业的过程中更加稳健。防御型创业者不是盲目乐观的人，失败容易使其消沉。防御型调节焦点可以帮助数字创业者在一定程度上规避风险，降低创业失败的概率，但其更偏向稳健、惧怕失败，所以在高度不确定性的数字创业情境下并不适合数字创业心理资本的发展。

综上所述，本书认为自我调节中的促进型调节焦点会对数字创业者的心理资本水平产生影响。即使自我调节与心理资本之间存在关联，但单凭自我调节难以直接预测数字创业心理资本水平。例如，创业者可以很好地进行自我调节但没有良好的创业学习环境时，就难以将环境中的资源转化为相应的知识，可能导致对自身的创业能力表现得不自信，这就不利于心理资本的发展。因此，本书将自我调节与其他因子结合，共同分析影响数字创业心理资本水平的组态。

（2）创业学习与心理资本之间的关系

有关实证研究已证明了创业学习与心理资本之间存在显著关联（王娟，2020；Hasan 等，2019；郝喜玲等，2018），心理资本可以通过创业学习的强度直接或间接地预测创业成功（Juhdi 等，2015）。Hasan 等（2019）通过解释性研究，发现创业学习可以有效影响积极心理资本的形成。孟林和杨慧（2012）通过实证研究，发现心理资本可以缓解学习压力以及焦虑。实证研究中相关系数是对称的、路径可逆，但是因果关系却不是对称的、有序的，所以仅通过相关系数不能简单判断二者间的因果关系。目前，学术界对于二者的因果关系研究尚少，孰因孰果尚不明确。本书认为创业学习是影响心理资本的前因条件之一，所以通过 fsQCA 方法从集合论视角进一步研究创业学习与心理资本的因果关系。

从经验学习角度进行分析可以发现，创业学习往往是一种通过失败经历进行总结的学习。经历失败后，创业者会承受较大打击。创业者心理资本水平高，对于失败的归因就会乐观，不仅可以快速恢复状态，并且可以从中学习到相应的知识。郝喜玲等（2018）结合心理资本和行为视角的实证研究，发现韧性高的创业者可以更好地进行失败学习。唐朝永和陈万明等（2014）通过实证研究，发现心理资本以及其子维度均对失败学习存在显著正向影响，从侧面印证了失败学习是个体心理与社会互动的过程。综上所述，在经验视角下，心理资本对于失败学习具有显著正向影响并且在逻辑上的解释更通畅。

从认知学习角度进行分析可以发现，创业学习是有意识地从他人成功或失败的创业经历中汲取经验，该过程不用亲身经历失败体验，这使创业者免受失败带来的挫败感等负面情绪的侵扰，并且以后创业者经历相同事件时会增加成功解决事件的信心和希望。Minniti 和 Bygrave（2001）将创业学习定义为能够提升创业者自信心及其知识集合的行为过程。Rae 和 Carswell（2001）认为，个体理论与主动学习能提高创业者的自我效能感，倪宁和王重鸣（2005）在此基础上认为创业学习的任务是探究创业自我效能感的形成与发展。陈寒松和陈宣雨等（2017）通过实证研究验证了创业学习对于创业自我效能感有显著正向影响。创业自我效能感是构成创业心理资本的主要子维度之一，所以本书认为创业学习可以促进创业者心理资本的提升。

从实践学习角度进行分析可以发现，创业学习是创业者需要亲力亲为投身实践从而得到新知识的过程。Gist（1987）和 Wood（1989）等认为通过实践学习可以提高创业者的自我效能感。数字创业具有无边界性和高创新性（Hair 等，2012；Hu 等，2016；Tumbas 等，2018；余江等，2018；Scuotto 和 Morellato，2013；Nambisan，2017；Nzembayie，2017），这使得数字创业环境的变化更加剧烈。本书认为实践学习可以帮助数字创业者快速适应新环境，让数字创业者身处不确定性较强的创业环境中保持乐观心态。

（3）家庭支持与心理资本之间的关系

家庭对于个体的心理资本具有深远影响，从家庭获得支持可以帮助创业者顺利开展创业活动。通常，家庭支持可以为创业者带来经济上、情感上和人脉上的资源和便利（Adams 等，1996）。

从经济角度进行分析可以发现，在开展创业前启动资金依靠父母或家庭提供帮助是许多年轻创业者的首选（Winborg 和 Landstrom，2001；Au 和 Kwan，2009；Aldrich 和 Renzulli，1998）。资金不足往往是导致创业失败或者创业活动无法开启的重要原因。本书认为，家庭提供经济支持可以增加创业者走出创业困境的希望，对于高心理资本水平的形成有帮助。

从情绪角度进行分析可以发现，情感支持对于心理资本的建立尤为重要。计艾彤和金灿灿等（2018）在实证研究中发现，良好的家庭环境与个体心理资本的发展有着密切的联系。家庭作为特殊的社会网络（胡金焱和张博，2014），对于数字创业者而言更容易处于核心网络位置。本书认为，家庭成员给予的情感支持可以让数字创业者更好地从创业逆境中坚持下来并增强自信心。

从社会资本角度分析可以发现，个体的社会资本主要体现为社会网络（周晔馨等，2019）。赵延东（2008）通过实证研究，发现个人社会网络对个体的精神健康和身体健康均会产生影响并起到积极作用。池上新（2014）通过实证研究，发现心理资本有助于居民健康水平的提高，良好的社会网络会积极影响个体健康。Berkman 和 Syme（1979）的研究表明，参与社会交往、社区交流及良好的亲朋互动会有助于良好的身心状况。家庭作为社会网络的一部分可以为个体提供人脉、资金等资源，对创业者身心健康和创业活动有着积极影响。本书认为家庭给予的社会资本支持能使创业者在获取资源的同时在交流中缓解压力，有助于心理资本水平的提升。

良好的家庭环境可以为数字创业者提供多维度的支持，例如父母或伴侣的社会资本和社会网络（Edelman 等，2016）。Soluk 等（2021）通过实证研究，发现在发展中国家家庭支持与数字技术结合有助于个体开展创业。本书认为数字创业者的家庭支持对于其心理资本会产生一定的影响，高家庭支持是否需要和其他前因条件共同作用才可得出高心理资本水平需要进一步验证。同时，本书认为家庭支持较弱时会给数字创业心理资本水平带来消极影响。

（4）创业环境与心理资本之间的关系

个体的心理水平与所处环境息息相关（隋杨和王辉等，2012），良好的数字创业环境会对于创业者心理资本的提升起到促进作用。唐靖和姜彦福（2007）指出，个体感知到周遭环境友好时，创业信心会得到提升；个体感知到周遭环境恶劣时，创业信心会下降。钟之阳和吕娜等（2021）通过实证研究，发现大学生创业自我效能感与创业环境显著正相关。王洁琼和孙泽厚（2018）通过实证研究，发现良好的创业环境对新型农业创业人才的心理资本水平具有积极影响。由此说明，创业环境对于心理资本会产生影响。本书将创业环境纳入组态模型中，研究在数字创业情境下创业环境和其他因素是否会共同影响数字创业心理资本水平。

本书认为数字社会文化环境是促进创业者心理资本增长的主要环境因素之一。牛骈和李祚山（2014）通过实证研究发现，大学生心理资本中的希望维度与社会环境显著正相关。孙泽厚和王洁琼（2017）发现，学习环境对于青年科技人才的心理资本具有显著正向影响，社会环境在 10% 的水平上对于心理资本有正向影响。当数字社会文化环境良好时，数字创业者会感受到自身价值和社会地位的提升。

数字制度规范环境对于创业者心理资本水平可能产生影响。随着相关政策在数字创业领域逐渐完善，数字创业者的切身利益将得到保障，政府的政策指导会促进数字创业者积极心理资本的形成。Bandura（1986）提出，创业者所处环境和规则会影响其个体的自我效能感和行为，并且个体感知和行为会随环境变化而发生改变。胡玲玉和吴剑琳等（2014）以及张秀娥和王超等（2021）通过实证研究，发现制度规范环境和个体创业自我效能感之间呈现显著正相关关系。吴克强和赵鑫等（2021）通过实证研究，发现良好的制度规范环境可以促进创业者提升自身的创业自我效能感和创业韧性。本书认为数字制度规范环境对数字创业心理资本水平的提高有影响。

数字技术支持环境、数字社会服务环境、数字金融支持环境均属于数字市场资源环境的一部分。依据资源基础理论，合理运用环境中的资源以迅速适应环境是成功的关键。创业环境感知是指创业者对于环境中所能获取资源的主观感知。本书认为数字创业的资源环境良好将会强化数字创业者对于创业成功的乐观信念。

2.3 数字创业心理资本组态模型的构建

本书遵循 Furnari 等（2021）的构型理论化进程来科学地构建组态模型的总体框架：通过相关文献找到关键条件，梳理关键条件之间的内在联系，标记每个构型并命名。前文进行了数字创业情境下，创业者自我调节、创业学习、家庭支持和创业环境的探究，从中可以看出，自我调节和创业学习、创业学习和创业环境等影响因子之间存在关联，说明因子之间存在一定的协同作用或互补作用。从整体视角对多因子的组态进行分析可以更好地找出影响数字创业心理资本水平的路径，因此本书构建了数字创业心理资本因素整合分析模型，如图 2-1 所示。

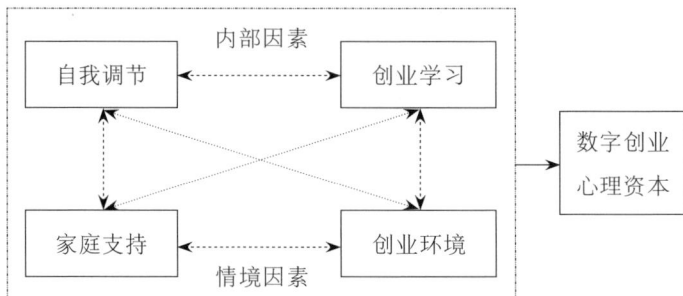

图2-1 数字创业心理资本影响因素组态模型

2.4 研究设计与研究方法

2.4.1 定性比较分析法

定性比较分析法是一种定性与定量相结合的研究方法，指以单个案例为最小单元，探究案例与案例间变量的关系。定性比较分析法解决了管理学中构型视角下的实证问题（Fiss，2007；张驰和郑晓杰等，2017）。定性比较分析方法能够有效、系统地处理多案例的研究数据，已在社会抗争研究等领域得到广泛运用。定性比较分析方法由Ragin在1987年提出，是一种以案例研究为导向的理论集合研究方法，强调通过实证资料以及相关理论的不断对话，从小样本数据中建构出研究问题的因果关系。定性比较分析方法是基于集合论与布尔代数的分析，即从集合而不是相关的角度考察条件与结果的关系，并使用布尔代数算法形式化人们分析问题时的逻辑过程，以期深化对事件产生的复杂因果关系的理解。

定性比较分析法可以分为清晰集定性比较分析（csQCA）、模糊集定性比较分析（fsQCA）和多值定性比较分析（mvQCA）。因为清晰集比较分析的二分法会导致信息丢失，所以在下文的研究中选择能够提供更细致分析的模糊集定性比较分析对数字创业心理资本的组态模型进行研究。

csQCA只能处理原因变量和结果变量均为二分变量的案例，无法处理统计分析中出现的大量定距变量。

fsQCA 主要用来关注跨案例的并发因果关系，这意味着要素的不同组合可能产生同样的结果，也就是"多重并发因果关系"。其中，"多重"是指探究路径的数量，而"并发"则意味着每条路径均会导致相同的结果。当多个原因同时出现并共同导致某结果时，可以称这些原因为构成某个结果的原因组合（或条件组合）。一个给定的原因组合并不一定是产生某个特定结果的唯一路径，其他组合也会产生同样的结果。Ragin（1987）提出可以采用多个值（比如 0、0.5、1）来刻画个案的某些属性。比如，在 fsQCA 里，个案的某个特征是否可以被观察到的程度可以刻画为从 0~1 的任何数，而不局限于 0 或 1 这两个数，这被称为成员身份度。

fsQCA 的运算原理与 csQCA 一致，Ragin（2008）提出可以真值表为基础算出结果特征是哪些原因特征组合的子集，通过布尔代数算法简化这些原因特征组合。此外，拉金等还开发了 fsQCA 的计算软件 fsQCA2.0，并得到了广泛应用。

mvQCA 也是以 csQCA 为基础发展出来的新方法，是一种与 fsQCA 并行的方法。多值集可以看作确定集和模糊集之间的一个中间状态。与模糊集不同的是，多值集并不是将变量的数值处理成 0 到 1 之间的隶属度分数，而是在确定集的二分法基础上，对变量的数值进行多分，以增加变量的信息。多值集在扩展二分法的基础上，将原来的清晰集拓展成了一种可以处理类别变量的方法。这种方法还可以通过分类的方式，将定距变量转化为类别变量从而纳入分析模型之中。由此引出的一些新的问题和技术，可以通过由 Lasse Cronqvist 开发的多值集方法及相应的操作软件 TOSMANA 进行操作。

定性比较分析方法界于定性研究的案例取向与定量研究的变量取向之间，具有以下优势：

第一，对于样本规模的要求不高：15~80 个样本规模都可以运用；

第二，在变量主要由二分、定类和定序等形式组成的中小规模样本的研究中，具有较大的优势；

第三，由于定性比较分析方法对样本量的要求不高，所以研究者能够在研究过程中对总样本进行多次细分，形成不同的子样本级，从而得出更为精细和有趣的结论，使得分析得出的结果更加符合情理，并且使之后的研究更具有目的性；

第四，从根本上说，定性比较分析方法能充分分析社会现象的多样性与因果关系的复杂性，能提供不同的因素组合对结果的影响作用，以便研究者深入挖掘变量与结果之间的作用机制，为深入研究提供方向。

在组态视角下，组织的多样性是由一群相互关联的结构和实践的集群所表征，因而不能以孤立分析部件的方式理解组织（Fiss，2007；杜运周和贾良定，2017）。作为一种方法论创新，定性比较分析方法将因果关系概念化为以联合性、等效性和不对称为特征的复杂因果（Misangyi 等，2017）。结合组态分析方法，定性比较分析法的研究人员能够进一步扩展现有基于可加性和对称性的因果理论框架，并重新审视已有的实证发现和相悖的研究结论。在处理类似的复杂因果问题上，定性比较分析方法具有如下优势：

其一，识别影响给定结果出现的前因条件组态。从定性比较分析方法的整体性视角来看，部分存在于整体之中，因而单个或部分要素的改变会改变对于整体的理解（杜运周和贾良定，2017）。在组织实践中，单一前因条件很少能够充分解释某一特定结果的存在，Miller（1986）认为组织绩效由战略、结构与环境三种要素的组合共同决定。

其二，探究不同前因组态间的等效性。等效性意味着实现某一期望结果的可能路径是多样的，并不存在传统分析方法中均衡的唯一最佳路径的解。这一特征的内涵通常被解释为"殊途同归"和"条条大路通罗马"。在进行充分性分析后，定性比较分析方法软件会输出多条解，因此能够观察到影响结果出现的不同组态。

其三，定性比较分析方法的因果非对称性指期望结果的出现（如高绩效）与不出现（如非高绩效）的原因是不一样的，需要对结果出现与否的原因进行分析。这一点不同于传统分析技术的对称性假设。回归分析假定变量间存在的是线性相关关系，因此回归分析的结果是对称的。例如，通过回归分析发现研发投入与组织绩效正相关，便可以推论高研发投入会导致高组织绩效，低研发投入会导致低组织绩效。而在定性比较分析方法的非对称假定下，即便可以得出高研发投入条件的出现会导致高组织绩效的出现，也不能由此推论研发投入条件的缺失会导致低绩效出现。这一假定能够更好地解释案例间的差异性和条件间相互依赖的组态效应。定性比较分析方法能以逻辑条件组合为基础，进行同一模式内不同个案之间以及不同模式之间的比较。

在与传统的自变量相比时，定性比较分析方法具备的优势如下：

首先，关注产生某一结果的充分和必要条件。能分析原因组合对结果的作用，这是回归分析做不到的。

其次，在中小规模样本的分析中，定性比较分析方法能够对结果的原因进行更深入的分析，强调结果可以是多个因素组合，进而可以厘清导致结果的多种方式和渠道。

最后，定性比较分析方法还可用于多重原因的不同组合分析。当某一结果是由多种原因的不同组合导致时，定性比较分析方法可以测量不同原因组合对结果的净影响。

创业中出现的几个主要问题对传统的对称方法来说是棘手的，使得对这些问题的研究较少受到关注。

第一，大多数关键创业变量呈现出高偏度的分布，而不是围绕均值的正态分布，这就需要对数据进行操作并消除异常观测值。但是偏度和异常值对于理解创业背景可能很重要。

第二，创业行为的异质性反映了创业者及创业企业之间的差异，而传统的研究方法旨在捕捉所有案例的共性，会抑制观察到的异质性案例间的差异。

第三，创业现象通常有关系不对称的特征，这意味着在不同的情况下，一个先行变量可能与结果正相关，也可能与结果负相关。对称方法旨在发现单一的净效应模型，该模型忽略了数据中的少数关系。

第四，无论是在创业者、公司还是制度的层面上，都需要考虑自变量之间的相互依赖性之后进行分析，然而传统的研究方法考虑的是前因变量的线性可加性影响，即独立于其他前因变量的影响。

第五，创业者和组织可以通过各种途径获得创业成果，但传统方法只提供了单一的主导净效应解释。因此，对称方法不能揭示在实践中观察到的创业者异质性的重要方面。

fsQCA提供了一种深入挖掘数据以揭示关于创业现象复杂性细节的方法。fsQCA兼容数据不对称性、变量潜在相互依赖性，揭示了同一结果的多个等效性路径。fsQCA检验案例内前因变量之间的关系，并分析因变量与特定条件组合间的关系，发现多个案例的共同组态，这些共同组态构成特定结果的特定途径。因此，fsQCA是对传统对称方法的补充，增加了关于创业现象的更细致的理解，并为溯因分析提供了经验基础，激发新理论构建的尝试。

（1）集合论与布尔运算

集合论与布尔运算是定性比较分析法的理论基石。定性比较分析法将待研究的课题凝结成不一样的因素组合，通过集合论来判定某因素的隶属关系。集合论下的隶属关系是非对称关系，一个结果可以对应多个路径，背后蕴含的是多重并发因果性，适用于清晰集定性分析。模糊集定性分析遵循了Ragin（2000）的包容规则，从集合与子集的关系入手探索前因要素与结果之间的因果关系模式，主要遵循隶属度之间的子集原理以及算数关系。例如，集合A中某案例隶属度小于或等于集合B中该案例的隶属度，则集合A是集合B的子集。

布尔运算是运用数学方法的逻辑运算，将逻辑推演用符号表达。模糊集定性分析中的主要布尔代数的运算及含义见表2-1。

表2-1　　　　模糊集定性分析中的主要布尔代数的运算及含义

布尔运算	符号	含义
逻辑或	+	或（OR），在两个及以上的集合中，选取最大值
逻辑与	·或*	与（AND），在两个及以上的集合中，选取最小值
逻辑非	~	表示否定，非A集合模糊隶属度=1-A集合的模糊隶属度

（2）校准与测量

模糊集定性比较分析是在清晰集定性比较分析的二分基础上，变为在0到1的闭区间内连续变化的模糊集变量，变量的数值被称为成员归属度。在0到1之间的集合要根据理论和需要去决定各个前因条件以及结果在各集合中的标定标准，其归属度变量与统计分析中的定距或定序变量有所不同。模糊集定性比较分析只将与结果相关的差异纳入考量。

（3）构建真值表

真值表是指所有能导致结果的前因条件组合。定性比较分析方法可以被理解为构建真值表的研究阶段。真值表包含研究人员收集的经验信息。定性比较分析方法包括对真值表的形式分析，即逻辑最小化，其目的是识别充分（和必要）条件。因此，无论使用清晰集或模糊集，真值表都是定性比较分析方法中不可或缺的工具。这也意味着本书中所述的关于真值表及其分析的大部分内容都适用于 csQCA 和 fsQCA。fsQCA 分析软件会给出该样本中所有潜在构型（共 2^n 行，n 为前因条件的个数）的真值表，并根据所选定的一致率门槛值以及案例频数门槛值自动筛选，得出充分解释结果的前因条件构型。

基于真值表的充分性分析采取自上而下的方式，首先筛选所有逻辑上可能的条件组合，然后对所有通过充分性测试的组合进行逻辑最小化。值得注意的是，对于充分性而言，真值表是一种主导的方法，但对于必要性分析，自上而下的方法毫无意义，自下而上的方法显然更可取。原因很简单：对于两个或多个条件的合取项，当且仅当其中涉及的所有条件都必要时，X 才可能对 Y 是必要条件。

在继续解释如何使用形式逻辑工具分析真值表之前，有以下几个要点：第一，无论使用清晰集还是模糊集，真值表都是定性比较分析方法的核心。第二，当使用清晰集的真值表来表示模糊集时，模糊集中包含的更细粒度的信息至关重要，并且始终可用。换句话说，推演出真值表的步骤不涉及任何将模糊集转为清晰集的转换。将案例分配给真值表行以及评估真值表行是否是结果变量的子集时，都将用到模糊集的分数。第三，在基于模糊集生成真值表时，结果列中的值（1 或 0）并不意味着该行中的各个案例对于结果变量 Y 的隶属度为 1 或 0。相反，结果变量值表示是否可以被认为是结果的充分条件。第四，在评估行和结果集之间的子集关系时，所有案例都应被考虑在内，而不仅仅是那些特定行的实例（即隶属度分数高于 0.5 的案例）。因此，0.5 定性锚点对于将案例分配至行至关重要，但在评估两个模糊集之间的子集关系时无关紧要。

（4）充要性分析

在充分性与必要性的验证中，想要得到支持必要性的论断，要证明结果是前因的一个子集；想得到充分性的证明，需要证明前因是结果的子集。

在分析必要条件和充分条件时，研究人员经常试图在对充分条件的分析中得出必要条件。由于逻辑最小化中包含与必要性矛盾的剩余行或不完全一致的真值表行，因此，在充分条件分析的所有路径中，被确定为必要的条件可能不可见（隐藏的必要条件）（Schneider 和 Wagemann，2012）。

对于结果，若单条件既不是单独的充分条件，也不是单独的必要条件，但条件组合对于结果仍起到因果作用，那么这些条件被称为"因努斯条件"，代表条件的不充分但必要的部分，即条件本身是不必要的，但对结果来说是充分的。

（5）一致性和覆盖率

一致性可用来检验单变量必要性，其衡量了每个案例和整体案例对于结果集合的隶属程度，评估子集关系的近似程度。其计算公式为：

$$\text{Consistency}(X_i \leqslant Y_i) = \frac{\sum[\min(X_i, Y_i)]}{\sum(X_i)}$$

覆盖率用来描述某一构型作为引致结果变量路径的唯一性程度，其评估了一致子集的经验相关性，即 X 对 Y 的解释力度。覆盖率数值越大，说明 X 在经验上对 Y 的解释力度越大。其计算公式为：

$$\text{Coverage}(X_i \leqslant Y_i) = \frac{\sum[\min(X_i, Y_i)]}{\sum(Y_i)}$$

其中，X_i 为条件要素的校准值；Y_i 为结果变量的校准值。

一致性越高，前因与结果的子集关系越明确。一致性得分低于 0.75，表明存在实质性的不一致性（Ragin，2008）；一致性得分大于 0.8，说明 X 是 Y 的充分条件；一致性得分大于 0.9，则表明 X 是 Y 的必要条件（Schneider 和 Wagemann，2010）。一致性得分有一致性数值和一致性比例阈值两种形式。一致性数值是根据前文公式计算而得，但是由于其是绝对值，无法观测在空间向量中的相对位置。一致性比例阈值是指向量空间中角点一致或不一致时，所需的一致与不一致观测值的最小比率。例如，一致性比例阈值为0.9，那么在空间向量中，至少90%的观测结果属于该类角点（Rubinson，2013）。

（6）反事实分析与求解

因果推理遵循个体案例水平上差异产生的认识论标准，需要将观察到的案例、事实案例与反事实案例进行比较（Lewis，1973a，1973b）。单一案例因果推理要基于反事实分析，即对观察到的案例进行理论上的调整，以确定这种调整是否会对结果产生影响。对典型案例进行分析可以提供两个互补的因果推论。首先，基于定性比较分析方法推断单个条件是否为因努斯条件，如果为因努斯条件其相应的结合足以产生结果。其次，如果所有因努斯条件都被视为因果关系，则案例分析应侧重于因果机制。这种对因果机制的关注可以通过探索性的方式来完成，是为分析之前尚未理论化的机制推导证据，或者通过跟踪因果机制上已经存在的假设过程进行测试。

在小样本分析中，有时输出的结果会面临同一前因条件组合对应不同结果的情况，这种前因条件被称为矛盾行。若对被解释结果不进行反事实分析，将会得出复杂解，导致研究结果过于复杂，得不出想要的结论。为了简化构型，可以利用软件并结合理论干预以及经验判断进行反事实分析，使求出的解在复杂性程度上有所降低，得出简化后的简洁解。中间解是介于复杂解和简单解之间的一种解。

反事实分析目前有两种，第一种是简单类反事实分析，第二种是困难类反事实分析。两者之间的区别在于简单类反事实分析的逻辑余项被断定是不影响结果的，将其移除构型；困难类反事实分析无法判断逻辑余项是否对被解释结果产生影响，为了简化条件组合将其移除构型（Ragin，2008；Fiss，2011）。

（7）本书应用fsQCA方法的原因

本书选择fsQCA方法进行研究的原因有以下几点：

第一，心理资本与形成的前因变量之间存在多重并发因果关系，若用传统回归方法，自变量之间假定是相互独立的，如果自变量间相关则出现多重共线性问题，不能探索出模型中前因变量之间的相互关联情况。在本书创建的模型中，自我调节从社会认知视角出发，认为自我调节可以影响外部环境对于行为产生作用的过程，其与环境因素之间是相互作用的；创业学习从实践学习视角出发，认为在特定的环境之下，创业者通过实践将已知的知识进行更正，得到全新的、适应新环境的知识，说明创业学习与环境之间存在关联性；基于资源依附理论或者战略选择理论视角，均认为个人要学会控制环境，这与自我调节"通过监控、评估、指导和调整其行为，以实现自己的目标"的角度相同。综上所述，本书模型中前因变量间相互关联，探寻影响数字创业心理资本的影响因子需要使用fsQCA方法。

第二，传统回归分析在探究自变量与因变量的关系时，不能证明自变量是因变量的"必要条件"或"充分条件"，只能证明二者之间的相关关系。选择fsQCA方法更适合寻找其中的因果关系，也更容易解答某条件是某结果的必要或充分条件的问题。

第三，本书通过对于有关文献的归纳总结，梳理出已有实证研究中的创业心理资本前因变量，在此基础上，从创业者个人特征、行为和环境中提炼出可能影响数字创业心理资本的相关因素。模型中可能产生多条最优路径，需要通过fsQCA方法对高水平和非高水平数字创业心理资本进行分析，找到促进或抑制数字创业心理资本水平的核心条件组合与边缘条件。

第四，在模型中前因变量与数字创业心理资本是非对称因果关系。促进心理资本水平与抑制心理资本水平的前因变量或者条件组合的变化并非完全对称。

2.4.2　问卷设计

问卷一般由卷首语、问题与回答方式、编码和其他资料组成。

卷首语的内容包括调查的目的、意义和主要内容，选择被调查者的途径和方法，被调查者的希望和要求，填写问卷的说明，回复问卷的方式和时间，调查的匿名和保密原则，调查者的名称等。为了引起被调查者的重视和兴趣，争取合作和支持，卷首语的语气要谦虚、诚恳、平易近人，文字要简明、通俗、有可读性。卷首语一般放在问卷第一页。

问题与回答方式是问卷的主要组成部分，包括调查询问的问题、回答问题的方式以及对回答方式的指导和说明等。

编码是把问卷中询问的问题和被调查者的回答全部转变为代号和数字。

其他资料包括问卷名称、被调查者的地址或单位（可以是编号）、访问员的姓名、访问开始的时间和结束的时间、访问完成情况、审核员的姓名和审核意见等。

本书问卷设计的具体步骤如下：

第一步，确定调查主题，明确调查对象。进行调查问卷设计时首先要确定调查主题和调查对象。调查主题是后续问卷题目围绕与展开的内容，是保证通过问卷得到想要的信息的关键，问卷题目应紧紧围绕调查主题；调查对象关系到问卷题目的表达方式，应根据调查对象的特点设计题目的语言方式。例如，若以儿童为调查对象，则题目应尽量简单易懂、活泼有趣。

第二步，收集相关资料。通过收集资料了解其他研究者进行相关调查时使用的工具、题目的设置等，扬长避短，并为问卷设计打下基础。

第三步，设计问卷题目。该步是问卷设计的重点与核心，应注意以下问题：①用词应清晰，题目简洁易懂，避免具有双重性、歧义甚至诱导性；②要考虑被调研者回答问题的能力以及各个题目的顺序与逻辑性；③问卷题目不宜过多，一般控制在20分钟以内能够完成，否则易使被调研者感到浪费时间，导致放弃或者敷衍回答问卷；④应考虑到便于后期工作的开展，变量不宜设置太多，尽量用较少的变量解决较多的问题。

第四步，评价与完善问卷。问卷草稿设计好后，设计人员应对问卷进行一些批评性评估，评估时主要考虑以下问题：问题是否必要；问卷是否太长；问卷是否涵盖了所需的信息；开放试题是否留足空间；问卷说明是否用了明显字体等。

第五步，完成问卷。

模糊集定性分析法中的每个样本均为一个案例，其研究方法是跨案例分析，所以按照回归等方法开发的量表信度与效度指标在模糊集定性分析法中并不适用。为了保证问卷的质量，本书在前期问卷设计的准备工作中通过以下几个步骤来提升问卷质量。

首先，问卷设计主要选择国外成熟量表，并对英文量表执行严格的翻译和回译。两名相关专业博士研究生将所选择的英文量表翻译成中文，并邀请相关专家进行语句调整；两名相关英语专业硕士研究生对该中文量表进行回译，并邀请两名外教对回译后的量表和原量表在语义上进行比较；针对外教提出的意见对量表再次修订。

其次，对于问卷的保密性作出承诺。在正式问卷的导引中郑重承诺此次问卷为匿名调查，仅用于学术研究并对结果严格保密。例如，对于被调研者的网络ID和所受教育水平等敏感问题不予以提问，承诺研究结束后问卷集中销毁，从而使被调研者减少顾虑安心填写。

再次，对于问卷的作答时间进行合理把控。数字创业者工作强度较大、时间宝贵，若题项过多会引发被调研者的抵触情绪。对于问卷中的相似问题和冗余进行适当删减，以确保问卷的质量、完成率和回收率。

最后，设置反向题项筛选并剔除低质量问卷。在问卷中，同一构念下的题项中，会设置相反的题项帮助甄别被调研者是否认真作答。若出现明显矛盾的作答，便将该问卷从总体样本中剔除，以确保问卷质量。

2.4.3 变量测量

问卷全部由广义数字创业者进行作答，题项主要为Likert五级量表。其中，1分代表"完全不符合"，5分代表"完全符合"。

（1）数字创业心理资本

本书主要为了测量数字创业者整体心理资本水平，所以选择Luthans等（2007）编制的心理资本问卷（PCQ-24），并根据程聪（2015）对于该问卷的有关删减进行增项调整。最终选择"在数字创业过程中，你相信自己能够设定好目标""如果发现自己在数字创业中陷入了困境，你能想出很多办法摆脱出来""你通常对数字创业中的压力能泰然处之"等8个题项作为测试题目，其中"在数字创业中遇到挫折（如恶意差评、网络暴力等）时，你很难从中恢复过来，并继续前进"

和"在现阶段的数字创业中,事情从来没有像你希望的那样发展"为反向题项。研究得出数字创业心理资本量表中的 Cronbach's α 为 0.71。通常要求 Cronbach's α 大于 0.75,但 0.7 以上的值也是可以接受的(Hair 等,2010)。导致 Cronbach's α 低于 0.75 的可能情况之一是样本不足,在后续研究中,将进一步增加数据样本量。

（2）创业者自我调节

自我监管包括两个维度：促进监管重点和防御监管重点。具有防御监管重点的人更容易关注与失败和损失相关的信息(Higgins 和 Tykocinski,1992),失败会使他们抑郁。本书认为只有促进监管重点才能对数字创业心理资本产生影响,所以选择 Higgins(2001)编制的调节定向问卷对促进型调节焦点进行测量,并根据数字创业者的适应性进行改编与删减,最终确定"你是否经常完成令你感到刺激的任务,哪怕任务十分艰巨""你会经常尽力将不同的事情做好吗""你是否认为自己在通往人生成功的道路上取得了进步"等 6 个题项进行测试,其中"与大多数人相比,你是否总是无法获得你生活以外的想要得到的东西"、"当即将完成一个对你来说非常重要的任务时,你是否发现自己的表现并不像自己想象中的那样好"和"你的生活中是否很少有爱好和感兴趣的事情能促使你为之付出努力"为反向题项。创业者自我调节量表的 Cronbach's α 值为 0.83。

（3）数字创业学习

在 VUCA 环境中,数字创业者需要提高对数字技术的自我意识,并在实践中应用知识,因此本书参考了 Man(2006)关于认知学习维度和实践学习维度的测量。因为将经验转化为知识的尝试和错误过程可能不适合形势多变的数字创业,所以经验学习维度不包括在数字创业学习量表中。本书选择单标安和蔡莉等(2014)编制的三维创业学习量表中的认知学习与实践学习两个维度进行测量。该量表是多位学者(Rae 和 Carswell,2001；Man,2006)对创业学习的量表进行开发和整合的,每个维度都具备良好的信度与效度。对数字创业情景进行调整与删减,最终将"你是否会经常与同行的数字创业者人士进行交流"、"你是否经常关注媒体和政策以获取有价值的创业信息"和"你是否会通过持续的数字创业实践来反思或纠正已有的经验"等6个题项纳入问卷测量,其中"你在通过数字创业实践获得经验极为有限"为反向题项。

(4)创业者家庭支持

创业家庭支持在测量上不同于一般家庭支持。Powell 和 Eddleston (2013)指出,创业家庭支持量表是为了解决创业环境中家庭支持的经验而创建的。本书选择 Powell 和 Eddleston (2013)衡量家庭对创业支持的4个题项,对数字创业情境进行调整,最终选定了"当在数字创业中感到沮丧时,你的家人会试图理解你"和"家人经常为你在数字创业中作出贡献而不期望得到回报"等4个题项。

(5)数字创业环境

政策、市场和文化环境对 VUCA 环境有重要影响,因此本书从这些方面建立数字创业环境量表。在环境的测量中,选择胡玲玉和吴剑琳等(2014)对 GEM 模型进行简化后的6个题项,根据数字创业情境进行调整和删减后,最终选定"本地政府对数字创业非常重视,为促进数字创业出台了多种措施"和"如果开展数字创业,本地市场能够为你提供良好的资金支持"等5个题项。

(6)数字创业经验

选择创业年限作为创业经验的测量对象。在定性比较分析中,研究者需要将重要的控制变量加入前因条件中以起到辅助分析的作用(Dwivedi 等,2018),譬如公司规模、受教育程度、性别与创业经验等(易明等,2018;刘伯龙,2019)。本书通过对文献的回顾和分析后认为,创业经验有必要纳入数字创业者心理资本水平的研究框架之中。

2.4.4 样本收集与数据处理

(1)样本收集

根据学者们对于广义数字创业者的定义(Davidson 等,2010;Sussan 和 Acs,2017;Delacroix 等,2019),本书选择抖音和快手短视频平台的数字创业者为研究对象,使用问卷调查法进行数据收集并通过 fsQCA 处理和分析数据。fsQCA 在研究宏观对象(如企业、组织等)时,中小样本可实现样本研究的有效性。为了在平台用户中筛选出数字创业者，在研究对象的甄别方面，本书首先对于用户的账号进行分析，观察其是否开设与账号关联的该平台网络店铺。若未开设该平台的网络店铺，便对该用户的视频数据进行分析，观察其是否开设了跨平台网店或者是否创办了公司。由于被调查者均在数字平台上寻找和联络，所以问卷的发放形式为线上发放。在问卷星上编辑问卷后，私信投放问卷链接到数字创业者账户。2020年2月至2020年8月，共投放问卷345份，删除前后答案全部相同和反向题项明显与前后问题作答矛盾的问卷，最终回收有效问卷为238份，有效回收率为68.99%。

观察问卷回收的 IP 地址后发现，问卷填写人所在区域分布广泛，在一定程度上分散了创业所在地集中导致的创业环境数据无差别的系统性风险（如图2-2所示）。

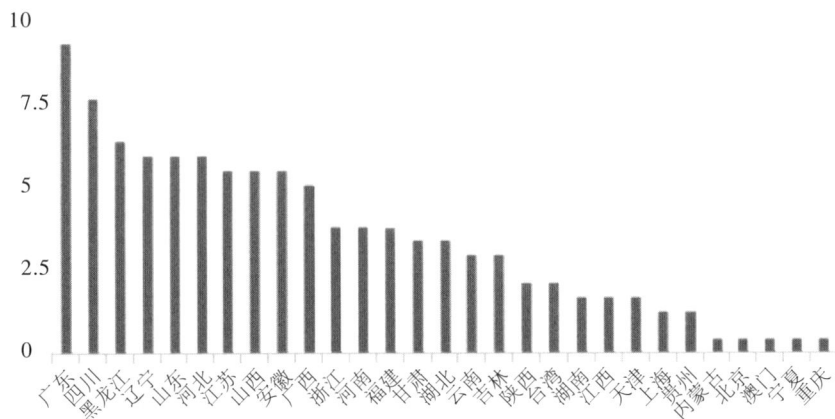

图2-2　调研案例所在地分布

（2）数据处理

本次样本数据运用 fsQCA3.1b 进行分析处理。在运算前，将条件与结果名称按照对应的英文缩写进行更名后，对样本依次进行变量校准、必要性分析、真值表构建与分析，具体步骤如下：

①变量校准。

变量校准是将样本中每个案例赋予集合隶属度的过程。在运用 fsQCA 方法分析前，一定要对原始数据进行校准。由于变量采用成熟量表进行测量，属于将定距数据转换为模糊集，所以将每个因子中的题项得分加总，并直接通过fsQCA3.1b中的校准语句进行数据校准。校准语句如下：

x′ = calibrate(x，n1，n2，n3)

其中，x为待校准变量；n1，n2，n3分别为完全隶属点、交叉点与完全不隶属点。

研究根据Ragin（2008）撰写的《模糊集定性对比分析用户操作手册》进行，在校准时设定案例集合中大于95%的案例为完全隶属，小于5%的案例为完全不隶属。交叉点选择案例均值是因为可以更好地凸显案例间的差异并更有效地反省案例实际分布情况。模糊集中变量的校准与描述性统计见表2-2（DEPC为数字创业心理资本，ESR为创业者自我调节，DEL为数字创业学习，EFS为创业者家庭支持，DEE为数字创业环境，DEXP为数字创业经验）。

表2-2 模糊集中变量的校准与描述性统计

变量名称	校准锚点			描述性统计			
	完全不隶属	交叉点	完全隶属	均值	标准差	最小值	最大值
DEPC	20	27.28	31	27.30	3.270	16	36
ESR	16	20.26	24	20.26	2.489	13	26
DEL	14	21.14	25	21.14	3.187	10	27
EFS	8	15.44	19	15.44	3.088	5	20
DEE	10	19.30	24	19.30	3.822	7	25
DEXP	0	0.46	1	0.46	0.274	0	1

②必要性分析。

为了确定每个条件变量均为引起结果变化的原因，需要通过fsQCA3.1b中的"必要条件分析运算"模型进行验证。若一致性值接近1，则认为该条件为结果出现的必要条件。

③真值表构建与分析。

A.真值表初步运算。

真值表在模糊集定性分析方法中被证实是稳健的（Ragin，2008；

Rihoux 和 Ragin，2008）。通过 fsQCA3.1b 中的 "Truth Table Algorithm"
运算得到初始真值表。

B.通过设定案例频次门槛值和一致性完善真值表。

案例数较少时，按照门槛值为 "1" 或 "2" 对于符合条件的结果进
行赋值。fsQCA 的默认门槛值为 1，原始一致性系数为 0.8。若原始一致
性系数大于 0.8，则门槛值设为 1；否则设为 0。在本书的案例中，案例
频次门槛值设为 2，高数字创业心理资本和非高数字创业心理资本原始
一致性系数均设为 0.8。

C.设置 PRI 值进一步完善真值表。

当研究案例覆盖行很广或者行的原始一致性系数均高于 0.8，说明
每个组态与结果之间均存在较强的子集关系，真值表的分析结果可能无
简约解。出现此种情况时，可以通过设置 PRI 值、截断值或者选择自然
间断对真值表中的行进行进一步筛选（Crilly 和 Zollo，2012）。本书 PRI
值的一致性系数自然间断明显，所以选择高数字创业心理资本的自然间
断为 0.748；非高数字创业心理资本为结果时则不需要进行截断处理。

D.分析真值表。

真值表通过标准分析运算可分别得到简洁解、中间解和复杂解。其
中，简洁解中的条件若同时出现在复杂解中，该条件则被称为核心条
件；若简洁解中未出现的条件出现在复杂解中，则该条件被称为边缘条
件。从对被解释结果的充分性来看，边缘条件也可能是解释中不可或缺
的前因要素（Ragin，2008；Fiss，2011）。通过真值表运算结果分析条
件组合，并进行分析与讨论。

2.4.5　数据处理与结果分析

（1）单条件必要性分析

单条件必要性分析是为了探究模型中的单条件变量与结果在集合上
的关系，防止分析结果中必要条件的缺失（杜运周和李永发，2017）。
在 fsQCA3.1b 分析软件中通过 "Necessary Conditions" 分析每个条件的
存在与缺失对于结果 HIGH_DEPC 和 Not HIGH_DEPC 的影响。

通过表 2-3 可以发现，所有被检验的条件覆盖率值均小于 1，说明

创业者自我调节、数字创业学习、创业者家庭支持、数字创业环境和数字创业经验均为数字创业心理资本的前因条件，不删除。其中，创业者家庭支持和数字创业环境对于高数字创业心理资本水平的一致性系数分别达到了 0.82 和 0.81，而创业者自我调节、数字创业学习和数字创业经验对于高数字创业心理资本的一致性均小于 0.8。在非高数字创业心理资本必要性分析中，条件变量对于非高心理资本的一致性均小于 0.8。由此说明，家庭支持和创业环境是数字创业者拥有高数字创业心理资本的充分条件。一致性系数未达到 0.8 的条件变量均未构成数字创业心理资本的充分条件和必要条件。

表2-3　　　　　以DEPC为结果变量的单条件必要性分析

Conditions tested	HIGH_DEPC		NOT HIGH_DEPC	
	Consistency	Coverage	Consistency	Coverage
ESR	0.690404	0.785615	0.628491	0.501831
~ESR	0.562205	0.683204	0.731506	0.623772
DEL	0.796868	0.808253	0.688813	0.490246
~DEL	0.497425	0.694935	0.730589	0.716211
EFS	0.822537	0.801617	0.706542	0.483172
~EFS	0.469684	0.695206	0.709904	0.737327
DEE	0.810453	0.803160	0.703180	0.488982
~DEE	0.484341	0.699288	0.716935	0.726335
DEXP	0.656799	0.801012	0.624007	0.534008
~DEXP	0.617903	0.700778	0.767475	0.610768

（2）条件组态的充分性分析

对数字创业者的心理资本水平的结果进行事实与反事实分析。当条件存在或缺失对于结果均无必然性影响时，真值表的中间解和复杂解完全相同（Ragin，2009）。在单条件必要性分析中，前因条件的存在与缺失对于心理资本并未产生必然性影响，所以仅汇报研究得出的复杂解和简洁解，并绘制由其得出的核心条件和边缘条件构成的组态。

（1）高数字创业心理资本的充分条件组态分析

通过 fsQCA3.1b 真值表标准化分析运算后可得以 DEPC 为结果的简洁解和复杂解，见表2-4和表2-5。

表2-4　　　　　　　以DEPC为结果的简洁解

Model：DEPC = f（ESR，DEL，EFS，DEE，DEXP）

Algorithm：Quine-McCluskey

--- PARSIMONIOUS SOLUTION ---

frequency cutoff：2

consistency cutoff：0.943348

	Raw coverage	Unique coverage	Consistency
DEL	0.796868	0.0417557	0.808253
EFS	0.822537	0.0372516	0.801617
DEE	0.810453	0.0355354	0.80316
solution coverage	0.947948		
solution consistency	0.777375		

由表2-4可以看出，影响数字创业心理资本水平的核心条件包括数字创业学习、创业者家庭支持和数字创业环境。

表2-5　　　　　　　以DEPC为结果的复杂解

Model：DEPC = f（ESR，DEL，EFS，DEE，DEXP）

Algorithm：Quine-McCluskey

--- COMPLEX SOLUTION ---

frequency cutoff：2

consistency cutoff：0.943348

	Raw coverage	Unique coverage	Consistency
EFS	0.822537	0.0658517	0.801617
~ESR*DEE	0.512226	0.0220936	0.872381
ESR*DEL	0.606892	0.0201628	0.885273
DEL*DEXP	0.572429	0.00922334	0.878332
DEE*DEXP	0.576863	0.00793648	0.880498
solution coverage	0.925068		
solution consistency	0.770487		

复杂解中的组态从整体上构成了促进数字创业者高数字创业心理资本水平的充分条件。根据真值表标准化运算后确定的核心条件和边缘条件，进行高数字创业心理资本水平的充分条件组态分析，结果见表2-6。

表2-6　　　　**高数字创业心理资本水平的充分条件组态分析**

条件 结果	高数字创业心理资本水平（HIGH_DGPC）				
	D1	D2	D3		D4
			D3a	D3b	
自我调节		⊗	●		
创业学习			●	●	
家庭支持	●				
创业环境		●			●
创业经验				•	•
一致性	0.801617	0.872381	0.885273	0.878332	0.880498
原始覆盖率	0.822537	0.512226	0.606892	0.572429	0.576863
净覆盖率	0.0658517	0.0220936	0.0201628	0.00922334	0.00793648
总体覆盖率	0.925068				
总一致性	0.770487				

注：●表示组态中核心条件存在，⊗表示组态中核心条件缺失，•表示组态中边缘条件存在，⊗表示组态中边缘条件缺失，空白表示该条件可出现或缺失。

解的总一致性等价于回归分析中的置信度，在认定充分性时一致性水平不得低于0.75（Fiss，2011；Schneider和Wagemann，2012；唐鹏程和杨树旺，2016），本书中解的总一致性为0.77。遵循Furnari等（2021）的研究，对以上构型进行命名与详细阐述。数字创业者高数字创业心理资本水平的充分条件构型结果与命名见表2-7。

表2-7　　数字创业者高数字创业心理资本水平的充分条件构型结果与命名

编号	前因条件构型	名称
D1	家庭支持	家庭依赖型
D2	自我调节*创业环境	环境造就型
D3a	自我调节*创业学习	自主学习型
D3b	创业学习*创业经验	经验学习型
D4	创业环境*创业经验	厚积薄发型

A.家庭依赖型。

构型 D1 为无论其他条件存在与否，家庭支持作为核心条件存在可以有效促进数字创业心理资本水平的提升，其他条件均无关紧要。该构型一致性水平为 0.8016，净覆盖率在构型中最高为 6.585%。本书称该构型为家庭依赖型，其特点是数字创业者具有高家庭支持。在心理学文献中，家庭被理解为一个复杂的结构，通过婚姻、社会习俗或收养在生物学方面有联系的人相互依赖组成群体，这些群体共享同一个故事，体验某种程度的情感纽带，并引入家庭成员和整个群体所需的互动策略（Plopa，2015；Burke 和 Greenglass，1987）。家庭是一个系统，在这个系统中，个体可以成长、得到支持并开发资源（Staniewski 和 Awruk，2021）。

家庭支持可以给予创业者经济支持、社会资本支持和情感支持。1998 年，Aldrich 和 Renzulli 等研究发现初期创业者更倾向于向父母寻求经济上的帮助。社会资本和社会支持均为影响高心理资本水平的前因条件，家庭作为一种特殊的社会资本（胡金焱和张博，2014），其所联系的社会网络越广泛，个体开展创业的可能性越大（Allen，2000）。如果父母是创业者，子女会更加渴望进行创业（Hoffmann 和 Junge 等，2015；Oren 和 Caduri 等，2013）。在本书中，家庭支持在数字创业情境下被证实是影响高数字创业心理资本水平的核心前因条件之一。在创业中，创业者所需资源可大致分为资金、市场、人力和时间（王艳茹和王冰，2014），具备高家庭支持的数字创业者可以更容易获得其中的某部分资源。无论是社会资本还是经济上的支持都使得数字创业者在遇到具有挑战性的任务时更有信心应对，或对创业的看法更加乐观。由于创业工作环境相对封闭，家人的关怀和理解会让数字创业者舒缓身心、减轻压力，家庭成员的情感支持尤为重要。由此说明，数字创业者在具备高家庭支持时，其所需资源更易获取或开发，因此更容易培养出高数字创业心理资本水平。

B.环境造就型。

构型 D2 为创业环境作为核心条件存在，自我调节为边缘条件缺失，其他条件无关紧要。该组态一致性为 0.8723，净覆盖率为 2.209%。本书称其为环境造就型组态，指在数字创业者自我调节缺失的情况下，若拥有良好的创业环境仍可以让数字创业者发展出高数字创业心理资本水平。前文中阐明数字创业环境中，主要影响心理资本的环境为数字社会文化环境、数字制度规范环境和数字市场资源环境。在良好的数字社会文化环境中，社会对于数字创业者个体的重视程度较高，其社会地位有所提升，这会促进数字创业者的自我认同感得到提升从而在数字创业过程中增强创业自信。若数字制度规范环境较为完善，由于政策变动等环境不确定性给创业者带来的焦虑感会明显下降。当数字市场资源环境良好时，个体自我调节会将个体调节焦点特征放大。环境中的资源丰富且易获取，数字创业者促进型调节焦点过高会使得创业者倾向于好大喜功，创业决策更加激进从而增加创业风险。创业环境较好时，调节焦点不利于创业活动的开展和创业成功，这也不利于创业自我效能感和创业希望水平的提升。在自我调节条件缺失的情况下，数字创业者在良好的创业环境中更容易培养出高数字创业心理资本水平。

C.学习促进型。

D3 组态下的 D3a 组态和 D3b 组态中，影响高数字创业心理资本水平的核心条件均为创业学习。说明创业学习对于数字创业者的高数字创业心理资本水平具有促进作用。以下对于两个组态分别进行分析。

a.自主学习型。

构型 D3a 是以创业学习为核心条件、自我调节为边缘条件存在的组态，其他条件无关紧要。本组态的一致性为 0.8853，净覆盖率为 2.016%。因为自我调节蕴含自我意识和自我管控，所以本书称本组态为自主学习型组态。在该组态中数字创业者会有意识地进行创业学习并保持高度的自律性。自主学习理论可以有效帮助缺乏创业经验的创业者系统地开发学习策略。You 等（2014）、Sava 等（2020）均通过实证研究发现创业者的心理资本和自主学习之间显著正相关。

本书通过定性比较分析法进行研究，认为自我调节和创业学习是数字创业心理资本的两个充分前因条件，并且由二者构成的组态可以发展出高水平的心理资本。创业学习作为组态的核心条件，对于创业者而言是增强自信的过程（Minniti 和 Bygrave，2001；Rae 和 Carswell，2001；倪宁和王重鸣，2005；陈寒松和陈宣雨等，2017）。自我调节作为组态的边缘条件，能帮助数字创业者增强毅力和韧性，敢于面对环境不确定性带来的风险。数字创业通常与新技术关系密切，自主学习型组态可以让数字创业者保持主动学习、接纳新科技来适应不断更新换代的数字化环境，增强应对技术革新和接纳新事物的信心与决心，从而提高创业者的数字创业心理资本水平。

b.经验学习型。

构型 D3b 是创业学习为核心条件存在、创业经验为边缘条件存在，其他条件存在与否无关紧要的组态。该组态一致性达到0.8783，净覆盖率为0.922%。经验学习型组态在数字创业者具有高创业学习和创业经验时会产生高数字创业心理资本水平。在本书对创业学习的测量中，选择的维度包含认知学习和实践学习，但经验学习维度未纳入其中。原因之一是被调研的数字创业者可能没有相应的数字创业经验，这使得经验学习维度难以测量；原因之二是经验学习理论局限性较多（Fust 和 Jenert 等，2018），经验转化为学习的试错过程可能产生不适用情境多变的数字创业的情况。在经验学习型组态中，与无经验的数字创业者相比，具备数字创业经验的创业者在遇到困境时会更加乐观。创业学习认知和实践与创业经验相结合，共同对高数字创业心理资本水平的发展起到了促进作用，说明数字创业者在拥有一定创业经验的情况下，可以通过创业学习对自身知识体系进行强化升级，在决策时更自信、遇到困难时更镇定，从而帮助数字创业者提升数字创业心理资本水平。

D.厚积薄发型

构型 D4 是以创业环境为核心条件、创业经验为边缘条件组成的组态，其他条件无关紧要。该组态一致性为 0.8805，净覆盖率最低，仅有 0.7936%，说明其解释力度很小。厚积薄发型组态是指数字创业者在良好的创业环境中，在具备创业经验的情况下可以发展出高数字创业心理资本水平。靳丽遥和张超等（2018）在实证中发现创业者的先前经验和创业政策环境间并无显著相关关系。本书认为数字创业者拥有创业经验在先，但是拥有创业经验并非是产生高数字创业心理资本的核心条件。张秀娥和祁伟宏等（2017）通过实证研究发现，个体的创业经验与创业自我效能之间显著正相关。本书认为在该组态下，数字创业者单凭数字创业经验不能发展出高数字创业心理资本水平。数字创业环境较好时，拥有创业经验的数字创业者在资源获取方面才能得心应手，并且他们在良好的环境中比没有经验的数字创业者更容易看到创业成功的希望，从而更容易发展出高数字创业心理资本水平。

总的来看，表 2-7 中的 4 种主要配置与高数字创业心理资本水平存在一致相关，总体一致性为 0.77，高于 0.75；每个配置的一致性大于 0.8，表明一致性水平合格（Fiss，2011；Schneider 和 Wagemann，2012）。最终这些结果支持假设 1、假设 2 和假设 3 成立，但并不能支持假设 4 成立。

（2）非高数字创业心理资本的充分条件组态分析

在研究了高心理资本组态后，本书将展开反事实分析。通过 fsQCA3.1b 真值表标准化分析运算后可得以 ~DEPC 为结果的简洁解和复杂解，见表 2-8 和表 2-9。

表2-8 以~DEPC为结果的简洁解

Model：~DEPC = f（ESR，DEL，EFS，DEE，DEXP）
Algorithm：Quine-McCluskey
--- PARSIMONIOUS SOLUTION ---
frequency cutoff：2
consistency cutoff：0.803299

续表

	Raw coverage	Unique coverage	Consistency
~DEL*~DEE	0.601386	0.0342364	0.825339
~DEL*~EFS	0.58712	0.0682688	0.824674
~EFS*~DEE*~DEXP	0.502649	0.00978178	0.85687
~ESR*~DEE*~DEXP	0.495619	0.00876302	0.852585
~ESR*~EFS*~DEE	0.49572	0.0199714	0.86612
solution coverage	0.752496		
solution consistency	0.762283		

表2-9　　　　　　　　　　以~DEPC为结果的复杂解

Model：~DEPC = f（ESR，DEL，EFS，DEE，DEXP）

Algorithm：Quine-McCluskey

--- COMPLEX SOLUTION ---

frequency cutoff：2

consistency cutoff：0.803299

	Raw coverage	Unique coverage	Consistency
~DEL*~DEE	0.601386	0.071937	0.825339
~ESR*~DEL*~EFS	0.483289	0.0163029	0.854749
~DEL*~EFS*DEXP	0.372835	0.0121254	0.802413
ESR*~EFS*~DEE*~DEXP	0.328714	0.00967979	0.82718
~ESR*EFS*~DEE*~DEXP	0.329632	0.00927234	0.806734
~ESR*~EFS*~DEE*DEXP	0.340636	0.0214997	0.854987
solution coverage	0.744039		
solution consistency	0.763647		

　　复杂解中的组态从整体上构成了抑制数字创业者高数字创业心理资本水平的充分条件，解的总一致性高于可接受的最低标准。根据真值表标准化运算后确定的核心条件和边缘条件，进行非高数字创业心理资本的充分条件组态分析，详见表2-10。

表2-10　　　　　**非高数字创业心理资本的充分条件组态分析**

条件＼结果	非高数字创业心理资本水平（NOT HIGH_DEPC）					
	ND1	ND2		ND3	ND4	ND5
		ND2a	ND2b			
自我调节		⊗		●	⊗	⊗
创业学习	⊗	⊗	⊗			
家庭支持		⊗	⊗	⊗	●	⊗
创业环境	⊗			⊗	⊗	⊗
创业经验			●	⊗	⊗	●
一致性	0.825339	0.854749	0.802413	0.82718	0.806734	0.854987
原始覆盖率	0.601386	0.483289	0.372835	0.328714	0.329632	0.340636
净覆盖率	0.071937	0.0163029	0.0121254	0.00967979	0.00927234	0.0214997
总体覆盖率	0.744039					
总一致性	0.763647					

注：●表示组态中核心条件存在，⊗表示组态中核心条件缺失，•表示组态中边缘条件存在，⊗表示组态中边缘条件缺失，空白表示该条件可出现或缺失。

数字创业者非高数字创业心理资本水平的充分条件构型与名称见表2-11。

表2-11　　　**数字创业者非高数字创业心理资本水平的充分条件构型与名称**

编号	前因条件构型	名称
ND1	~创业学习*~创业环境	学习环境缺乏型
ND2a	~自我调节*~创业学习*~家庭支持	家庭自主学习缺乏型
ND2b	~创业学习*~家庭支持*创业经验	经验学习受阻型
ND3	自我调节*~家庭支持*~创业环境*~创业经验	自我调节受阻型
ND4	~自我调节*家庭支持*~创业环境*~创业经验	家庭支持受阻型
ND5	~自我调节*~家庭支持*~创业环境*创业经验	创业经验受阻型

①学习环境缺乏型。

ND1组态的逻辑表达式为：~创业学习*~创业环境，其中创业学习和创业环境均为核心条件缺失，其他条件无关紧要。一致性系数为0.825，净覆盖率最高，达到0.072。本书称该组态为学习环境缺乏型是因为数字创业者在没有良好创业环境并且不能很好地进行创业学习的情况下，会抑制数字创业心理资本水平的提升。数字创业环境恶劣会导致创业资源匮乏，创业成功的希望会变得渺茫。创业学习的缺失会让创业者难以通过学习建立起自信心，并且由于环境中的资源需要通过学习转化成为知识，数字创业者若学习能力不足将会被日新月异的数字时代淘汰，会对创业者的自信造成打击。创业者在资源匮乏的环境中不能通过创业学习汲取所需的知识，会导致创业者的韧性不足，难以在逆境中生存。当数字创业环境较差、创业者学习能力较弱时，对于创业者的数字创业心理资本水平会起到抑制作用。

②家庭学习缺乏型。

ND2组态中，ND2a和ND2b组态均为创业学习和家庭支持两个核心条件缺失，说明创业学习和家庭支持的缺失会抑制数字创业心理资本水平。以下对于两个组态分别进行分析。

A.家庭自主学习缺乏型。

组态ND2a的逻辑表达式为~自我调节*~创业学习*~家庭支持，其中创业学习和家庭支持均为核心条件缺失，自我调节为边缘条件缺失，其他条件无关紧要。一致性系数为0.8545，净覆盖率达到0.0163。本书称该组态为家庭自主学习缺乏型，是因为数字创业者在没有家庭支持以及缺乏自主学习能力时，会导致低数字创业心理资本水平。对于数字创业者，家庭支持是保持其高数字创业心理资本水平的核心条件，当家庭支持缺乏时，创业者会感受到茫然无助，缺乏情感上的沟通交流也会影响创业者的身心健康。自主学习的缺乏将导致数字创业者无法完成"设定目标-调控行为-自身反省"的内生循环，在面临负面事件或突发情况时难以从中归因与学习，更容易深陷在困境中难以脱身。在该组态下，数字创业者的数字创业心理资本会体现为较低水平。

B.经验学习受阻型。

组态ND2b的逻辑表达式为~创业学习*~家庭支持*创业经验。与组态ND2a相同，创业学习和家庭支持均为核心条件缺失，创业经验作为边缘条件存在，其他条件无关紧要。一致性系数为0.8024，净覆盖率达到0.0121。本书称该组态为经验学习受阻型，是因为数字创业者在具备创业经验的情况下，缺乏创业学习和家庭支持会导致非高数字创业心理资本水平。该模型说明创业经验并不能等同于创业学习。在该模型中，创业经验转化为知识的过程受到创业学习缺失的阻碍，这使得创业者即使具有创业经验也很难转化为对自身创业能力的肯定。缺乏家庭支持会让数字创业者在创业过程中有无助感，会使创业者面对事件难以进行乐观归因。在创业学习和家庭支持缺失的条件下，具有创业经验的数字创业者通常难以发展出高数字创业心理资本水平。

C.自我调节受阻型。

组态ND3的逻辑表达式为自我调节*~家庭支持*~创业环境*~创业经验，其中家庭支持、创业环境和创业经验均为核心条件缺失，自我调节作为边缘条件存在，其他条件无关紧要。一致性系数为0.8271，净覆盖率达到0.0097。本书称该组态为自我调节受阻型，是因为数字创业者自我调节存在的情况下，若没有家庭的支持、良好的创业环境和充足的创业经验仍会导致数字创业心理资本水平降低。自我调节可以帮助数字创业者提升自我效能感，但如果数字创业者在家庭情感支持上缺失，就会使其心理情况难以仅凭自我调节保持稳定。家庭支持、创业环境和创业经验都缺失的数字创业者的自我调节效果会受到阻碍，呈现非高数字创业心理资本水平。

D.家庭支持受阻型。

组态ND4的逻辑表达式为~自我调节*家庭支持*~创业环境*~创业经验，其中自我调节、创业环境和创业经验均为核心条件缺失，家庭支持作为边缘条件存在，其他条件无关紧要。一致性系数为0.8067，净覆盖率达到0.0093。本书称该组态为家庭支持受阻型，是因为数字创业者在具备家庭支持的情况下，若既不能进行自我调节又没有良好的创业环境，加上没有充足的创业经验，仍会出现低数字创业心理资本水平。虽然家庭支持是数字创业者高数字创业心理资本水平的核心条件之一，但是自我调节条件缺失时，数字创业者会倾向于深陷自我情绪无法调控，家庭情感支持的有效性将会降低；创业环境的缺失会使得家庭给予的社会资本难以发挥作用；创业经验缺失的情况下，家庭给予经济上的支持也难以让数字创业者提升自信水平。自我调节、创业环境和创业经验共同缺失会阻碍家庭支持作为边缘条件对数字创业心理资本水平起到的效果，数字创业者会展现出非高数字创业心理资本水平。

E.创业经验受阻型。

组态ND5的逻辑表达式为：~自我调节*~家庭支持*创业环境*创业经验，其中自我调节、创业环境和创业经验均为核心条件缺失，家庭支持作为边缘条件存在，其他条件无关紧要。一致性系数为0.8550，净覆盖率达到0.0215。本书称该组态为创业经验受阻型，是因为即使数字创业者有创业经验，若不能很好地进行自我调节、没有足够的家庭支持和良好的创业环境，也会抑制数字创业心理资本水平。在家庭不能给予助力时，数字创业者的创业经验难以有效发挥。当数字创业者自我调节、家庭支持和创业环境条件缺失时，创业经验对于数字创业心理资本水平的正向影响会受到阻碍，该组态整体的数字创业心理资本表现为低水平状态。

（3）稳健性分析

稳健性分析是定量分析方法中的关键步骤。在主流的多元回归方法中，如果系数的显著性、方向和强度在不同模型和不同样本中没有显著变化，则可以认定相关变量对结果的影响是稳健的。根据这一思路，要评估定性比较分析方法结果的稳健性，至少需要厘清以下概念：其一是相关结果指标，其二是可能改变这些指标的操作选择（Schneider和Wagemann，2012）。定性比较分析方法的结果包含解的数量、不同解项的集合关系状态（即组合公式）以及拟合参数（一致性和覆盖率）。Schneider和Wagemann（2012）提出了稳健性分析的操作：改变校准、改变一致性阈值以及增删案例。在有关文献中也出现了一些研究者独创的方法，比如每个解项有原始覆盖度、独特覆盖度和一致性指标，整体解又有一致性和覆盖度指标。本书运用两种方式进行稳健性分析，分别为提升一致性水平法和调整校准点法。首先将以DGPC和~DGPC为结果的真值表一致性水平从0.8提升至0.81重新运算，发现调整后的构型数未发生变化，高数字创业心理资本和非高数字创业心理资本总体一致性都未发生改变。组态与调整前的结果相同，并未发生实质性变化，这说明结论具有稳健性。

调整交叉点检验稳健性的本质是敏感性分析在模糊集定性分析中的应用（Fiss，2011）。本书运用调整校准点法在±25%的取值范围内对于校准点中的交叉点进行了调整，同时分别选择+5%和−5%的幅度对条件变量的交叉点调整后进行重新校准。经过运算后发现有关数据仅发生了微小变动，对于整体组态的构成与整体解释未构成任何影响，说明结论具有稳健性。

2.4.6　研究结论与讨论

以往的研究主要考虑创业活动对心理资本的净影响（Hasan 等，2019；Brandt 等，2011；Hmieleski 等，2015；Kwok 等，2015），忽略了多个因素的组态效应。心理资本的形成是由关于个体特征、行为和环境的复杂机制产生的（Hmieleski 等，2015；Basinska 和 Rozkwitalska，2022）。在传统的回归研究中，一些变量被证明与心理资本相关，但无法阐明"因果"逻辑关系。为了填补这些空白，本书开发了一个基于关键心理资本理论的综合框架，该框架由个人特征、行为、内部和外部环境组成。

本书通过 fsQCA 方法获得了构成高数字创业心理资本和非高数字创业心理资本的各种构型，以解释条件之间相互作用的复杂性。多种条件的共同作用使人们对数字创业心理资本有了更全面的了解。D1 表明创业者家庭支持是高数字创业心理资本的关键条件。在对非高数字创业心理资本的充分分析中，ND4 表明只有创业者自我调节、数字创业环境和数字创业经验作为核心条件都不存在时，创业者家庭支持的效果才会受到阻碍。数字创业的特点是高度数字化（Nambisan，2017）、高度创新（Tumbas 等，2018）和高度价值（Farani 等，2017），这要求数字创业者通过学习不断增长知识。D3a 和 ND2a 表明，自主创业学习和数字创业心理资本的变化方向相同；D3b 和 ND2b 表明，数字创业经验不能直接转化为经验学习，不是数字创业心理资本的关键因素。D2 和 D4 均以数字创业环境为核心条件。即使外围条件不同，D2 和 D4 也会导致相同的结果，说明数字创业环境的不确定性对企业家的心理状态有影响。总的来说，创业者家庭支持、数字创业学习和数字创业环境对高数字创业心理资本具有显著影响，并且所得构型结果是不对称的。

研究结果显示每个组态的一致性均大于0.8，高数字创业心理资本和非高数字创业心理资本组态的总体一致性均大于0.75，说明解的一致性水平良好。总体覆盖率高于0.6，说明解释力度良好。对以上组态进行对比可以得出以下结论：

结论一，重视家庭支持对于数字创业者的影响。

家庭支持作为唯一的单一条件核心构型，对数字创业者的心理资本水平有很大影响。数字创业者在社交网络中能够汲取更多的资源，并且对于人际关系更为重视。家庭作为创业者最核心的社会网络，会为创业者提供直接的助力。数字创业者工作环境相对封闭，家人在其社会网络中起到了不可替代的作用。在相应的反事实分析中，6种反事实解中有5个为家庭支持核心条件缺失。在家庭支持条件作为边缘存在的组态中，只有自我调节、创业环境和创业经验均为核心条件缺失的情况下，家庭支持对于数字创业心理资本水平的促进作用才会受到阻碍。由此可见，父母、伴侣和子女以及大家庭中的堂表亲（Soluk等，2021）等家庭成员的陪伴和支持对于数字创业心理资本的培育会起到很好的效果。

结论二，注重数字创业者自我调节与创业学习相结合的自主学习能力。

本书对创业学习的文献进行梳理，基于经验学习与心理资本的逻辑关系，将经验学习维度剔除，纳入创业经验变量进行辅助分析。以创业学习为核心条件的求解中包含两个组态，分别是自主学习型组态和经验学习型组态。数字创业具备高数字性、高创新性和高价值性等特征（朱秀梅和刘月等，2020），需要数字创业者通过自主学习使自身知识不断完善，从而得到知识和自我效能感的提升。在反事实分析中，ND2a为家庭支持和自主学习条件缺失。由此说明，由核心条件创业学习与边缘条件自我调节共同构成的"自主学习"对于数字创业心理资本水平具有同方向的影响。ND2b由创业学习核心条件缺失、创业经验存在和家庭支持核心条件缺失组成。在该组态中，创业经验不能直接转化为经验学习，创业经验并非构成数字创业心理资本的关键因素，认知学习与实践对于数字创业心理资本的发展起到重要作用。

结论三，良好的数字创业环境是提升数字创业心理资本的重要条件之一。

以创业环境为核心条件存在的组态为D2和D4；反事实求解中，创业环境为核心条件缺失的组态为ND1、ND3、ND4和ND5。基于环境决定论，环境对于组织和个体的行为具有显著影响。在创业环境良好时，数字创业者自我调节作为边缘条件缺失或者创业经验作为边缘条件存在均可以促进数字创业心理资本水平的提升。创业环境缺失的情况下，每个组态中也伴随着其他核心条件的缺失。数字创业环境存在的不确定性对于创业者的心理状况会产生影响，但是单凭创业环境一个因素不能判断其对于数字创业心理资本是否产生同向影响。因此，创业环境要和组态模型中的其他条件共同作用才会抑制数字创业心理资本水平的发展。

结论四，多种因素协同影响数字创业心理资本水平。

除了D1，其余组态均由多因素构成。心理资本的形成是由个体思维方式、认知程度和外部环境等因素通过复杂的作用机制产生的。在传统的回归研究中一部分变量可以被证实与心理资本发生相关关系，但是由于自变量与因变量之间的路径可逆，所以传统回归分析并不能阐明"因果"逻辑关系。本书通过模糊集定性分析的方法得到多种构成高数字创业心理资本水平与非高数字创业心理资本水平的组态，多个条件共同作用可以对数字创业心理资本进行更为全面的分析，并且可以为数字创业者培养积极心理资本指明方向。

本章对相关研究的贡献有以下几个方面：

首先，有助于深入了解中国数字企业家的心理资本，并通过探索企业家特征、行为、家庭和环境的相互依赖性，帮助他们有意识地培养心理资本。根据中国数字市场的特点，这一结论可以在类似的发展中国家推广应用。由于心理资本的类状态性，可以构建心理资本干预模型进行干预（Luthans等，2010），从而更好地帮助数字企业家提高心理资本水平。目前，"淘宝村"的数字技术帮助许多数字企业家提高了沟通能力，增强了创业意识，改善了心理状态。在此基础上，可以进一步开发相关数字技术，创建心理资本干预模块，并使这些模块在数字企业家中普及。

其次，提出了一个分析数字创业心理资本的综合框架。之前的研究主要关注相关因素与心理资本之间因果关系的净效应（Brandt 等，2011；Hmieleski 等，2015；Hasan 等，2019），本章将数字企业家的特征、行为和内外部环境结合到一个基于配置视角的分析框架中。该框架有助于分析出数字创业背景下个人层面与环境之间的因果复杂性，指导想要进行数字化转型的企业家和潜在的数字化企业家如何在数字化创业中保持积极的心理状态，从而更好地完成数字化转型。

最后，为关键心理资源理论作出了贡献。虽然一些研究已经证明了创业者自我调节、数字创业学习、创业者家庭支持和数字创业环境之间的逻辑关系（Winkler 和 Fust，2021；Dianne 等，2021；Sanders 等，2019；Bloemen-Bekx，2019），但很少有文献表明它们对数字创业心理资本有联合影响。由于单一因素难以解释复杂的创业和心理现象，因此本章使用 fsQCA 方法扩展心理资本在数字创业领域的应用，以分析多种条件与数字创业心理资本之间的复杂关系。

本章有两个局限性，可以在未来的研究中解决。首先，样本量仍需增加。在数据收集的过程中，可以通过手动识别的数字企业家数量有限。未来的研究应该尝试用机器识别数字企业家，从而扩大样本规模。其次，侧重于通过 fsQCA 方法进行定量研究。未来的研究可以用案例分析进行补充，引入定性比较分析来更全面地探讨数字创业者的心理资本。在后续研究中将继续对数字企业家的企业规模、性别、教育水平和创业经验进行比较分析，以揭示不同因素之间的差异。

2.5　本章小结

本章选取自我调节、创业学习、家庭支持和创业环境 4 个因子，通过 fsQCA 软件进行组态分析，获得影响高数字创业心理资本的组态 4 个类型，分别为家庭依赖型、环境造就型、学习促进型和厚积薄发型；得到影响非高数字创业心理资本的 5 个组态，分别为学习环境缺乏型、家庭学习缺乏型、自我调节受阻型、家庭支持受阻型和创业经验受阻型。

第3章 数字创业心理资本对创业绩效作用机制的研究设计

第2章主要探索了数字创业心理资本影响因素的组态,但数字创业心理资本对于创业者的个人绩效是否会产生影响犹未可知。目前有关数字创业领域的实证研究尚少,因此本章将按照"能力-行为-绩效"的思路,对数字创业心理资本水平如何对创业绩效产生影响开展进一步研究,并在接下来的第4章、第5章展开实证分析。

3.1 相关理论与变量

3.1.1 数字创业能力

(1)数字创业能力的内涵

能力是公司竞争优势的基础(Barney,1991;Dosi等,2000;Mahmood等,2011),对于创业企业而言,创业能力是决定创业成败的关键因素(Rasmussen等,2011;尹苗苗和蔡莉,2012;张玉利和王晓文，2011）。有学者对 101 家科技创业公司的失败案例进行了总结，归纳出导致创业公司失败的 20 条主要原因，其中有 9 条与创业者的创业能力密不可分，包括无法有效利用网络和倾听意见、缺乏热情、缺少把控大局的能力等。事实上，创业是创造、发现、定义、利用机会的过程，毋容置疑，这一过程中的每个环节均需要相应的创业能力（Hamel 和 Prahalad，1994；Zahra 等，2006）。

创业能力指能够发现或创造一个新的领域，运用各种方法去利用和开发新事物，产生各种新的结果。创业能力分为硬件和软件，硬件是人力、物力和财力；软件是创业者的个人能力，包括专业技能和创业素质。创业素质包括创业热情、价值观、发现能力及创新能力。创业能力比就业能力多的是发现的眼光，创新的智慧。创业能力是创业成功的重要因素（Kyndt 和 Baert，2015）。从组织层面与个体视层面均可以对创业能力进行探讨，组织层面探究的是企业的动态能力；个体层面为创业者的个人能力（Arend，2014）。研究表明，总体上个人对其创业能力的有利认知更有可能影响创业决策（Koellinger 等，2007；Lafuente 等，2007；Townsend 等，2010）。在组织学理论派系中，动态能力已经拥有了理论基础，但创业者能力涉及心理学、教育学等多门学科，导致目前从个体层面探究创业能力的有关理论并不完善（张秀娥和赵敏慧，2017）。本书的研究主体为个体层面的数字创业者，在创业能力方面主要论述数字创业者的个体能力。

创业能力是一个多维度且复杂的概念，目前学术界对于它的名词解释尚不统一。Jarillo（1989）认为，创业能力是可以整合外部资源的能力。学者们认为狭义的创业能力是指创业者在达成某项目标时必须具备的能力；广义的创业能力是指在个体能经由标准来度量以及可以通过培训和开发得到提升的知识、态度和技能（Burgoyne，1993；Parry，1996）。肖红伟和晏红洁（2008）认为创业能力是一种社会实践能力，与学术能力和职业能力较为相似。Ahmad 等（2011）在创业能力的维度里加入个人能力以研究其对中小企业创业成功的影响。宁德鹏（2017）认为创业能力是潜在创业者开展某项创业行为需具备的资源整合能力。

数字能力伴随数字技术的兴起而产生，欧盟将数字能力界定为个体终身学习的关键能力。欧盟颁布的公民数字能力框架已得到广泛认可。王佑镁和杨晓兰等（2013）认为，数字能力是一种为了工作、休闲和交流，可以自信且批判地运用信息技术的能力。

在数字创业情境下，创业者利用新的数字组件、数字平台和数字基础设施追逐创业机会。数字创业是传统创业与数字时代新的创业方式的调和（Nambisan，2017；Le Dinh 等，2018）。数字创业能力是个体开展数字创业需掌握的核心技能，是数字能力与创业能力的有机结合。朱秀梅等（2020）认为，数字创业能力主要指数字创业者或数字创业团队具有的洞察数字创业局势、识别数字创业机会、捕获数字战略资源和领导数字创业活动的综合能力。结合数字创业情境与创业者个人能力，本书认为数字创业能力是指创业者个体为了实现数字创业的目标所需具备的识别数字机会、利用数字技术和模仿创新等一系列可以提高创业效能的个人技能。

数字创业能力概念表述如图3-1所示。

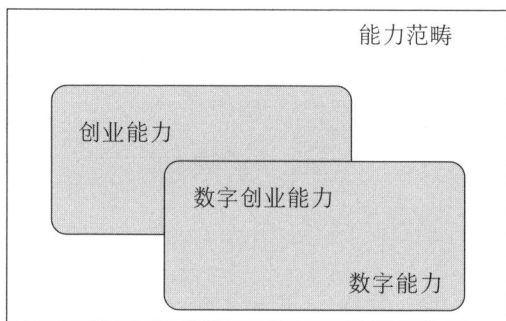

图3-1 数字创业能力概念表述

（2）数字创业能力的构成

数字创业能力是数字能力与创业能力的有机结合，是数字创业者开展创业不可或缺的因素。

有关创业者个人能力的维度研究中，通常从机会能力、管理能力、战略能力和承诺能力等层面展开讨论（张秀娥和赵敏慧，2017；唐靖和姜彦福，2008）。基于个体特质视角，Chandler 和 Jansen（1992）开发了创业者能力量表并丰富了创业者能力的维度与概念，认为创业能力由机会识别能力、协调能力和概念能力等组成。Ahmad（2011）认为个体创业能力中包含战略能力、概念能力、机会能力、学习能力和关系能力等。基于创业过程视角，Gartner（1985）认为个体特征视角存在一定的理论缺陷，指出应多掌握创业过程中的规律。Man（2012）提出创业能力由机会能力、关系能力、概念能力、组织能力、战略能力、承诺能力等构成。蔡莉和汤淑琴等（2014）将创业能力划分为机会识别能力和机会利用能力，其中机会识别能力是指创业者观察环境并发现机会的能力；机会利用能力指创业者通过产品创新或服务创新进入新市场的能力。唐靖和姜彦福（2008）认为，创业能力主要由两部分构成，一部分是与识别、开发机会相关的机会识别与开发能力，即机会能力；另一部分是与运营管理新企业相关的运营管理能力。基于认知视角，Bayon 和 Vaillant（2016）认为创业能力由感知创业能力和实际创业能力共同构成，其中具有高感知创业能力的个体更容易对自身的能力有积极的认识；具备高实际创业能力的个体更容易顺利开展创业活动。

有关数字创业能力的维度划分尚未统一。Melnikova 和 Jurgaityte（2019）认为数字创业能力包括机会能力、组织能力、关系能力、概念能力、战略能力、承诺能力和基于数字的创业能力。朱秀梅等（2020）认为数字创业能力包含数字创业动态能力和数字创业战略能力两个维度。数字创业动态能力是指数字创业者随着环境的变化进行动态调整的能力（Autio 等，2018）；数字创业战略能力是指数字创业者可以根据当前情况有远见地进行战略目标的制定和执行的能力（Zahra 和 Nambisan，2012）。Tekin 等（2020）开发出在校学生的数字创业能力量表，将其主要划分为数字创业知识和数字创业动机两个维度。Paz 和 Isabel（2021）认为数字创业能力的研究要从创业能力与数字能力两方面切入，并构建了数字创业能力模型。该模型包含机会识别、行动规划、构建团队和管理安全 4 个维度。潘建林（2017）认为网络平台上的创业者需要具备创业管理能力、创业技术能力和创业可持续能力。易加斌和张梓仪等（2021）认为企业的数字化能力由数字感知能力、数字运营能力和数字资源协同能力构成。本书以创业者个体的心理资本水平为切入点进行研究，基于以上文献，将数字创业能力划分为数字创业动态能力和数字创业战略能力两个维度进行测量。

（3）数字创业能力相关理论

与数字创业能力相关的理论之一是动态能力理论。动态能力是指企业利用IT技术资源、组织资源和管理资源获得竞争优势的能力。同样，企业还可以通过培育独特灵活的能力来满足客户和市场日趋增长的需求。对于信息工作来说，IT资产本身并不能提供超额的回报，但人们发现，当其被合理地应用于恰当的业务流程中时，会稳步促进企业的发展，给企业带来超额回报。

20世纪80年代初期，随着核心能力理论的快速发展，核心能力的局限性也浮现了出来。在一个动态变化的环境中，企业原有的核心能力有可能阻碍企业发展。在此背景下，Teece等（1997）基于资源基础理论提出了动态能力理论，该理论解释了如何提高与环境动态的匹配从而快速应对外部技术和市场的变化（Helfat等，2007）。尽管资源观理论（包括核心能力理论）在战略管理研究中被广泛运用，但是遭到了一些学者的有力批评，该理论更大的挑战来自企业外部竞争环境的变化，因为动态环境下企业获取持续竞争优势的基本模式已经从获取持续的竞争优势转向持续地获取一系列暂时竞争优势。在超竞争的经营环境下，企业积累的竞争优势会被技术创新侵蚀。因此，企业必须迅速响应外部需求，及时调整内部资源配置。

Teece等（1997）将动态能力定义为公司整合、构建、重新配置内部和外部资源以应对快速变化环境的能力。认识和解释企业竞争优势的来源一直是企业战略管理研究的中心问题之一。从历史上看，人们对企业竞争优势来源的解释经历了一个由内而外再由外而内的往返过程，以产业组织学派和资源观理论为主要代表。产业组织学派竞争优势理论认为，战略设计的目的在于通过恰当的产业定位，企业可以提升对上游供应商和下游客户的砍价能力，同时通过构建进入壁垒，阻止现有和潜在的竞争对手对其优势地位的侵蚀。资源观理论认为，企业竞争优势来源在于其所拥有的特异性资源和能力，企业通过采取与之相应的价值创造战略获得竞争优势。这两种理论的差异主要在于产业组织学派以市场定位为基本假设前提，资源观理论认为企业内部的独特资源才是企业竞争优势的根本来源。20 世纪 90 年代，在资源观基本理论框架内，核心能力理论流派逐步兴起。Praharad 和 Hamel 认为企业核心能力具有适用性、价值性、难模仿性，能够成为企业竞争优势的来源。

动态能力具有开拓性、复杂性和难以复制性。动态能力理论源于资源基础论且吸收了核心能力理论的许多观点，因而在特征上与核心能力理论有相似之处。动态能力不仅关注企业特有的组织惯例，焦点更是放在克服能力惯性的创新和开拓性能力上。在动态环境中，动态能力崇尚建立开拓性学习能力。开拓性学习能力是为了长期向企业提供新的战略观念而进行的侧重于变革的学习。

动态能力存在于企业的组织和管理过程中，其是由企业的资产情况和发展路径决定的。Teece 等（1997）认为企业内外部能力包括组织技能、资源和能力，动态能力处于管理和组织过程之中。动态能力主要是由组织设计和人力资源管理决定的，一方面企业通过组织设计，建立由中层管理者领导的组织，可以促进企业形成业务多样化的动态能力；另一方面可以通过加强人力资源管理来促进动态能力的形成。Teece 等（2007）从可复制性和可模拟性方面对动态能力的属性进行了研究，认为由于能力内部结构的模糊性、多种能力之间互相牵动、能力形成的历史特殊性等原因导致能力是难以复制的。除了上述原因会导致能力难以复制外，知识产权保护、商业秘密、商标和企业风格等方面的限制也会阻碍竞争对手的模仿。在此基础上，其提出企业的动态能力是竞争优势的来源。但是，也有一些学者对此持相反的意见，认为动态能力本身并不是企业竞争优势的来源，动态能力所配置和调整的资源结构才是竞争优势的来源。例如，Eisenhardt 和 Martin（2000）认为，尽管动态能力在很多细节方面具有特异性，但是从一些关键性的特征来分析，企业之间的动态能力具有很大的一致性或者类似性。尽管不同企业培育某一动态能力的起点和路径不同，但是对于某一动态能力，存在一个行业的最佳标准，因此最终不同的企业都将趋于拥有类似水准的动态能力。随着各类市场机会的出现和消失，动态能力成为一种获取熊彼特租金的手段，可以为企业带来短期的竞争优势。

Zott（2003）通过计算机仿真模型研究发现，企业之间的微小差异可能导致巨大的绩效差异。动态能力对于企业绩效和竞争优势的影响非常大，那么动态能力受哪些因素的影响和制约呢？很多学者对这一问题进行了研究。对动态能力的影响因素进行的研究可以大致分为以下几种类型：

类型一，基于资源基础的研究。King 和 Tucci（2002）研究发现，企业原有的经验积累对于其顺利进入新的利基市场具有积极作用。Wooten 和 Crane（2004）认为人力资本会对动态能力产生重要影响，而 Blyler 和 Coff（2003）则认为社会资本是动态能力的核心。Adner 和 Helfat（2003）综合考察了各类资源要素，认为动态能力受到人力资源、社会资本和管理层认知的影响。这些因素单独或者共同起作用，决定了企业战略性和操作性管理决策，进而对动态能力产生重要影响。

类型二，基于组织手段的研究。高层团队及其关于组织演化的信念对于动态能力的形成和企业形态持续演化具有重要作用，动态能力依赖新兴事件的学习过程以及在组织形式演化过程中的一些基本规则，同时也取决于高层管理团队的支持。因此，企业要培育动态能力，其组织形式必须是分权化和有机的。有学者根据不同公司的实践总结了管理层决策等组织因素对动态能力的影响。

类型三，基于技术手段的研究。有学者论述了信息通信技术和知识管理系统对于企业吸收能力的积极作用。

类型四，以上若干方面的组合研究。Macher 和 Mowery（2009）发现研发团队构成的多样性、研发人员与生产人员交流的密集度和信息技术分布的广泛性都有利于提升组织学习和解决问题的效果。Adams 和 Lamont（2003）将组织的资源分为基于组织学习的资源和基于资本的资源，强调了组织学习能力对于企业动态能力（尤其是创新能力）的影响，同时也探讨了知识管理系统在促进企业重新配置资源方面的作用。

焦豪和杨季枫等（2021）通过文献综述法将动态能力划分成 3 个研究阶段：1997—2003 年的理论探索阶段、2004—2012 年的理论融合阶段以及 2013—2019 年的理论深化阶段。

在理论探索阶段，Teece 等（1997）提出动态能力，并将其定义为企业整合、构建和重新配置内外部资源的能力。Eisenhardt 和 Martin

（2000）则认为动态能力是由一系列具体战略流程构成的。Winter（2003）提出动态能力是通过修正运营中的操作以适应动态环境变化的能力，是一种更高层次的能力。

在理论融合阶段，Teece等（2007）将动态能力进一步定义为一种允许公司更新资源和资产的组织能力，并根据需要重新配置和更新现有资源，以快速响应市场、商业环境中的变化并把握技术机会。

现阶段处于理论深化阶段，"数字经济"和"新技术"情境下的动态能力是研究的新趋势。研究热点关键词有"数字化战略"、"大数据"、"环境动态性"和"可持续发展"等（焦豪和杨季枫等，2021）。Warner和 Wager（2019）通过研究，发现企业产生的动态能力有助于数字化转型。由此可见，动态能力非常适合当前的数字创业情境研究。

3.1.2 数字创业行为

（1）数字创业行为的内涵

创业行为是由复杂决策过程驱动的行为（Bird，1988），其在创业过程中起到至关重要的作用。目前，国内外对于创业行为的概念界定并未统一。

从机会视角出发，创业行为是指创业者或其团队在新企业生存及成长中有关机会的开发行为，但维持或变革既有组织运营并不属于创业行为范畴（Bird，1988；Gartne 和 Bird 等，1992）。Krueger 和 Brazeal（1994）认为创业行为是指创业者突破当前的资源限制以追求创业机会。Timmons（1999）强调创业机会对于创业行为的重要性，认为创业行为的本质是对于机会的识别和利用。

从资源视角出发，张玉利和陈寒松（2008）认为创业行为是创业者利用、积累和扩大个人资源禀赋的过程，创业行为的实质是创业资源的整合行为，会受到创业动机以及创业机会感知的影响。还有一些学者认为创业行为是创业者围绕特定的理念和目标，统筹并综合人力、资本、信息等一切必要元素，生产新产品或降低产品成本的过程（Lazear，2005；McMullen 等，2006；Holcomb 等，2009）。

从过程视角出发，Carter 等（1996）认为创业行为是在一个新企业创立过程中的所有实践。还有学者认为创业行为强调的是涉及寻找、发现并评价创业机会的全面整合过程（Shane 和 Venkataraman，2000；Smith 等，2002）。

基于广义层面，钱永红（2007）认为新企业创立、成长的全过程均属于创业行为。Sternberg 等（2005）认为参与了建立企业的过程，不论是否是企业的所有者，均为创业行为。基于狭义层面，个体的创业行为是指个体创立、经营一家企业并且主动承担该过程中的收益和风险的行为（Sternberg 等，2005）。钱永红（2007）认为狭义的创业行为仅指创业者从感知创业机会、整合创业资源到企业最终创立的过程。

王重鸣和吴挺（2016）认为，互联网等数字技术为创业活动带来了开放性、无边界性和强互动性等特点，这无疑也会给创业行为带来新影响。结合数字创业情境与创业者个体行为层面，本书认为数字创业行为是指数字创业者在创业过程中通过数字技术与外部环境发掘创业机会、利用与整合创业资源以实现数字创业目的的一系列举措。

（2）数字创业行为的构成

创业行为从不同层面探讨，其构成维度有所不同。例如，Gartner（1985）认为创业行为由个人、组织、环境与创业过程构成，而 Morris（1997）认为创业行为主要包含创新、冒险和主动。

有学者认为机会与资源是构成创业行为的两个关键要素（Shane 和 Venkataraman，2000；Ardichvili 等，2003；王玲和蔡莉，2017）。尹苗苗和蔡莉（2012）认为创业行动中包含与机会相关的行动，包括机会的开发、识别、评估与利用；与资源相关的行动，包括资源的识别、获取、整合与利用。Timmons（1999）提出创业行为内部核心要素包括机会感知与识别、创业团队组建与资源获取。闫华飞（2015）认为创业行为分为机会识别、网络建构、团队组建、资源整合和模仿行为。张秀娥和孙中博（2013）将创业行为划分为创业机会分析、创业计划制订、创业决策、创业企业融资和创业合作。数字创业机会与数字创业资源也是数字创业活动得以开展的重中之重（朱秀梅等，2020）。创业行为不同于广泛意义上的创业活动，其聚焦于创业者个体与行为（潘建林，2017）。结合以上学者划分创业行为的观点，本书将数字创业行为划分为数字创业机会开发与数字创业资源获取两个维度。

（3）创业行为相关理论

社会认知论与计划行为理论是研究创业行为的理论基石（钱永红，2007）。社会认知论是社会心理学的重要理论之一，是一种用来解释社会学习过程的理论，主要关注人的信念、记忆、期望、动机以及自我强化等认知因素，认为行为受到环境和个人因素等影响。

计划行为理论作为创业行为的理论基石，主要观点包括人的行为是处在控制之下的行为，主要受行为信念、规范信念和控制信念指引，对创业行为的预测要从态度、主观规范和知觉行为控制等影响因素入手。理性行为理论认为，个体的行为在一定程度上可以通过其行为意向合理推断，行为意向受到该个体的态度与主观准则的影响（Ajzen 和 Fishbein，1980）。计划行为理论认为感知行为控制也是影响行为意向的关键因素之一（Ajzen，2002）。

计划行为理论结构模型图如图3-2所示。

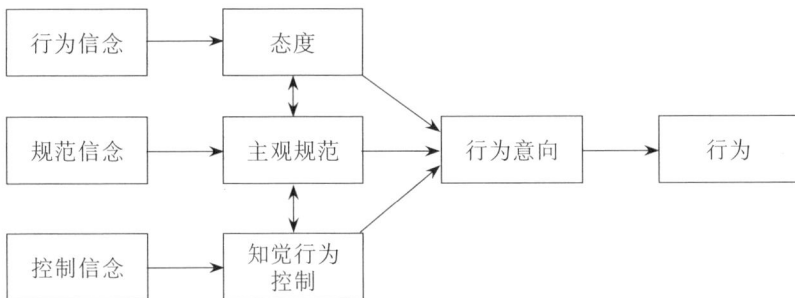

图3-2　计划行为理论结构模型图

计划行为理论涉及态度、主观规范、知觉行为控制、行为意向和行为。态度是指个人对该项行为的正面或负面的感觉。主观规范是指个人对于是否采取某项特定行为感受到的社会压力。知觉行为控制是个人过去的经验和预期的阻碍。行为意向是个人对于采取某项特定行为的主观概率的判定。行为是指个人实际采取行动的行为。

Ajzen（2002）认为所有可能影响行为的因素都经由行为意向间接影响行为。行为意向受到相关因素的影响，其一是源于个人本身的态度，即对于采行某项特定行为所持的"态度"；其二是源于外在的"主观规范"，即会影响个人采取某项特定行为的"主观规范"；其三是源于"知觉行为控制"。

一般而言，个人对于某项行为的态度越正向，则个人的行为意向越强；对于某项行为的主观规范越正向，个人的行为意向越强；态度与主观规范越正向、知觉行为控制越强，个人的行为意向也越强。反观理性行动理论的基本假设，Ajzen（2002）主张将个人对行为的意志控制力视为一个连续体，一端是完全在意志控制之下的行为，另一端则是完全不在意志控制之下的行为，人类大部分的行为落于两个极端之间的某一点。因此，要预测不完全在意志控制之下的行为，有必要增加行为知觉控制这个变量。当个人对行为的控制接近最强的程度或是控制问题并非个人考量的因素时，计划行为理论的预测效果与理性行为理论是相近的。

3.1.3 创业绩效

（1）创业绩效的内涵

创业绩效是创业成功与否的主要评判标准。早期目标理论认为，绩效用于测量组织是否完成了既定目标（Etzioni，1964）。随着系统资源理论的提出，Yuchtman和Seashore（1967）认为绩效还需要考量组织对于资源的获取和维持能力。此理论在一定程度上促进了绩效理论发展，但是由于其过度强调内在性，导致忽视了外部环境对于绩效的影响。自然决定论认为创业绩效主要受到外部环境影响，企业既不能依靠自身变革也不能影响外界环境（Delacroix和Carroll，1983；Lerner和Brush等，1997；Aldrich和Marinex，2001）。从过程视角来看，组织绩效应主要从员工的承诺度来衡量，适合需要员工一起承担风险的初创企业（Steers，1977）。在利益相关者理论视角下，需要将所有利益相关群体纳入组织绩效中进行考量（Connolly等，1980；Daft，1995）。

尽管创业绩效主要从组织层面、企业层面进行有关探讨，但学术界依旧不乏对于创业者个人绩效的研究。学者试图通过创业者个人满意度从主观上测量创业绩效（Covin，1994；Cooper和Artz，1995；Kropp和Lindsay等，2006）。周烁和金星晔等（2020）研究发现，创业者在主观层面上认为其经济地位越高、对未来的预期越乐观或社会资本越多，越有助于减少创业对生活满意度带来的负面影响，从而提高主观创业绩效。

创业绩效不仅是表征创业成功重要的因变量，也是检验各种创业理论解释力和预测力的基本标准。因此，深入研究创业绩效理论的边界问题以及创业绩效的影响因素、测量指标和测评方法，无论是对于创业理论的发展还是创业实践的深化都具有非常重要的意义。

（2）创业绩效的构成

创业绩效作为一个多维度构念，往往以效标的形式出现，用以评价创业活动创建新业务的效果。梳理已有相关研究可发现，常用的创业绩效指标可分为财务指标和非财务指标两大类。有些学者侧重于财务指标，另一些学者更看重非财务指标，还有一些学者则综合采用财务与非财务指标来测度创业绩效。因为学者在创业领域研究中考察的侧重点有所不同，所以有关于创业绩效的构成在学术界并无统一标准（Bates 和 Holton，1995；李纪明，2009）。从企业层面，创业绩效主要由财务绩效与非财务绩效两部分构成（余绍忠，2013）。其中，财务绩效包含企业营业收入与企业利润；非财务绩效包括企业创新能力、市场份额和顾客满意度等。

创业绩效研究者比较关注财务指标，认为这类指标能直接反映创业成效，因为根据关键的财务指标就可以辨别创业企业能否实现了"适者生存"。销售增长率和获利率是最常用的衡量创业绩效的财务指标。创业企业十分看重通过提供新产品或新服务、开拓新市场、招徕新顾客来提高销售收入，而销售收入的持续增长能够预测创业企业能否取得成功。获利率具体可细分为销售利润率、资产收益率、投资回报率、股票收益率等，但在具体研究中往往有所变通，如采用总投资平均报酬率、资产平均报酬率、销售回报率等指标。财务指标往往过于注重静态结果，很难揭示创业过程绩效，具有较大的局限性。考虑到财务指标在测量操作上有时存在一定的困难，如利润等财务指标可能由于初创企业无利润或负利润而造成使用不便，或是创业企业不愿意或无法提供较为准确的财务数据，有学者提出了一些非财务测评方法，把许多非财务指标纳入创业绩效评价指标体系。

现有研究主要采用一些能反映创业企业成长或创业过程的非财务指标，这也正是持社会认知论、资源基础论和战略适应论观点的学者所关注的指标。这类指标大多涉及市场、产品、员工、顾客等方面，市场指标包括市场份额、市场渗透率、市场开发能力、市场营销能力、市场份额增长率、市场准入度等；产品指标包括新产品开发能力、产品合格率、产品开发周期、产品升级周期、产品和服务质量与数量等；与员工相关的指标有员工生产率、员工留职率、创业团队成员离职率、组织承诺、员工满意度；与顾客相关的指标有顾客满意度和忠诚度。市场与产品指标实质上是财务指标的非财务延伸，因为这些指标最终还是反映到财务指标上，所以广受关注。员工与顾客指标是从认知论视角关注的创业绩效指标，能有效反映创业团队和其他员工为提升创业绩效所做的贡献。这些指标不能直观反映创业绩效，也不能全面反映创业过程和本质，因此创业绩效非财务指标的研究空间还很大。王瑞和薛红志（2010）将创业绩效划分为财务绩效、生存绩效和总体绩效。从组织层面，创业绩效分为组织绩效与个人绩效（王转弟和马红玉等，2020）；个人绩效分为主观绩效与客观绩效（Kropp 和 Lindsay 等，2006），其中主观绩效主要考察创业者对于自身创业的满意程度（郭东红和丁高洁，2013；程聪，2015），客观绩效是对于个人收入以及营利等财务指标的客观计量。

单纯采用财务指标或非财务指标都无法全面反映创业绩效，因此，有些学者主张采用将两类指标进行综合来考察创业绩效。Venkatraman 和 Ramanujam（1986）在元分析中构建了一个多层次创业绩效评价指标体系。他们认为，第一层次的指标用来评价创业组织的财务绩效；第二层次的指标用来测量运营绩效或非财务绩效，如产品市场份额、市场占有增长率等，这类非财务指标最终也是导向财务绩效的（Hofer，1987）；第三层次的指标反映利益相关者的诉求，如顾客满意度等。尽管这种指标选取方法综合了财务指标与非财务指标的优点，克服了它们的不足，但现有研究在构建创业绩效指标体系时很少从创业过程及本质的角度加以取舍，因而很难显示创业绩效评价指标与一般组织绩效评价指标之间的区别。本书从心理资本视角出发，主要研究心理资本水平对于数字创业者绩效的主观影响，选择主观绩效维度对创业绩效进行衡量。

（3）创业绩效的相关理论

在创业研究领域，学者们基本达成了以下共识：创业研究要充分利用其他学科和研究领域的成熟理论，以便更好地解释创业现象。当前，创业绩效理论的研究基本上是借用组织与战略管理研究领域的绩效研究成果，以资源基础理论、过程理论与目标理论为基础理论，分别从企业的特质、行为和结果方面来评价创业绩效。这些理论是从不同利益相关者的角度对创业绩效进行评价，可以说都是利益相关者理论框架下的特例。利益相关者理论在创业绩效评价方面有其用武之地，但该理论存在不能有效解决创业绩效指标内在一致性问题。有学者主张将组织目标理论与利益相关者理论结合起来对创业绩效进行研究，如绩效–信息–市场模型（PIM模型），认为企业绩效由金融市场、劳动力市场、消费市场及政治（社会）市场的出清价格决定，但该模型缺乏实际可操作性。无论是利益相关者理论还是PIM模型，都由于其固有的局限性而不能很好地反映创业的本质。从理论视角看，目前的创业绩效研究并没有超越一般组织绩效研究的范畴。鉴于此，笔者在梳理创业绩效研究脉络的基础上，结合创业过程的基础研究，将创业绩效研究的理论视角归结为种群生态论、社会认知论、资源基础论和战略适应论。

种群生态论是指从总体层面强调环境对创业绩效的影响，认为创业企业的生存取决于外部环境及其变化。种群生态学起源于人口统计学、应用昆虫学和水产资源学，是一门研究种群数量与环境动态互动关系的科学。有关创业绩效的种群生态论研究把创业企业喻为生物种群，从生态学的视角来研究创业绩效。基于该视角的创业绩效研究以组织种群作为分析单位，认为环境容量、企业密度、市场规范程度与竞争关系等环境因素共同决定组织种群的规模（孟晓斌和张海兰，2007）。相关研究用"物竞天择，适者生存"的生物进化法则来考察创业企业，通过检验"出生率"和"死亡率"来判断企业能否生存。基于该视角的研究学者认为，只有适应环境的企业才可能生存下来，而不能适应环境的企业会被无情淘汰。先进入者因环境宽松能够取得较好的创业绩效（即作为行业先进入者与领先者可获得额外利润），随着后进入者的涌入行业竞争加剧，一旦企业数量超过环境的承受力，只有那些具有相对竞争优势的企业才能存活下来（李乾文，2004）。持种群生态观的学者强调创业环境对创业活动的制约与调节作用，因而创业绩效研究不能不考虑反映创业企业适应环境的指标，尤其是生存指标。对于创业企业来说，生存是第一重要的，其次才是成长，这一点明显不同于一般组织。种群生态论注重对结果的考察，以财务指标评判企业能否生存的做法有失偏颇，因为新创企业在创建之初大多很难实现盈利，甚至会亏损。显然，种群生态理论无法全面评价或者准确预测创业企业的绩效。

社会认知论是指将创业者（或团队）作为分析单元，认为创业企业能否生存取决于创业者（或团队）的动机和行为。

资源基础论基于企业层面，强调内外部可用资源对创业企业生存的重要性，企业可通过自身变革来影响创业绩效。

战略适应论视环境中的机会与威胁为影响因素，认为创业成功的关键在于利用机会创造价值。创业企业既能进行自身变革也能影响环境。战略适应论视角的创业绩效研究以分析创业者从环境中识别、开发利用机会为出发点，强调创业战略选择对创业绩效的影响。基于该视角的研究者通常认为外部环境蕴藏大量可以利用的创业机会，创业者可以有意识地选择合适的战略来充分把握和开发创业机会，创业者的战略选择会对创业绩效产生影响，创业者只有选择与创业环境和机会匹配的创业战略才可能获得创业绩效。Dollinger（2003）指出，创业者可通过动员其可控资源与能力并有意识地选择与环境和机会匹配的战略来取得创业成功。战略适应论重点突出了创业机会通过战略选择来影响创业绩效的过程，能较好地反映创业企业的创业活动与管理过程，并且明晰了创业机会、战略选择与创业绩效之间的关系。但战略适应论与资源基础论一样，无法解释创业者如何提高发现和开发机会的能力。

3.1.4 环境动态性

（1）环境动态性的内涵

创业环境具有随机性、动态性和扰乱性等特征（Emery 和 Trist，1965）。权变理论认为，没有一种适用所有组织的"最佳"管理原则，组织需要根据外部环境和自身发展情况，特异性地选择适宜发展情况的管理原则和管理方法，以保证其适应发展的需求。在实际运营中，组织要根据自身内部条件与外部环境的变化进行调整，从而保证能够适应外部环境的复杂化和多元化。从组织内部来看，组织作为一个整体由各个独立又相互依存的子系统组成，每个子系统除了受到组织整体及环境的影响外，子系统间还存在协同合作关系。外部环境及组织内部会不停变化，组织利用动态、有机与开放的组织结构对环境的变化进行自我调整。基于权变理论，环境动态性可分为以下两类：

第一类，以物理概念的波动描述环境动态性。类比物理学概念，在一定时间内波动发生的次数为频率，环境的一个稳定状态到下一个稳定状态的变化程度为幅度；组织或个体对环境能够达到的发展方向、改变幅度为可预测性。环境可能发生的状态数量越多且出现每一种状态的概率越平均，则该环境的可预测性越低。总处于或产生同样的变化，则代表该环境具有较高的可预测程度。

第二类，以内容描述环境动态性。环境动态性是指环境变化的速度及其不确定程度，是影响组织行为与绩效的关键变量（Liang 等，2010）。创业者需要在动荡的环境中调整自己并且努力掌握主动权。在数字化转型过程中，创业者可能缺乏与市场环境相关的经验和技能（Aidis 等，2008）。陈阳阳（2018）结合 Dess 和 Beard（1984）的研究认为，环境动态性是指创业者或其企业所处的环境在不断发生变化而且变化速度、方向和程度不能被事先预测到的一种状态。结合数字创业情境，本书认为环境动态性是指创业者在数字创业中遇到的数字技术、消费者偏好和政策制度等不断变化的环境状态。

（2）环境动态性的构成

Duncan（1972）将企业内部结构、现有资产和资源划分为内部环境，企业之外的其他利益相关方及社会因素划分为外部环境。外部环境包括供销方及竞争方，以及难以进行主动控制的制度、经济环境及技术。环境动态性的技术动态性、市场动态性和制度动态性又涵盖更多更细致的描述。技术动态性关注行业内的技术变化，包括产品和服务类型、速度、不可预知性、对企业的影响、企业对于技术的需求，以及所处行业发展趋势、技术创新程度。市场动态性的相关研究从资本市场和产品市场方面分析企业的融资环境、顾客对产品的满意程度、竞争者强度，以及企业的其他利益相关者（合作伙伴和客户等）的行为或需求变化程度。制度动态性的相关研究指出，政府的政策会对企业战略制定与运营活动产生直接影响，特别是在制度转型中的国家或地区以及新兴经济体中，政府政策、法律法规等的激励或限制作用将成为关乎企业生存发展的重要因素，在研究时可以作为重要的自变量。任雪娇（2018）在研究中将制度环境分为非正式制度和正式制度，非正式制度包括规范环境方面的制度安排和认知环境的安排，正式制度主要侧重规制环境方面的制度安排。

（3）环境动态性的相关研究

在不同市场环境下有效的动态能力呈现不同的形态。动态性一般的市场具有稳定的产业结构、明确的边界、清晰的业务模式和可见的竞争者变革，总体上是线性和可预测的。在这样的环境中动态能力更多地表现为主要基于现有知识的复杂的、可预测的、分析性的过程，演化速度较慢，类似于惯例的概念。动态性较高的市场则具有不明确的产业结构、变化的业务模式，总体上是非线性和难以预测的。有学者研究了环境动态性对动态能力与企业绩效之间关系的影响，认为环境动态性调节了动态能力对企业绩效的作用。例如，动态能力在环境快速变革并难以预测时具有更大的价值。类似的，动态能力对于企业绩效的作用在动态环境中比在静态环境中更为明显。也有学者认为，动态能力为企业提供了把握新机会的能力因而可以被视为一种期权。环境动态性越高越有可能产生更多的市场机会，在这些期权上的投资的价值也越大；环境动态性越低则利用动态能力的机会越少，在这些期权上的投资的价值也越小。总体来看，大多数现有文献都主要研究环境动态性对动态能力作用和形态的影响，很少探讨环境动态性对动态能力水平的影响。

3.2　研究假设的提出

3.2.1　数字创业心理资本与创业绩效

心理资本相较于人力资本、社会资本可以更好地解释创业绩效（Hmieleski，2008）。心理资本与创业绩效之间的影响关系如图 3-3 所示。

图 3-3　心理资本与创业绩效之间的影响关系

何红光（2015）、牛骅（2015）和王嫣婷（2015）等在有关实证研究中均得出大学生积极心理资本对创业绩效有显著影响的结论。关培兰和罗东霞（2009）、谢雅萍和周芳等（2013）对于女性创业者群体进行实证研究，发现她们的心理资本对创业绩效起到了显著的影响。在创业心理资本的有关维度中，创业自我效能感在创业绩效方面有着极强的解释力度（Stajkovic 和 Luthans，1998；苏晓华等，2018）。社会认知理论指出，绩效受自我效能感和结果预期的共同影响，这通常是认知能力和特定技能的直接或间接结果（Brown 等，2011）。钟卫东和黄兆信（2012）研究发现，创业自我效能感对初创企业绩效具有显著的正向影响。由此可见，创业自我效能感水平较高时对于创业活动的顺利开展有着十分显著的影响。

因为心理资本以一个整体概念的高阶因子的形式出现，将自我效能感、希望、韧性和乐观这些因子组织在一起的协同激励效果更加明显（Luthans 等，2008），所以一些学者在对心理资本的研究中选择将心理资本作为一个整体高阶因子进行研究（李晓艳和周二华，2013；闫艳玲等，2014）。柯江林等（2013）在实证研究中发现创业心理资本作为高阶构念，对于创业活动的影响效果要高于构成创业心理资本的单个因子。因此，本书中的心理资本也选择高阶因子进行研究，并作出如下假设：

H1：数字创业心理资本对于创业绩效具有显著正向影响。

3.2.2 数字创业能力的中介作用

心理资本、创业能力与创业绩效之间的影响关系如图3-4所示。

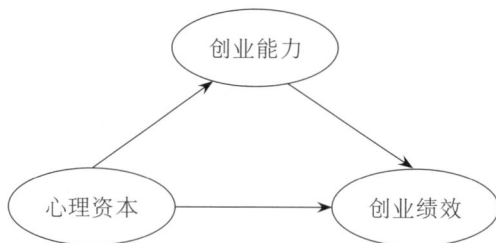

图3-4 心理资本、创业能力和创业绩效之间的影响关系

（1）心理资本与数字创业能力

创业能力通常会受到个体特征和差异的影响（Baluku等，2016）。仲理峰（2007）认为，心理资本有助于提升创业能力与创造力。吴能全和李芬香（2020）认为，心理资本是一种可以促进个体成长和组织发展的心理资源，能够显著提升创业者的创业能力，并且两位学者通过结构方程模型验证了心理资本与创业能力之间存在显著的正向关系。Ismael（2013）通过结构方程研究发现，创业心理资本与创业能力间呈显著正相关关系。从机会视角切入，牛骅（2015）发现创业心理资本对于创业机会能力具有显著正向影响。田硕和许燕（2015）提出创业能力与心理资本具有显著的正相关关系，并且心理资本对创业能力有正向预测作用。田硕和申晴（2015）通过实证方法检验了大学生心理资本对于创业能力有正向预测作用。Hasan等（2019）通过解释性研究发现心理资本可以显著影响大学生创业能力。在数字创业情境下，创业者仍需通过心理资本来提升个体的数字创业能力。本书认为，心理资本可以帮助数字创业者在不断变化的环境中提升动态能力与战略能力。基于此，本书提出以下假设：

H2：数字创业心理资本对于数字创业能力有着显著正向影响。

H2a：数字创业心理资本对数字创业动态能力有着显著正向影响。

H2b：数字创业心理资本对数字创业战略能力有着显著正向影响。

（2）数字创业能力与创业绩效

创业能力能够有效预测创业的成败（Schelfhout，2016），并有助于提升创业绩效（李翔龙和王庆金，2020）。杨峰（2020）认为创业能力在创业者整个创业活动中处在核心地位，与创业绩效有着密不可分的关系。蔡莉和汤淑琴等（2014）、杨艳和胡蓓（2012）、谢雅萍和黄美娇（2016）、康健和胡祖光（2017）、张成甦（2020）等学者均通过实证研究发现创业能力对企业绩效有促进作用。刘晓敏（2017）从机会能力视角以实证研究方法证实了创业能力对于创业绩效有显著正向影响。葛宏翔和梁微（2020）通过实证研究发现创业机会感知能力可以显著影响创业绩效。薛影和路正南（2021）通过实证研究发现创业者网络能力可以显著影响创业绩效。Barney和Clark（2007）认为创业能力在资源构建竞争优势中起到关键作用。

在数字创业中，创业能力能够反映出创业者精准识别创业机会、制订与执行创业计划的水平，这对于创业绩效将会有显著影响。本书将数字创业能力划分为数字创业动态能力与数字创业战略能力。动态能力有助于提高财务绩效和创新绩效（Zott，2003；Helfat，1997），Wu（2007）指出动态能力可以最大化利用创业资源，进而提升新创企业绩效。郭卫东和侯俊霞（2021）通过实证研究发现动态能力对于新创企业的成长绩效有显著正向影响。陈哲和李晓静等（2021）通过实证研究发现动态能力对电商创业绩效有显著影响。蒋丽和蒋勤峰等（2013）通过实证研究发现，动态能力中的创新能力对于创业绩效有显著影响，而吸收整合能力仅对于初创企业有正向预测作用。在战略能力与绩效的有关研究中，张玲和崔毅（2015）、郝生宾和米加宁等（2019）通过实证研究发现创业战略能力对创业绩效有显著正向影响。由此，本书认为数字创业动态能力有助于创业者在不断变化的环境中得以生存，数字创业战略能力可以帮助创业者在数字机会与未来发展的相关事宜中更好地进行战略决策。综上所述，本书提出以下假设：

H3：数字创业能力对于创业绩效有显著正向影响。

H3a：数字创业动态能力对于创业绩效有显著正向影响。

H3b：数字创业战略能力对于创业绩效有显著正向影响。

（3）数字创业能力的中介作用

心理资本更像创业者自身的一种"潜在"能力，往往需要通过扩大其他"能力"来对外界环境作出应答，取得正向促进绩效。对于创业者而言，可以有效提升创业绩效的能力莫过于创业能力。从机会能力视角出发，牛骅（2015）通过实证研究发现创业机会能力在心理资本与创业绩效间起到了中介作用。靳娟和杜羽笛（2020）通过实证研究发现创业能力在创业心理资本与创业绩效间起到中介作用。综上所述，本书认为在数字创业情境下创业能力在心理资本与创业绩效间能够起到中介作用，并提出以下假设：

H4：数字创业能力在心理资本和创业绩效之间起到中介作用。

H4a：数字创业动态能力在心理资本和创业绩效之间起到中介作用。

H4b：数字创业战略能力在心理资本和创业绩效之间起到中介作用。

3.2.3 数字创业行为的中介作用

心理资本、创业行为和创业绩效的影响关系如图3-5所示。

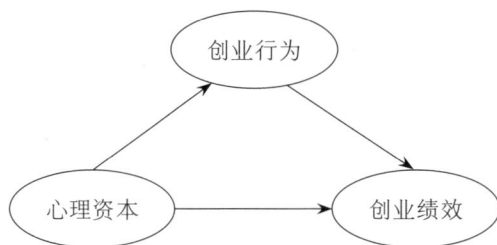

图3-5 心理资本、创业行为和创业绩效之间的影响关系

（1）心理资本与数字创业行为

心理资本对于创业者的行为和意向均会产生重大影响（Baluku等，2016）。从认知视角切入，创业认知学派关注在创业情境下引发的个人认知、决策和思维过程，探究其对创业行为的影响机理（杨俊等，2015）。Newman（2014）通过研究发现心理资本对于行为结果的产生尤为重要。Avey 等（2011b）认为心理资本有助于激励内部的代理行为，以便成功完成目标和任务，从而为具有更高水平心理资本的个体带来更好的绩效。Lima 等（2020）认为心理资本是研究创业行为的一个重要结构，个人可以发展创业行为来克服障碍和逆境，从而提高生产力和创业成功率。Luciano 等（2020）通过半结构化访谈研究发现心理资本是创业成功的基本因素，构成心理资本的希望和乐观是应对挑战的机制；自我效能感有助于制定战略和行动；韧性是受访的创业者强调的一种能力，是克服困难的关键因素。Cui（2021）通过实证研究发现心理资本作为高阶因子对于创业行为的影响要远高于自我效能感、乐观、韧性与希望 4 个子维度对于创业行为的影响。基于计划行为理论，心理资本作为一种综合的积极心理素质，其中自我效能感、希望、乐观、坚韧均直接影响创业者思维过程中的动机系统（张宏如和李祺俊等，2019），心理资本作为个体拥有的一种重要资源，对于诱发创业行为有重要作用。综上所述，本书认为在数字创业情境下心理资本对创业行为会产生积极影响并提出以下假设：

H5：数字创业心理资本对于数字行为有显著正向影响。

H5a：数字创业心理资本对于数字创业机会开发有显著正向影响。

H5b：数字创业心理资本对于数字创业资源获取有显著正向影响。

（2）数字创业行为与创业绩效

因为学者们研究创业行为的切入点不同，所以研究创业绩效的具体维度也有所不同。黄荣冬和朱义等（2007）通过研究发现研发和创新等创业行为对于企业营利有显著正向影响。张秀娥和孙中博（2013）通过实证研究发现创业者的思维逻辑直接影响创业行为和创业绩效，并且创业行为对于创业绩效有显著正向影响。周烁等（2020）基于幸福经济学视角发现创业行为可以显著提升创业者的整体幸福感，从而提高主观创业绩效水平。刘勤华和刘晓冰等（2020）对科技型企业进行研究后发现企业创业行为对于创业绩效会产生显著正向影响。

本书认为数字创业者的主要创业行为包括机会开发与资源获取。张红和葛宝山（2014）指出，机会开发是在潜在创业者需要作出相应决策后，才有可能将识别到的机会转化为切实可行的商业行为。王兆群和胡海青等（2019）认为，机会开发是"逻辑-行为-结果"中的关键一环。Gielnik 等（2012）提出，如果潜在创业者识别较多机会，而资源却具有有限性，额外消耗机会开发阶段的资源会不利于该阶段的活动展开。资源获取行为与机会开发行为相辅相成，缺一不可。张梦琪（2015）通过实证研究发现创业机会开发对于新企业成长绩效有显著正向影响。刘佳和李新春（2013）通过实证研究发现创业机会开发可以显著提升创业绩效。刘畅和窦玉芳等（2016）将创业资源获取划分为知识型资源获取与资产型资源获取两个维度，并通过实证研究发现二者均可以显著影响创业绩效中的生存绩效与创新绩效。本书认为数字创业过程中的机会开发与资源获取同样会提升创业绩效。综上所述，本书提出以下假设：

H6：数字创业行为对创业绩效有显著正向影响。

H6a：数字创业机会开发对创业绩效有显著正向影响。

H6b：数字创业资源获取对创业绩效有显著正向影响。

（3）数字创业行为的中介作用

心理资本对于个体行为的影响研究屡见不鲜。朱瑜等（2015）基于"领导-成员"视角，通过实证检验发现领导的心理资本水平显著影响员工的创新行为。王雁飞等（2017）通过实证研究发现员工心理资本水平可以显著影响其创新行为。韩翼和杨百寅（2011）通过实证研究发现真实型领导需通过心理资本影响员工的创新行为。但目前尚未有创业行为在心理资本与绩效间起到中介效应的有关研究。基于心理资本论和社会认知论可以发现，个体的主观意愿和心理状况在一定程度上可以影响个体动机。牛骅和李祚山（2014）通过实证研究发现心理资本可以显著影响大学生创业动机。根据计划行为理论，个体动机会影响个体行为，而个体行为能够影响个体绩效。本书认为，积极的心理资本会影响个体的积极行为从而提高绩效，并且心理资本可以通过机会开发行为与资源获取行为来提升创业绩效。综上所述，本书提出以下假设：

H7：数字创业行为在心理资本和创业绩效间起到中介作用。

H7a：数字创业机会开发在心理资本和创业绩效间起到中介作用。

H7b：数字创业资源获取在心理资本和创业绩效间起到中介作用。

3.2.4 数字创业能力与创业行为的链式中介作用

心理资本、创业能力、创业行为与创业绩效的影响关系如图 3-6 所示。

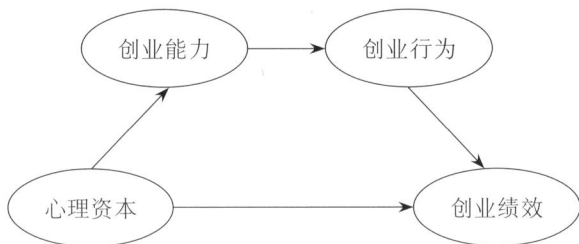

图 3-6 心理资本、创业能力、创业行为与创业绩效间的影响关系

创业能力是个体拥有的资源，个体的创业行为是由创业者的天赋驱动的（Thompson 等，1996）。尹志超（2015）认为个体的创业能力是影响创业决策与行为的重要因素之一。杨俊（2005）通过文献综述构建了"创业能力–创业行为–创业绩效"的研究框架，与能力理论中强调的"能力是蕴含在个体从事某项任务的行为之中，并且通过行为来影响绩效"的观点一致。刘勤华和刘晓冰等（2020）研究发现，科技型企业的创业行为在创业能力与创业绩效间起到中介作用。胡海青和张颖颖等（2019）基于"能力–行为–绩效"的逻辑思路，经实证检验发现进化创业行为在二元技术能力与创业绩效之间起到完全中介作用。吕途和林欢等（2021）发现团队可以通过"认知能力–行为–绩效"的理论范式来提升创业绩效。

Martin（2011）研究发现，通过重新配置资源，动态能力能够帮助企业把握市场机会。Zahra 等（2006）认为动态能力可以帮助创业者、创业团队或公司管理层以新方式有效把握机会。基于战略能力整合视角，战略能力是对创业行为的计划制订能力（项保华和马文良，2009）。Guo（2018）通过实证研究发现企业战略能力与机会开发显著正相关。本书认为，动态能力对于机会开发与资源获取均有正向影响。综上所述，本书提出以下假设：

H8：数字创业能力对数字创业行为具有显著正向影响。

H8a：数字创业动态能力对数字创业机会开发具有显著正向影响。

H8b：数字创业动态能力对数字创业资源获取具有显著正向影响。

H8c：数字创业战略能力对数字创业机会开发具有显著正向影响。

H8d：数字创业战略能力对数字创业资源获取具有显著正向影响。

H9：数字创业能力与数字创业行为在心理资本与创业绩效间起到链式中介作用。

H9a：数字创业动态能力和数字创业机会开发在心理资本与创业绩效间起到链式中介作用。

H9b：数字创业动态能力和数字创业资源获取在心理资本与创业绩效间起到链式中介作用。

H9c：数字创业战略能力和数字创业机会开发在心理资本与创业绩效间起到链式中介作用。

H9d：数字创业战略能力和数字创业资源获取在心理资本与创业绩效间起到链式中介作用。

3.2.5　环境动态性的调节作用

心理资本、创业能力、创业绩效与环境动态性间的影响关系如图3-7所示。

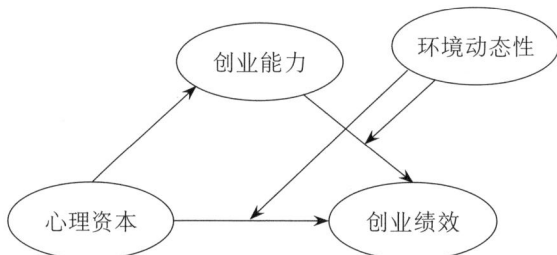

图 3-7　心理资本、创业能力、创业绩效与环境动态性间的影响关系

Hmieleski和Carr等（2015）通过实证研究发现拥有较高心理资本水平的创始CEO可以在动态环境中更好地领导公司。环境动态性在创业心理资本和企业绩效间起到调节作用。有实证研究表明，创业者处在动态环境中，创业心理资本的提升对于企业绩效有提升作用；创业者处在稳定的环境中，创业心理资本的提升反而会降低公司的绩效，说明成

就感、牢固的关系和心理资本在动态环境中更为重要。综上所述，本书
提出假设：

H10：环境动态性在数字创业心理资本与创业绩效间起到正向调节
作用。

资源和能力应如何与所处环境动态匹配是战略管理领域研究的核心
问题（焦豪和杨季枫等，2021）。周键（2017）通过实证研究发现环境
动态性在创业能力与企业成长绩效间有正向调节作用。Ahmad（2010）
认为在动态环境中创业能力与创业成功之间的关联性更强。Ngoasong
（2017）通过半结构式访谈发现环境变化对于数字创业者的创业能力产
生影响：环境恶劣将严重影响创业者开展数字创业，但当个体具备数字
创业能力时，可以有效克服由于资源匮乏带来的负面影响。刘井建
（2011）认为，环境动态性为创业带来的机会和威胁是并存的，动态能
力有助于识别和满足不断变化的客户需求，形成适时响应变化环境条件
的必要技能和资源能力，并且动态能力在高度动态市场中产生的效应更
好。焦豪（2008）通过实证研究发现环境动态性显著调节动态能力与创
业绩效间的关系。项国鹏和项乐毅（2013）通过实证研究发现环境动态
性对企业家战略能力、企业绩效存在调节效应，但对不同维度的企业家
战略能力和企业绩效的调节效应是不同的，为了在高度动态的环境中改
善企业绩效，企业家应该积极提高战略能力。基于此，本书提出以下
假设：

H11：环境动态性在数字创业能力与创业绩效间起到正向调节
作用。

H11a：环境动态性在数字创业动态能力与创业绩效间起到正向调
节作用。

H11b：环境动态性在数字创业战略能力与创业绩效间起到正向调
节作用。

3.2.6 假设汇总

为了将本书中的假设简洁明了呈现，对于以上提出的假设进行汇
总，见表3-1。

表3-1   数字创业心理资本对于创业绩效影响机制研究假设汇总

序号	假设	假设内容
1	H1	数字创业心理资本对于创业绩效具有显著正向影响
2	H2	数字创业心理资本对于数字创业能力有显著正向影响
3	H2a	数字创业心理资本对数字创业动态能力有显著正向影响
4	H2b	数字创业心理资本对数字创业战略能力有显著正向影响
5	H3	数字创业能力对于创业绩效有显著正向影响
6	H3a	数字创业能力对于创业绩效有显著正向影响
7	H3b	数字创业战略能力对于创业绩效有显著正向影响
8	H4	数字创业能力在心理资本和创业绩效之间起到中介作用
9	H4a	数字创业动态能力在心理资本和创业绩效之间起到中介作用
10	H4b	数字创业战略能力在心理资本和创业绩效之间起到中介作用
11	H5	数字创业心理资本对于数字行为有显著正向影响
12	H5a	数字创业心理资本对于数字行为有显著正向影响
13	H5b	数字创业心理资本对于数字创业资源获取有显著正向影响
14	H6	数字创业行为对创业绩效有显著正向影响
15	H6a	数字创业机会开发对创业绩效有显著正向影响
16	H6b	数字创业资源获取对创业绩效有显著正向影响
17	H7	数字创业行为在心理资本和创业绩效间起到中介作用
18	H7a	数字创业机会开发在心理资本和创业绩效间起到中介作用
19	H7b	数字创业资源获取在心理资本和创业绩效间起到中介作用
20	H8	数字创业能力对数字创业行为具有显著正向影响
21	H8a	数字创业动态能力对数字创业机会开发具有显著正向影响
22	H8b	数字创业动态能力对数字创业资源获取具有显著正向影响
23	H8c	数字创业战略能力对数字创业机会开发具有显著正向影响
24	H8d	数字创业战略能力对数字创业资源获取具有显著正向影响
25	H9	数字创业能力与数字创业行为在心理资本与创业绩效间起到链式中介作用
26	H9a	数字创业动态能力和数字创业机会开发在心理资本与创业绩效间起到链式中介作用

序号	假设	假设内容
27	H9b	数字创业动态能力和数字创业资源获取在心理资本与创业绩效间起到链式中介作用
28	H9c	数字创业战略能力和数字创业机会开发在心理资本与创业绩效间起到链式中介作用
29	H9d	数字创业战略能力和数字创业资源获取在心理资本与创业绩效间起到链式中介作用
30	H10	环境动态性在数字创业心理资本与创业绩效间起到正向调节作用
31	H11	环境动态性在数字创业能力与创业绩效间起到正向调节作用
32	H11a	环境动态性在数字创业动态能力与创业绩效间起到正向调节作用
33	H11b	环境动态性在数字创业战略能力与创业绩效间起到正向调节作用

3.3　理论模型的构建

在心理资本理论、动态能力理论、计划行为理论和社会认知论等理论基础上构建理论研究模型，如图3-8所示。

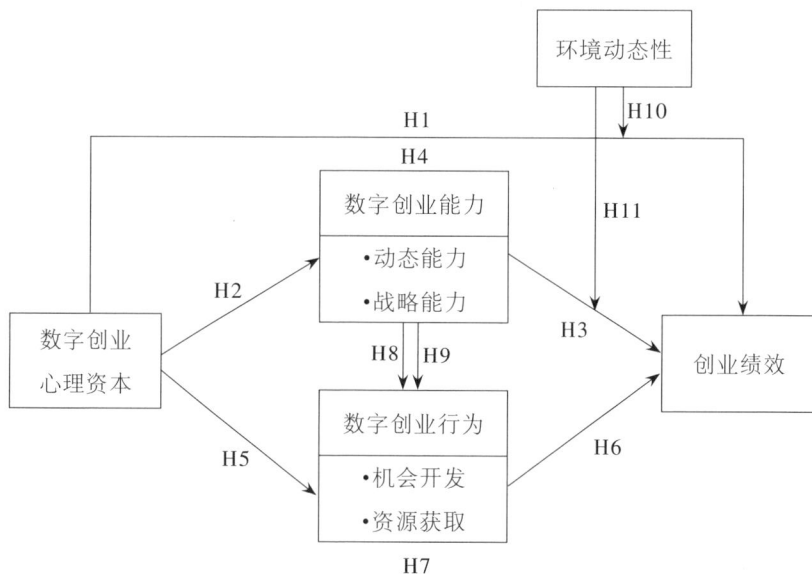

图3-8　数字创业心理资本-创业绩效作用机制理论模型

主要研究内容如下：

主要研究变量。模型中主要研究变量为数字创业情境下的数字创业心理资本、数字创业能力、数字创业行为、创业绩效与环境动态性。

直接效应。模型中因变量为创业绩效，数字创业心理资本为自变量，探究数字创业心理资本对于创业绩效的影响。

中介效应。中介效应的探究中包含两个部分：第一部分，数字创业能力与数字创业行为及其维度在数字创业心理资本与创业绩效间发挥的独立中介效应；第二部分，数字创业能力与数字创业行为及其维度发挥的链式中介效应。

调节效应。调节效应探究的是环境动态性在心理资本与创业绩效间、数字创业能力与创业绩效间的调节效应。

3.4 实证设计与方法

3.4.1 问卷设计

（1）确定问卷结构

设计的问卷包括指导语、人口统计问卷与正式问卷。指导语部分主要提示受试者存在反向题项，并希望其能够认真作答。同时，郑重承诺本次研究的结果仅用于学术研究并对结果严格保密，除研究者外他人不得查阅。在问卷中的信息采集后便将其销毁，从而打消受试者的顾虑，在一定程度上保证问卷的回收率和质量。人口统计问卷部分主要调查数字创业者的性别、年龄、学历和相关创业经验。正式问卷部分包含数字创业者心理资本量表、数字创业能力量表、数字创业行为量表、创业绩效量表以及环境动态性的测量量表。问卷所有题项均采用 Likert5 级量表，其中 1 表示"完全不符合"；5 表示"完全符合"。

（2）确定问卷中变量间的关系

根据提出的假设，自变量为数字创业心理资本；因变量为创业绩效；中介变量为数字创业能力与数字创业行为；调节变量为环境动态性；控制变量为数字创业者的性别、年龄、学历和相关创业经验。

（3）确定变量结构

将数字创业能力分为数字创业动态能力与数字创业战略能力；将数字创业行为划分为数字创业机会开发与数字创业资源获取。因为是对个体进行调查，考虑到客观绩效差异较大且难以测量，所以本书选择主观绩效这一单维度变量对创业绩效进行观测。环境动态性作为单维度变量也进行测量。

3.4.2 变量测量

（1）因变量的测量

创业绩效在企业层面的测量通常分为财务绩效、成长绩效、生存绩效或创新绩效等。学者们尝试通过创业者主观评价对个人绩效进行测量（Covin，1994；Cooper 和 Artz，1995；Kropp 和 Lindsay 等，2006；郭红东和丁高洁，2013）。本书结合相关测量量表中的题项对数字创业者的个体主观绩效进行测量（通过实证检验，这些量表均具有较好的信度和效度），具体测量题项见表3-2。

表3-2   创业绩效的测量题项

变量名称	编号	题项	来源
创业绩效（DEP）	EP1	个人收入比开展数字创业前有很大提高	郭红东和丁高洁（2013）、苏岚岚和彭艳玲等（2016）、王转弟和马红玉等（2020）
	EP2	生活质量比开展数字创业前有很大提高	
	EP3	开展数字创业会觉得自己很幸福	
	EP4	实现了数字创业前的设想目标	

（2）自变量的测量

数字创业心理资本的测量选择 Luthans 等（2007）编制的心理资本量表（PCQ-24），并根据程聪（2015）对于该量表的有关删减进行调整。详细测量题项见表3-3。

表3-3　　　　　　　　　　数字创业心理资本测量量表

高阶维度	低阶维度	编号	题项
数字创业心理资本（DEPC）	数字创业自我效能感	ES1	相信自己有分析长远问题的能力，并能找到解决方案
		ES2	在数字创业过程中，相信自己能够设定好目标
	数字创业希望	EH1	如果发现自己在数字创业中陷入了困境，能想出很多办法来解决
		EH2	能想出很多办法来实现目前的创业目标
	数字创业韧性	ER1	在数字创业中遇到挫折（网络暴力、恶意差评）时，很难从中恢复过来并继续前进
		ER2	通常对数字创业中的压力能泰然处之
	数字创业乐观	EO1	在数字创业中，当遇到不确定的事情时，通常期盼最好的结果
		EO2	在目前的创业中，事情从来没有按照希望的那样发展

资料来源：作者根据相关资料整理。

最终选择"在数字创业过程中，相信自己能够设定好目标""如果发现自己在数字创业中陷入了困境，能想出很多办法来解决""通常对数字创业中的压力能泰然处之"等8个题项作为测试题目，其中题项ER1和题项EO2为反向题项。

（3）中介变量的测量

①数字创业能力。

在数字创业者创业能力的测量方面，本书参考朱秀梅（2020）的研究，将数字创业能力划分为数字创业动态能力与数字创业战略能力。数字创业动态能力是指数字创业者随着变化的环境进行动态调整的能力（Autio等，2018）。有关数字创业能力领域的实证研究较少，本书参考Teece和Pisano（1994）、Teece（2007）、董保宝和葛宝山（2012）、马鸿佳和董保宝等（2014）针对动态能力的测量量表，并结合数字创业情境下创业者的动态能力进行适应性调整。调整后的数字创业动态能力量表共有6个题项，具体内容见表3-4。

表3-4 数字创业动态能力维度的测量

维度	编号	题项
数字创业动态能力（DDC）	DC1	能够敏锐察觉到未被满足的数字市场需求
	DC2	能从外部环境的变化中识别出有价值的数字商业机会
	DC3	能够快速进入目标市场
	DC4	拥有数字产品或服务的创新能力，如模仿创新等
	DC5	能在数字创业过程中持续学习相关的数字技术和知识
	DC6	能够经常与同行和利益相关方交流以获取有用信息

资料来源：作者根据相关资料整理。

Zahra和Nambisan（2012）指出，数字创业战略能力是指数字创业者可以根据当前情况进行战略目标制定和执行的能力。在数字创业战略能力维度的测量方面，本书参考相关量表，根据数字创业情境进行调整。调整后的数字创业战略能力量表见表3-5。

表3-5 数字创业战略能力维度的测量

维度	编号	题项
数字创业战略能力（DSC）	SC1	对于开展数字创业的未来有着清晰的愿景
	SC2	能为实现数字创业目标制订具体的战略计划，并准备备选方案
	SC3	对数字创业项目有信息分析、趋势判断、决策及调整等战略分析能力
	SC4	能根据形势变化调整数字创业战略

资料来源：作者根据相关资料整理。

②数字创业行为。

选取数字创业机会开发与数字创业资源获取两个维度对数字创业行为进行测量。其中，数字创业机会开发维度主要参考Gartner和Starr（1999）、张秀娥等（2014）和潘建林（2017）创建的量表；数字创业资源获取主要参考Brush（2008）、朱秀梅和李明芳（2011）、闫华飞和胡蓓（2014）创建的量表。数字创业行为测量量表见表3-6。

表3-6 数字创业行为测量量表

高阶维度	低阶维度	编号	题项
数字创业行为（DEB）	数字创业机会开发（DOE）	OE1	积极搜寻数字环境中的商业机会
		OE2	利用数字环境中的有效信息创造商业机会
		OE3	锁定商业机会后，积极推进创业
	数字创业资源获取（DRA）	RA1	积极创造条件以取得创业所需资源
		RA2	获取并掌握相关数字专业技术知识
		RA3	主动获取数字创业所需的资金、设备和场所等

资料来源：作者根据相关资料整理。

（4）调节变量的测量

基于Jansen和Bosch等（2006）开发的环境特性量表，并结合孙锐和李树文等（2018）、刘迪和孙剑等（2021）对于环境动态性的有关实证研究，主要从行业、顾客和竞争对手等方面的变化来测量环境动态性，用行业竞争激烈性、竞争对手的调整能力、顾客偏好的变化等来表示环境动态性。环境动态性构念的测量见表3-7。

表3-7 环境动态性构念的测量

维度	编号	题项	来源
环境动态性（ED）	ED1	数字创业的行业竞争非常激烈	Jansen和Bosch等，2006；孙锐和李树文等，2018；刘迪和孙剑等，2021
	ED2	行业中新的营销手段层出不穷	
	ED3	行业内提供的产品或服务淘汰率高	
	ED4	行业内顾客的消费偏好变化快	
	ED5	竞争对手的调整能力强	

资料来源：作者根据相关资料整理。

（5）控制变量的测量

控制变量是指除自变量外可以引起因变量改变的因素，若不排除这些因素的干扰将很难探究自变量与因变量之间的真正关系。本书选

择数字创业者性别、年龄、受教育程度和创业经验作为控制变量进行
测量。

3.4.3 数据分析方法

（1）描述性统计分析

描述性统计分析是指运用分类、图形以及计算概括性数据来描述数
据特征的各项活动。描述性统计分析要对调查总体所有变量的有关数据
进行统计性描述，主要包括数据的频数分析、数据的集中趋势分析、离
散程度分析等。数据的频数分析是在数据的预处理部分利用频数分析和
交叉频数分析检验异常值。

①数据的集中趋势分析用来反映数据的一般水平，常用的指标有平
均值、中位数、众数、极差、四分位数等。

平均值容易受极值的影响，数据集中出现极值时，得到的平均值结
果将会出现较大的偏差。

中位数是数据按照从小到大的顺序排列时，最中间的数据。当数据
个数为奇数时，中位数是最中间的数；如果有 N 个数，则中间数的位置
为（N+1）/2。中位数不受极值影响，因此对极值缺乏敏感性。

众数是数据中出现次数最多的数字，即频数最大的数字。众数可能
不止一个，不受极值影响。

极差等于最大值减去最小值，是描述数据分散程度的量。极差描述
了数据的范围，但无法描述其分布状态。

四分位数是指数据从小到大排列后分成 4 等份，处于 3 个分割点位
置的数值。四分位数分为上四分位数、下四分位数、中间的四分位数
（即中位数）。四分位数可以识别异常值。

②数据的离散程度分析主要是用来反映数据之间的差异程度，常用
的指标有方差和标准差。

方差是数据组中各数值与其均值离差平方的平均数。方差小，表示
数据集比较集中，波动性小；方差大，表示数据集比较分散，波动
性大。

标准差是方差的算术平方根，只能用于统一体系内的数据比较。

③数据的分布是指在统计分析中，通常要假设样本所属总体的分布属于正态分布。一般用峰度和偏度来检查样本数据是否符合正态分布。

峰度是描述正态分布曲线中峰顶尖哨程度的指标。峰度系数>0，则两侧极端数据较少，比正太分布更高更瘦，呈尖哨峰分布；峰度系数<0，则两侧极端数据较多，比正太分布更矮更胖，呈平阔峰分布。

偏度是以正态分布为标准描述数据对称性的指标。偏度系数=0，则分布对称；偏度系数>0，则频数分布的高峰向左偏移，长尾向右延伸，呈正偏态分布；偏度系数<0，则频数分布的高峰向右偏移，长尾向左延伸，呈负偏态分布。

本书采用 SPSS22.0 对受访的数字创业者的性别、年龄、学历以及是否具有数字创业经验等变量的频数、百分比、均值和标准差等指标进行描述性统计分析，以了解样本分布特点。

（2）信度与效度分析

信度是指测量工具反映出的实际情况的一致性或可靠性，即检验结果是否反映了被测者的稳定的、一贯性的真实特征。和信度相关的概念是效度，信度是效度的前提条件。信度只受随机误差的影响，随机误差越大，信度则会越低。

信度的评估方法有以下几种：

A.重测信度。

重测信度考察的误差来源是时间变化带来的随机影响。在评估重测信度时，必须注意重测间隔时间。对于人格测验，重测间隔在两周到 6 个月之间比较合适。在进行重测信度的评估时，还应注意重测信度一般只反映由随机因素导致的变化，而不反映被试行为的长久变化。

B.复本信度。

复本信度是以两个测验复本来测量同一群体，然后求得应试者在这两个测验上得分的相关系数。复本信度的高低反映了两个测验复本在内容上的等值程度。两个等值的测验互为复本。计算复本信度的主要目的在于考察两个测验复本的题目取样或内容取样是否等值。复本信度要考虑两个复本实施的时间间隔。

复本信度的主要优点有以下几方面：

第一，能够避免重测信度的一些问题，如记忆效果、练习效应等；

第二，适用于进行长期追踪研究或调查某些干涉变量对测验成绩的影响；

第三，减少了辅导或作弊的可能性。

复本信度的局限性有以下几方面：

第一，如果测量的行为易受练习的影响，则复本信度只能减少而不能消除这种影响；

第二，有些测验的性质会由于重复而发生改变；

第三，有些测验很难找到合适的复本。

C.内部一致性信度。

其主要反映的是测验内部题目之间的信度关系，考察测验的各个题目是否测量了相同的内容或特质。

内部一致性信度分为分半信度和同质性信度。

①分半信度。

分半信度将测验分成两半，计算两半测验之间的相关性从而获得信度系数。斯皮尔曼–布朗公式为校正分半信度的经验公式，其假设两半测验的变异数相等。

②同质性信度。

同质性信度是指测验内部的各题目在多大程度上考察了同一内容。同质性信度低时，即使各个测试题看起来是测量同一特质，但测验实际上是异质的，即测验测量了不止一种特质。计算同质性信度的公式包括库德–理查逊公式和 Cronbach's α 系数。

本书选用 Cronbach's α 系数来衡量信度。Cronbach's α 系数值越大，表示量表的内部一致性越高。α 值大于 0.7 表示信度良好，α 值介于 0.35 与 0.7 之间表示信度一般，α 值小于 0.35 表示信度较差。一般对研究结果中的 Alpha if item Deleted（项目删除后 α 值）、CITC 值以及 SMC 等指标进行判别。若删除某一题项后 α 值提高、CITC 值小于 0.5 或

SMC 小于 0.4 则说明该题项与其他题项之间内部一致性较差，可以删除。

效度可体现测量量表衡量事物时的正确性或有效性程度。测量结果与要考察的内容越吻合，则效度越高；反之，则效度越低。

效度主要分为内容效度、结构效度、收敛效度和区分效度等。

①内容效度。

内容效度通常采用专家咨询、小组座谈等方法以专业知识进行主观判断量表文字的有效性来进一步推断所选择量表能否正确衡量构念。内容效度与表面效度容易混淆。表面效度是由外行对测验进行表面检查确定的，不反映测验实际测量的东西；内容效度是由够资格的判断者（专家）详尽地、系统地对测验进行评价而建立的。

②结构效度。

结构效度反映了测验可以实际测量到的理论结构和特质的程度，即因子与题项之间的符合程度，通常采用探索性因子分析方法，即通过探索性因子分析对题项进行分析，如果输出结果显示题项与变量的对应关系基本与预期一致，说明结构效度良好。在收集好数据后，软件运行后会得出"变量"与"测量项"之间的对应关系情况，建立的模型也有"变量"与"测量项"之间的对应关系，如果二者基本吻合，说明模型与软件出来的结果基本一致，即结构上数据具有有效性，该模型具有结构效度。此种测量方式最为普遍，在实际研究中经常被使用。若结果为"变量"与"测量项"之间的对应关系和建立的模型不一致，则需要自行分析。一般情况下是删除对应关系出错的"测量项"，让余下的"测量项"与"变量"的对应关系与预期保持一致。本书在预调研中采用探索性因子分析来检验量表的结构效度是否良好。

③收敛效度。

收敛效度是指运用不同测量方法测定同一特征时测量结果的相似程度，即不同测量方式应在相同特征的测定中聚合在一起。其强调的是同一构念下题项的强关联性，验证各个指标是否反映了同一个构念。如果收敛效度差，表明各个指标反映的构念、内涵各不相同，得分反映的就不是单一的内涵。主要是用结构方程模型来做测量模型的验证性因子分析等。标准化因子载荷大于0.7，平均变量萃取量大于0.5，组合信度大于0.7，收敛效度良好。

④区分效度。

区分效度指在应用不同方法测量不同构念时，观测到的数值之间应该能够加以区分。其强调的是不同构念下的题项不在同一因子下。

计算区分效度有以下几种方法：

A.交叉载荷。

交叉载荷是指一个因子同时负载在几个潜变量上，也称为交叉负荷。交叉载荷的方法应用范围较广。较多学科以0.4为因子取舍的分界线。

B.Fornell-Larcker标准。

Fornell-Larcker标准的成立条件为构面的平均萃取变异量是否大于该构面与其他构面相关系数的平方。其内在逻辑为相较于其他构面，构面与其下辖的指标分享了更多的变异。平均萃取变异量本身是聚合效度的一种衡量标准。通常用平均萃取变异量根号值和变量间的相关系数进行比较，即某个变量平均萃取变异量根号值大于该变量与其他变量的相关系数时，说明变量之间具有良好的判别效度。

C.异质-单质比率。

异质-单质比率是特质间相关与特质内相关的比率。

其成立条件如下：比较保守的阈值为0.85，两构面间的区分效度指标（HTMT）的阈值不能大于0.85；当构面概念相近时，HTMT的阈值可放宽到0.90；所有构面组合中HTMT的Bootstrap置信区间不能包含1。

HTMT的评价方法有一定优势，但交叉载荷与Fornell-Larcker criterion仍然是主流。

（3）相关分析

相关分析可以反映各变量之间的相关性水平，并可以初步了解变量间的关系，通常用Pearson相关系数法来度量。相关系数ρ的取值范围为（-1，1），系数的正负值代表变量之间正向或负向关系以及相关关系的强度。当$|\rho|>0.8$时，代表变量之间高度相关；当$|\rho|$取值范围为（0.3，0.8）时，代表变量之间中等程度相关；当$|\rho|<0.3$时，代表变量间

弱相关。

相关系数 ρ 的计算方式有以下两种：

第一种，Pearson 相关系数，是指对定距连续变量的数据进行计算。

第二种，Spearman 和 Kendall 相关系数，是指当分类变量的数据或变量值的分布明显非正态或分布不明时，计算时先对离散数据进行排序或对定距变量值排秩。

实际上，对任何类型的变量，都可以使用相应的指标进行相关分析。

相关方法有以下几种：

第一种，对于有序变量，常用的有 Gamma 统计量，取值介于 1 到 −1 之间，取值为 0 时，代表完全不相关。其实，对于任何相关系数，越接近 0，代表越不相关；越接近 1，代表越相关。

在 SPSS 中，各种变量都被分到各个栏中，下面对应各种统计量，通过"描述统计"~"交叉表"："统计量"子对话框实现。

第二种，偏相关分析。研究两个变量之间的线性相关关系时，要控制可能对其产生影响的变量。如控制年龄和工作经验的影响，估计工资收入与受教育水平之间的相关关系。

第三种，距离分析。距离分析是对观测量之间或变量之间相似或不相似程度的一种测度，是一种广义的距离。分为观测量之间距离分析和变量之间距离分析。

等距数据的不相似性（距离）测度可以使用的统计量有欧氏距离平方等，二值数据的测度可使用欧氏距离、欧氏距离平方、尺寸差异、模式差异和方差等。

（4）结构方程模型

结构方程模型是一种建立、估计和检验因果关系及因子间关系的多元数据分析方法，通常在假设检验与验证性因子分析中应用。验证性因子分析能够检验问卷中各个题项与被测维度间的从属关系和模型拟合程度。

结构方程建模步骤如下：

第一步，模型表述。最直接的方法是用路径图来描述研究员感兴趣的模型。正方形或者长方形表示观察变量；圆或椭圆表示潜变量或因子，变量之间的关系用线条表示；单向箭头表示两变量之间具有效应关系，箭头所指的变量受另一个变量的影响；双向箭头表示变量之间具有关联，但不表示变量之间的效应。模型内变量决定的潜变量或因子为内生潜变量，用 η 表示；如果潜变量的原因在模型之外，称为外源潜变量，用 ξ 表示。外源潜变量的表示称为外源标识，内生潜变量的标识称为内生标识，用 δ 标识前者的测量误差项，用 ϵ 标识后者的测量误差项。β 和 γ 是路径系数。第一个下标数字代表内生因变量，第二个下标数字代表原因变量，可以是内生变量，也可以是外源变量。如果原因变量为外源变量，则路径系数用 γ 表示；如果原因变量为内生变量，则路径系数用 β 表示。ζ 表示结构方程的残差项。结构方程模型分析的重点是潜变量或因子而不是观察变量，其提供一种不受测量误差影响的手段来估计设定模型中潜变量间的结构关系。

第二步，模型识别。模型识别主要是检验设定模型的参数估计是否有唯一解。如果错误设定，模型可能不收敛或无解。结构方程模型识别的必要条件如下：数据点的数量不能少于自由参数的数量，自由度不能为负。数据点数是变量的方差/协方差矩阵的数量，等于（p+q）/（p+q+1）/2。自由参数的数量是模型要估计的参数数量，包括因子负载、路径系数、潜变量方差、协方差及误差项方差、协方差等。如果数据点数超过自由参数的数量，称模型为超识别模型；如果数据点数少于自由参数的数量，称模型为欠识别模型，欠识别模型无法估计模型参数；如果数据点等于自由参数的数量，称模型为恰识别模型。自由度为0的模型能够进行模型参数估计，但无法进行模型拟合优度检验。模型每个潜变量都必须设定一个测量尺度，其有两种方式：第一种是将一个观察标识的因子载荷固定为一个常数，通常为1；第二种是将潜变量的方差固定为1，即潜变量标准化。

第三步，模型估计。模型估计最常用的方法是最大似然估计。结构方程模型估计的是极小化样本方差/协方差与模型估计的方差/协方差之间的关系。用 $\sum$ 代表观察变量 y 和 x 的总体方差/协方差矩阵，结构方差模型估计的关键点是将矩阵 $\sum$ 表达为假定模型中自由参数 θ 的函数。基本假设如下：

$$\sum = \sum(\theta)$$

$\sum(\theta)$ 为模型估计的方差/协方差矩阵，也称模型隐含的方差/协方差矩阵，是假设模型的总体参数暗示的方差/协方差矩阵。模型估计或拟合的目的是找到一组模型参数 thetaθ，计算 $\sum(\theta)$，并使 $\sum - \sum(\theta)$ 最小化。

由于 $\sum$ 与 $\sum(\theta)$ 未知，因此实际上是最小化 $S - \sum(\hat{\theta})$ 或 $S - \hat{\sum}$。一般结构方程模型由 8 个参数矩阵的特定模式表示。观察方差/协方差矩阵用于估计参数矩阵中的自由参数值，使其能再生出 $\hat{\sum}$，并使 $\hat{\sum}$ 与 S 的差别最小化。模型估计过程中要用一种特殊拟合函数以尽可能减少 S 与 $\hat{\sum}$ 之间的差异，最常见的是似然函数：

$$F_{ML}(\hat{\theta}) = \ln|\hat{\Sigma}| - \ln|S| + tr(S\sum{}^{-1}) - (p+q)$$

F_{ML} 是对差异函数的测量，为最小差异函数。一个完美拟合的模型最小差异函数为 0。

结构方程模型估计以最大似然估计为基础。其要求如下：第一，ML 估计是无偏估计；第二，ML 估计具有一致性；第三，ML 具有渐近有效性；第四，ML 估计具有渐近正态性；第五，ML 函数不受限于变量的测量尺度。在多元正态和大样本假设下，ML 拟合函数 $F_{ML}(\hat{\theta})$ 乘以 n−1 接近卡方分布。ML 估计法适用于正态分布下的连续结局测量变量，在数据非正态分布的情况下，虽然 ML 参数估计值不易出现偏倚，但是参数估计值的标准误可能会出现偏倚。传统的补救措施如下：将变量的非正态分布转化为近似正态分布，去除数据中的异常值，使用自助法估计参数。

第四步，模型评估。模型评估需要评估模型是否拟合数据。模型拟合指数可以分为绝对拟合指数和增值拟合指数。绝对拟合指数是指直接评估设定模型与样本数据的拟合情况。绝对拟合指数包括模拟卡方统计、拟合优度指数、调整拟合优度指数、残差均方根、标化残差均方根、近似误差均方根。增值拟合指数是指比较设定模型与基准模型或独立模型，检测模型拟合相对基准模型而言改善的比例。增值拟合指数包括规范拟合指数、增值拟合指数、非规范指数、比较拟合指数。

模型拟合指数也可以划分为离中指数、简约调整拟合指数和信息标准指数。

离中指数是指通过传统检验法检验卡方和p值来了解模型拟合度，用于评估模型不拟合数据的程度。离中指数以离中参数为基础，可以估计为χ^2-df（如$\chi^2<df$，则$\chi^2-df=0$）。一个大样本、设定正确的模型，拟合指数和模型卡方值服从中心卡方分布，则NCP=0。

简约调整拟合指数是指通过惩罚复杂模型来调整拟合指数。模型越复杂，自由参数越多，拟合指数越低。

信息标准指数最常用的是Akaike信息标准和Bayesian信息标准。

第五步，模型修正。如果拟合不好，需要重新设定或修改模型，决定如何删除、增加或修改模型中的参数。一般使用修正指数诊断指标来修改模型设定。修正指数与模型的固定参数常联系在一起，一个固定参数的修正指数值相当于自由度df=1的模型卡方值。与修正指数有关的另一个指标为参数期望改变值，表示固定参数被允许自由估计时的参数改变量。

结构方程分析有以下优点：

①同时处理多个因变量。

结构方程分析可同时考虑并处理多个因变量。在回归分析或路径分析中，即使统计结果的图表中展示多个因变量，在计算回归系数或路径系数时仍是对每个因变量逐一计算。

②允许自变量和因变量含测量误差。

态度、行为等变量往往含有误差，不能简单地用单一指标测量。结构方程分析允许自变量和因变量均含有测量误差。

③同时估计因子结构和因子关系。

要了解潜变量之间的相关，一个常用的做法是先用因子计算潜变量

（即因子）与题目（即因子负荷）的得分，作为潜变量的观测值，然后再计算因子得分，作为潜变量之间的相关系数，这是两个独立的步骤。在结构方程中，这两步同时进行，即因子与题目之间的关系和因子与因子之间的关系同时考虑。

④允许更大弹性的测量模型。

传统方法只允许每个题目（指标）从属于单一因子，结构方程分析允许更加复杂的模型。

⑤估计整个模型的拟合程度。

在传统路径分析中只估计变量间关系的强弱。在结构方程分析中，除了上述参数的估计外，还可以计算不同模型对同一个样本数据的整体拟合程度，从而判断哪个模型更接近数据呈现的关系。

本书通过构建结构方程模型进行因子分析与假设检验，以确保量表有效性和可靠性，从而判断研究中提出的假设是否成立。

（5）Bootstrap方法

Bootstrap是一种放回式抽样统计方法（Preacher等，2007），对样本进行多次放回后重新抽样，利用样本均值分布来计算置信区间（置信度通常为95%）。其基本思想是将原样本当成"总体"，对原样本进行有放回的重复抽样，抽取大量新的子样本并利用子样本计算感兴趣的统计量及构筑置信区间。Mackinnon等（2004）指出，Bootstrap方法能够更精确地计算出效应值与置信区间。在中介效应、链式中介效应、调节效应以及条件过程模型的检验中，均可以采用这一方法对模型和假设进行验证。Bootstrap方法包含非参数Bootstrap方法、参数Bootstrap方法。

非参数Bootstrap方法的前提是总体分布未知，自原始样本中取多个Bootstrap样本，利用这些样本对总体进行统计推断。其包含估计量标准误差的Bootstrap估计、Bootstrap置信区间等。

参数Bootstrap方法的前提是总体分布已知，自原始样本中取多个Bootstrap样本，利用这些样本对总体分布的参数进行统计推断。其包含估计量的参数估计等。本书采用Bootstrap方法进行检验。

3.5 预调研

3.5.1 预调研准备阶段与数据收集

预调研是做调查前的准备工作。调查是为了了解情况而进行考察。通常，预调研是用来检验问卷的效度而做的小样本调查。

问卷调查是通过编制详细周密的问卷，要求被调查者据此进行回答以收集资料。问卷是一组与研究目标有关的问题，或者说是一份为进行调查而编制的问题表格，是人们在社会调查研究活动中用来收集资料的一种常用工具。调研人员借助这一工具对社会活动过程进行准确、具体的测定，并应用社会学统计方法进行量的描述和分析，获取需要的调查资料。

为了确保问卷的质量，在正式调研前，本书采用预调研的形式进行小规模调研。在预调研前的准备阶段，先将问卷交给本研究领域的两位教授和一位副教授进行审阅与沟通交流，对于问卷的数字创业能力部分与数字创业行为部分的问卷题项进行详细修订，使问卷中的题项能更好地区分能力与行为之间语义上的差异。然后邀请三位博士生和一位数字创业者进行试答，对问卷中会产生歧义的词语和表达方式不通俗易懂的部分进行修正。在确认问卷无误后，开展小规模预调研，以提高问卷的准确性与可靠性。

2020年11月至2021年1月进行了本次预调研，共发放180份问卷，其中84份线上调研问卷投向哔哩哔哩平台数字创业者；150份问卷委托专业咨询公司寻找符合条件的数字创业者群体进行调研。排除填写有缺失值、全部填写一个选项和明显前后填写产生逻辑矛盾的低质量问卷，最终回收到的有效问卷为58份与78份，共计136份。由表3-8可以看出，预调研中的数字创业者男女占比相差较小；被调研的数字创业者年龄集中在25~35岁；被调研的数字创业者学历主要为大专或本科；被调研的数字创业者数字创业经验均在1年以上。

表3-8　　　　　　　预调研样本结构描述性分析（N=136）

属性	类别	频数	比例（%）
性别	男	71	52.21
	女	65	47.79
年龄	25岁以下	0	0
	25~35岁	61	44.85
	35~45岁	35	25.74
	45岁以上	40	29.41
学历	中专以下	11	8.09
	高中或中专	21	15.44
	大专或本科	85	62.50
	硕士及以上	19	13.97
创业年限	1年以下	0	0
	1~2年	54	39.71
	2~4年	49	36.03
	4年以上	33	24.26

3.5.2　预调研数据处理与问卷修正

（1）信度检验

信度检验是对量表整体内部一致性的检验，检查问卷中题项的稳定性。本书的信度检验采用内部一致性可信度方法。该方法通常用到Cronbach's α系数和CITC系数进行题项的清理和量表的净化（曾五一和黄炳艺，2005；徐泽磊，2021）。当变量的整体Cronbach's α值大于0.7、CITC值大于0.5并且SMC值大于0.4时认为量表整体信度良好。使用SPSS21.0对预调研问卷数据的信度进行可靠性分析处理。处理后的数据见表3-9至表3-13。

表3-9　　预调研数字创业心理资本量表描述性统计与信度分析

构念	题项	AVG	SD	CITC	SMC	Alpha if item Deleted	Cronbach's α
DEPC	ES1	3.91	1.145	0.786	0.634	0.920	
	ES2	4.00	1.018	0.699	0.520	0.926	
	EH1	3.93	1.162	0.748	0.561	0.923	
	EH2	3.97	1.081	0.772	0.613	0.921	0.931
	ER1	3.93	1.148	0.816	0.672	0.918	
	ER2	3.97	1.128	0.773	0.618	0.921	
	EO1	3.90	1.104	0.731	0.557	0.924	
	EO2	4.02	1.151	0.764	0.590	0.922	

表3-10　　预调研数字创业能力量表描述性统计与信度分析

构念	子维度	题项	AVG	SD	CITC	SMC	Alpha if item Deleted	Cronbach's α
DEC	DDC	DC1	3.92	1.205	0.795	0.613	0.900	
		DC2	3.99	1.271	0.770	0.600	0.899	
		DC3	3.99	1.119	0.768	0.604	0.899	0.915
		DC4	3.91	1.099	0.789	0.642	0.896	
		DC5	3.99	1.092	0.742	0.569	0.903	
		DC6	3.90	1.173	0.743	0.574	0.902	
	DSC	SC1	3.89	1.146	0.750	0.565	0.827	
		SC2	3.98	1.092	0.735	0.540	0.834	0.872
		SC3	3.90	1.182	0.715	0.521	0.841	
		SC4	4.01	1.223	0.711	0.512	0.844	

表3-11　　　预调研数字创业行为量表描述性统计与信度分析

构念	子维度	题项	AVG	SD	CITC	SMC	Alpha if item Deleted	Cronbach's α
DEB	DOE	OE1	3.85	1.186	0.693	0.480	0.719	
		OE2	3.82	1.198	0.657	0.426	0.756	0.815
		OE3	3.81	1.183	0.650	0.425	0.763	
	DRA	RA1	3.99	1.211	0.699	0.490	0.818	
		RA2	3.98	1.183	0.726	0.535	0.791	0.853
		RA3	3.95	1.137	0.746	0.559	0.773	

表3-12　　　预调研创业绩效量表描述性统计与信度分析

构念	题项	AVG	SD	CITC	SMC	Alpha if item Deleted	Cronbach's α
DEP	EP1	3.85	1.202	0.778	0.620	0.858	
	EP2	3.92	1.187	0.813	0.666	0.845	0.893
	EP3	3.86	1.230	0.746	0.559	0.870	
	EP4	3.87	1.210	0.723	0.527	0.878	

表3-13　　　预调研环境动态性量表描述性统计与信度分析

构念	题项	AVG	SD	CITC	SMC	Alpha if item Deleted	Cronbach's α
ED	ED1	3.81	1.196	0.709	0.559	0.719	
	ED2	3.84	1.130	0.686	0.521	0.729	
	ED3	3.93	1.173	0.734	0.586	0.711	0.800
	ED4	3.90	1.074	0.689	0.540	0.730	
	ED5	3.90	1.175	0.172	0.033	0.880	

　　表3-9和表3-10中的Cronbach's α值达到了0.9以上；表3-11、表3-12和表3-13中的Cronbach's α值达到了0.8以上。由表3-9至表3-12可知，CITC值均大于0.5，SMC值都大于0.4，说明对应的各量表信度

良好。

数字创业心理资本、数字创业能力、数字创业行为和创业绩效的量表 Cronbach's α 值均大于 0.8，说明量表的信度良好，并且 CITC 值均大于 0.5，SMC 值都不小于 0.4，所以无需删减题项。环境动态性量表信度为 0.800，其中题项 ED5 的 CITC 值为 0.172 小于 0.4，并且 SMC 值为 0.033 小于 0.4，删除后 Cronbach's α 系数会提升至 0.880。由此说明，数字创业者之间对于竞争对手的调整能力情况并不了解，导致"竞争对手的调整能力强"题项在数字创业情境中不能很好地测量环境动态性。将题项 ED5 删除，修改后的描述性统计与信度分析见表 3-14。

表3-14　预调研环境动态性量表修改后的描述性统计与信度分析

构念	题项	AVG	SD	CITC	SMC	Alpha if item Deleted	Cronbach's α
ED	ED1	3.81	1.196	0.747	0.559	0.844	0.880
	ED2	3.84	1.130	0.721	0.521	0.853	
	ED3	3.93	1.173	0.763	0.586	0.837	
	ED4	3.90	1.074	0.733	0.540	0.850	

（2）效度检验

虽然本书的量表均沿用成熟量表，但也存在一定的局限性。其中一点为设计者在设计量表时的时代与文化背景与现在有所不同。数字创业为近些年兴起的创业模式，数字创业者较传统创业者在思维与行为模式方面均有所不同，在使用量表时需要考虑量表的适用性问题。本书在数字时代背景下对创业者的心理、能力与行为进行度量，为了更好地确认量表中每个变量的维度，以提高量表的客观性与准确性，在信度检验后选择探索性因子分析（EFA）来检验量表的结构效度。

在进行 EFA 检验前，需要将收集到的样本数据进行 KMO（取样适切性）检验与 Barlett 球形度检验，符合条件才可以确定量表是否适合进行因子分析。其中，KMO 值大于 0.9 为十分适合进行因子分析。一般情况下，KMO 检验值至少大于 0.7 方可进行因子分析，若小于 0.5 则不适合进行因子分析（Steiger，1990）。Barlett 球形度检验则需要拒绝原假设，即其检验值较大且其对应的相伴概率值小于指定的显著水平。本书采用 SPSS21.0 对样本进行KMO检验与Barlett球形度检验，所得结果见表3-15。其中，KMO检验值为0.919，并且Barlett球形度检验值显著，量表十分适合进行EFA分析。

表3-15　　　　　　　　KMO检验与Barlett球形度检验

取样足够的KMO检验		0.919
Bartlett 球形度检验	近似卡方	5 185.017
	df	496
	Sig.	0.000

利用SPSS21.0继续对样本数据进行因子分析，因子抽取基于特征值大于1的主成分分析方法，并选取最大方差法进行因子旋转。得到累计解释方差为73.673%，不低于60%。问卷修正后探索性因子分析结果见表3-16。

表3-16　　　　　　　　问卷修正后探索性因子分析结果

构念	题项	成分							累计解释方差（%）	Cronbach's α
		1	2	3	4	5	6	7		
DEPC	ES1	0.768								
	ES2	0.724								
	EH1	0.819								
	EH2	0.832							17.144	0.931
	ER1	0.811								
	ER2	0.810								
	EO1	0.726								
	EO2	0.761								
DDC	DC1		0.770							
	DC2		0.795							
	DC3		0.801						31.137	0.915
	DC4		0.808							
	DC5		0.759							
	DC6		0.792							

续表

构念	题项	成分							累计解释方差（%）	Cronbach's α
		1	2	3	4	5	6	7		
DEP	EP1			0.847						
	EP2			0.859					40.942	0.893
	EP3			0.839						
	EP4			0.813						
ED	ED1				0.829					
	ED2				0.795				50.379	0.880
	ED3				0.834					
	ED4				0.840					
DSC	SC1					0.782				
	SC2					0.819			59.032	0.872
	SC3					0.687				
	SC4					0.752				
DRA	RA1						0.798			
	RA2						0.868		66.551	0.853
	RA3						0.864			
DOE	OE1							0.792		
	OE2							0.806	73.673	0.815
	OE3							0.811		

注：成分因子载荷略去绝对值小于0.5的常数项。

经SPSS21.0因子分析运算，共提取出7个因子：DEPC、DDC、DEP、ED、DSC、DRA和DOE。

由表3-16可以看出，解释方差比例最高的因子为数字创业心理资本，达到17.144%。每个因子的方差贡献率均小于40%，说明本量表不存在共同方法偏差情况（Podsakoff，2003）。因子的解释方差为17.144%到7.122%，说明单个因子对于整体具有较好的解释力。提取到的因子的每个题项载荷量大于0.5、每个因子测量题项的平均载荷量不低于0.6并且因子间的交叉载荷量小于0.4时，题项可保留。由表3-16可以看出每个因子载荷均大于0.5，并且每个因子内的题项载荷量均在0.6~0.9之间，并且无超过0.4的交叉载荷，说明修正后的量表结构效度良好。

本书确定的正式量表有5个变量32个测量题项。正式量表测量题项见表3-17。

表3-17　　　　　　　　　　　正式量表测量题项

变量	编码	题项
数字创业心理资本（DEPC）	ES1	你相信自己有分析长远的问题的能力，并能找到解决方案
	ES2	在数字创业的过程中，你相信自己能够设定好目标
	EH1	如果发现自己在数字创业中陷入了困境，你能想出很多办法摆脱出来
	EH2	你能想出很多办法来实现目前的创业目标
	ER1	在数字创业中遇到挫折（网络暴力、恶意差评、违规操作或行政处罚等）时，你很难从中恢复过来，并继续前进
	ER2	你通常对于在数字创业中的压力能泰然处之
	EO1	在数字创业中，当遇到不确定的事情时，你通常期盼最好的结果
	EO2	在目前的创业中，事情从来没有像你希望的那样发展
数字创业动态能力（DDC）	DC1	你能够敏锐察觉到未被满足的数字市场需求
	DC2	你能在外部环境变化中甄别到有价值的数字商业机会
	DC3	你能够快速进入目标市场
	DC4	你有数字产品或服务的创新能力，如模仿创新等
	DC5	你能在数字创业过程中持续学习相关的数字技术和知识
	DC6	你经常通过与同行和利益相关方交流以获取有用信息
	SC1	你对自己投身于数字创业的未来发展有着清晰愿景
	SC2	你能为实现数字创业目标制订具体计划，并准备备选方案
	SC3	你能对数字创业项目进行信息分析、趋势判断和决策分析
	SC4	你能根据形势变化调整数字创业战略

续表

变量	编码	题项
数字创业行为（DEB）	OE1	你会积极搜寻数字环境中的商业机会
	OE2	你会利用数字环境中的信息创造商业机会
	OE3	锁定商业机会后，你会积极推进创业
	RA1	你会积极创造条件以取得创业所需资源
	RA2	你会获取并掌握相关数字专业技术知识
	RA3	你会主动获取数字创业所需的资金、设备和场所等
创业绩效（DEP）	EP1	你的个人收入比开展数字创业前有很大提高
	EP2	你的生活质量比开展数字创业前有很大提高
	EP3	开展数字创业会让你觉得自己很幸福
	EP4	你实现了数字创业前的设想目标
环境动态性（ED）	ED1	数字创业的行业竞争非常激烈
	ED2	行业中新的营销手段层出不穷
	ED3	行业内提供的产品或服务淘汰率高
	ED4	行业内的顾客消费偏好变化快

3.6　本章小结

本章对数字创业能力、数字创业行为、创业绩效和环境动态性进行文献梳理、概念界定和维度的划分与测量，构建理论模型并进行实证研究。在预调研中检验了问卷的信效度，并修订了正式调研问卷。

第4章　数字创业心理资本对创业绩效作用机制的实证分析

4.1　数据收集

　　结合对广义数字创业者概念的界定，本书选择小红书内容平台、抖音短视频平台和哔哩哔哩长视频平台的数字创业者作为研究对象，分别于线上投放调查问卷110份、35份和25份；采用线上与线下结合的方式向长春创业孵化基地中的数字创业者投放问卷125份，向沈阳市创业产业园中的数字创业者投放问卷160份。调研时间为2021年3月至2021年9月，共发放问卷455份，删除前后所选全部一致和反向题项作答逻辑明显不一致的问卷，最终回收有效样本310份。

　　问卷来源见表4-1。

表4-1   问卷来源（N=310）

省份	频数	比例（%）
辽宁省	95	30.6
吉林省	77	24.8
其他	138	44.6

根据回收样本分别对被调查者的性别、年龄、学历、创业年限等方面的基本情况进行描述分析，见表4-2。在性别方面，男性占总人数的58.7%，较女性多17.4%；在年龄方面，年龄主要集中在25~35岁间，45岁以下的人群占比为92.3%，青年数字创业者居多；在学历方面，大专或本科学历人数占比为80.6%，大专及以上学历数字创业者居多；在创业年限方面，数字创业在1~2年的人群占比最高，为49.7%；其次为已经进行数字创业2~4年的人群，为28.7%。

表4-2   被调查者基本信息描述性分析（N=310）

属性	类别	频数	比例（%）
性别	男	182	58.7
	女	128	41.3
年龄	25岁以下	63	20.3
	25~35岁	148	47.7
	35~45岁	75	24.2
	45岁以上	24	7.7
学历	中专以下	11	3.5
	高中或中专	7	2.3
	大专或本科	250	80.6
	硕士及以上	42	13.5
数字创业年限	1年以下	23	7.4
	1~2年	154	49.7
	2~4年	89	28.7
	4年以上	44	14.2

4.2 数据分析

4.2.1 样本的描述性统计

从表4-3可知，各题项均值在3.41~3.99之间，可见其分布比较均衡，各题项标准差在1.017~1.267之间，说明样本数据的离散度小。Joanes等（1998）指出，当样本数据偏度绝对值小于3，峰度绝对值小于8的时候，观测变量基本符合正态分布。

表4-3　　　　　　　　各题项描述分析

题项	个案数	最小值	最大值	均值	标准差	偏度	峰度
ES1	310	1	5	3.76	1.070	−0.859	0.223
ES2	310	1	5	3.56	1.267	−0.463	−0.875
EH1	310	1	5	3.52	1.235	−0.431	−0.826
EH2	310	1	5	3.65	1.180	−0.557	−0.583
ER1	310	1	5	3.59	1.235	−0.479	−0.770
ER2	310	1	5	3.58	1.168	−0.460	−0.553
EO1	310	1	5	3.74	1.161	−0.558	−0.560
EO2	310	1	5	3.75	1.225	−0.650	−0.631
DC1	310	1	5	3.93	1.017	−1.109	0.929
DC2	310	1	5	3.84	1.138	−0.675	−0.444
DC3	310	1	5	3.72	1.183	−0.609	−0.466
DC4	310	1	5	3.74	1.147	−0.583	−0.475
DC5	310	1	5	3.65	1.204	−0.575	−0.640
DC6	310	1	5	3.69	1.234	−0.644	−0.560
SC1	310	1	5	3.48	1.219	−0.399	−0.738
SC2	310	1	5	3.54	1.232	−0.432	−0.754
SC3	310	1	5	3.59	1.245	−0.403	−0.907
SC4	310	1	5	3.54	1.258	−0.463	−0.809
OE1	310	1	5	3.85	1.121	−0.966	0.294
OE2	310	1	5	3.66	1.232	−0.551	−0.763
OE3	310	1	5	3.82	1.170	−0.870	−0.031
RA1	310	1	5	3.41	1.216	−0.290	−0.844
RA2	310	1	5	3.55	1.232	−0.489	−0.702

续表

题项	个案数	最小值	最大值	均值	标准差	偏度	峰度
RA3	310	1	5	3.52	1.214	−0.404	−0.742
EP1	310	1	5	3.99	1.061	−1.099	0.596
EP2	310	1	5	3.84	1.149	−0.750	−0.268
EP3	310	1	5	3.7	1.154	−0.519	−0.579
EP4	310	1	5	3.95	1.083	−0.981	0.418
ED1	310	1	5	3.69	1.074	−0.722	−0.090
ED2	310	1	5	3.75	1.130	−0.473	−0.779
ED3	310	1	5	3.77	1.107	−0.646	−0.358
ED4	310	1	5	3.74	1.150	−0.704	−0.297

从以上统计结果看，所有题项偏度的绝对值均小于3，峰度绝对值均小于8，因此可以认为大样本数据的形态近似正态分布，满足本书研究假设对分析数据的基本要求。

4.2.2 信度分析

本章依旧采用Cronbach's α信度系数检验调查问卷中研究变量在各个测量题项上的一致性。Devellis（1991）指出，变量要有良好的信度Cronbach's α系数应大于0.7。由表4-4可知，各维度Cronbach's α系数均大于0.7，表明变量具有良好的内部一致性信度。CITC值均大于0.5；除SC2、RA2、RA3、ED2和ED3的SMC值略小于0.4外，其余题项SMC值均大于0.4，表明测量题项基本符合研究要求。从Alpha if item Deleted值来看，删除任意一题均不会引起Cronbach's α值增加，表明变量具有良好的信度。

表4-4　　　　　正式调研量表信度分析

维度	题项	CITC	SMC	Alpha if item Deleted	Cronbach's α
DEPC	ES1	0.842	0.719	0.876	0.901
	ES2	0.661	0.468	0.891	
	EH1	0.636	0.449	0.893	
	EH2	0.638	0.437	0.892	
	ER1	0.644	0.444	0.892	
	ER2	0.680	0.474	0.889	
	EO1	0.657	0.460	0.891	
	EO2	0.764	0.609	0.881	

维度	题项	CITC	SMC	Alpha if item Deleted	Cronbach's α
DDC	DC1	0.855	0.732	0.822	0.872
	DC2	0.605	0.406	0.861	
	DC3	0.652	0.476	0.853	
	DC4	0.634	0.454	0.856	
	DC5	0.652	0.461	0.854	
	DC6	0.666	0.470	0.851	
DSC	SC1	0.740	0.556	0.767	0.840
	SC2	0.627	0.394	0.816	
	SC3	0.668	0.468	0.799	
	SC4	0.656	0.444	0.804	
DOE	OE1	0.722	0.521	0.710	0.821
	OE2	0.654	0.439	0.778	
	OE3	0.655	0.442	0.774	
DRA	RA1	0.633	0.401	0.701	0.786
	RA2	0.619	0.383	0.717	
	RA3	0.623	0.389	0.712	
DEP	EP1	0.816	0.669	0.779	0.861
	EP2	0.672	0.481	0.837	
	EP3	0.637	0.440	0.852	
	EP4	0.713	0.540	0.82	
ED	ED1	0.715	0.518	0.741	0.820
	ED2	0.603	0.364	0.792	
	ED3	0.605	0.379	0.790	
	ED4	0.650	0.445	0.770	

4.2.3 效度分析

在预调研中结构效度已经采用 EFA 进行了检验，确保了模型的合理性，为了确保内容效度，采用向专家咨询以及小组座谈等方法进一步推断所选择量表能否正确衡量构念。在正式调研中运用 Amos26.0 软件构建验证性因子分析结构方程模型（如图 4-1 所示），运用 CFA 方法再次检验结构效度和收敛效度。

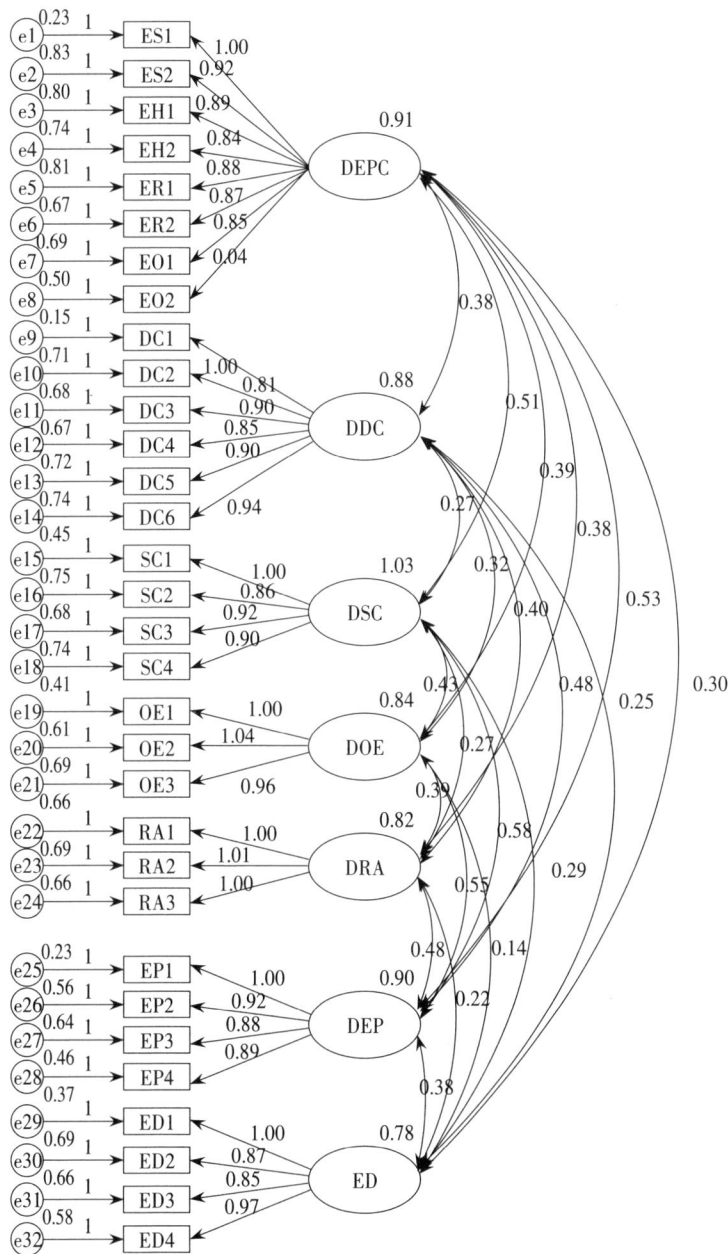

图4-1　CFA验证因子结构方程模型

执行CFA分析后，得到表4-5。由表4-5可知，CMIN/DF统计值为
1.188，在标准范围内；AGFI统计值为0.890大于0.8，在可接受范围之
内；GFI、NFI、IFI、TLI和CFI的统计值均达到0.9以上的
标准；RMR的统计值为0.059，小于0.08，在标准范围内；RMSEA的统
计值为0.025，小于0.08，在标准范围内。各拟合指标均符合研究标准，
该模型结构效度良好。

表4-5 验证性因子模型拟合度

模型拟合指标	最优标准值	统计值	拟合情况
CMIN	—	526.122	—
DF	—	443	—
CMIN/DF	<3	1.188	良好
RMR	<0.08	0.059	良好
GFI	>0.8	0.908	良好
AGFI	>0.8	0.890	可接受
NFI	>0.9	0.902	良好
IFI	>0.9	0.983	良好
TLI	>0.9	0.981	良好
CFI	>0.9	0.983	良好
RMSEA	<0.08	0.025	良好

收敛效度需要通过验证性因子结构方程模型与AVE和组合信度
（CR）等指标共同检验。由表4-6可知，因子载荷均大于0.6、CR值均
大于0.7、AVE值均大于0.5，均为可接受标准。由此表明，各个变量具
有良好的收敛效度。

表4-6 验证性因子分析结果

变量	题项	因子载荷	CR	AVE
DEPC	ES1	0.894	0.904	0.543
	ES2	0.692		
	EH1	0.688		
	EH2	0.683		
	ER1	0.685		
	ER2	0.711		
	EO1	0.698		
	EO2	0.815		

续表

变量	题项	因子载荷	CR	AVE
DDC	DC1	0.926	0.88	0.553
	DC2	0.669		
	DC3	0.716		
	DC4	0.697		
	DC5	0.707		
	DC6	0.716		
DSC	SC1	0.833	0.842	0.573
	SC2	0.711		
	SC3	0.750		
	SC4	0.727		
DOE	OE1	0.818	0.825	0.611
	OE2	0.772		
	OE3	0.754		
DRA	RA1	0.744	0.786	0.55
	RA2	0.739		
	RA3	0.742		
DEP	EP1	0.894	0.869	0.625
	EP2	0.758		
	EP3	0.721		
	EP4	0.778		
ED	ED1	0.823	0.823	0.54
	ED2	0.680		
	ED3	0.679		
	ED4	0.747		

本书采用 AVE 法对区别效度进行评估，每个因素 AVE 开根号须大于各成对变数的相关系数，表示因素之间具有区别效度。由表 4-7 可知，各因素 AVE 开根号均大于标准化相关系数，具有区分效度。

表4-7　　　　　　　　　区别效度

	DEPC	DDC	DSC	DOE	DRA	ED	DEP
DEPC	**0.737**						
DDC	0.415**	**0.744**					
DSC	0.468**	0.257**	**0.757**				
DOE	0.383**	0.344**	0.395**	**0.782**			
DRA	0.361**	0.404**	0.236**	0.371**	**0.742**		
ED	0.322**	0.281**	0.289**	0.152**	0.228**	**0.735**	
DEP	0.542**	0.498**	0.540**	0.551**	0.472**	0.409**	**0.791**

注：**表示在1%的水平上显著，黑色加粗数值为AVE开平方根。

4.2.4　相关分析

本书通过相关系数值的大小来检验各变量间的关联强度和方向。通过表4-8可以看出，任意两个变量或维度之间的相关系数皆在5%或1%的水平上显著，说明本书提出的假设具有一定的合理性，可继续进行检验。

表4-8　　　　　　　　相关系数矩阵

	GEN	AGE	EDU	DEXP	DEPC	DDC	DSC	DOE	DRA	ED	EP
GEN	1										
AGE	0.033	1									
EDU	0.008	−0.038	1								
DEXP	0.059	0.070	0.061	1							
DEPC	−0.061	−0.086	0.207**	0.149**	1						
DDC	−0.031	−0.078	0.079	0.160**	0.415**	1					
DSC	−0.074	0.005	0.111	0.188**	0.468**	0.257**	1				
DOE	−0.051	−0.050	0.119*	0.027	0.383**	0.344**	0.395**	1			
DRA	−0.002	−0.041	0.144*	0.073	0.361**	0.404**	0.236**	0.371**	1		
ED	−0.008	0.043	0.074	0.052	0.322**	0.281**	0.289**	0.152**	0.228**	1	
EP	−0.047	−0.009	0.160**	0.128*	0.542**	0.498**	0.540**	0.551**	0.472**	0.409**	1

注：*代表P<0.05，**代表P<0.01。

4.2.5　共同方法偏差检验

共同方法偏差是由于同样的数据来源或评分者、同样的测量环境、项目语境以及项目本身特征造成的预测变量与效标变量之间人为的共变。这种人为的共变对结论有潜在的误导性，是一种系统误差。

在事前控制方面，本书在问卷前言中强调了答案不分对错、确保匿名并承诺仅用于学术研究，以降低共同方法偏差；在预调研阶段，通过EFA分析法将所有题项放入主成分分析中，通过因子旋转共得到7个特征值大于1的因子，KMO值为0.919，第一个因子解释了总方差的17.144%，未超过40%的标准线；在正式调研中，SPSS21.0运算后的结果显示，第一个主因子解释的变异量小于40%的临界标准。由此可见，本书不存在共同方法偏差。

4.3　假设检验

4.3.1　数字创业心理资本对创业绩效的作用检验

构建模型的核心任务是确定模型涉及的路径和潜变量。数字创业心理资本对创业绩效的直接影响路径如图4-2所示。

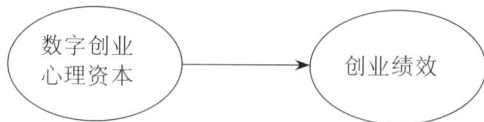

图4-2　数字创业心理资本对创业绩效的直接影响路径图

构建相应的结构方程模型（SEM模型），如图4-3所示。

数字创业心理资本对创业绩效的直接影响路径系数如图4-4所示。数字创业心理资本-创业绩效SEM模型拟合度检验结果见表4-9。从拟合度检验结果可以看出，各个拟合指标均达到了拟合标准，证明所检验的模型具有良好的拟合度。

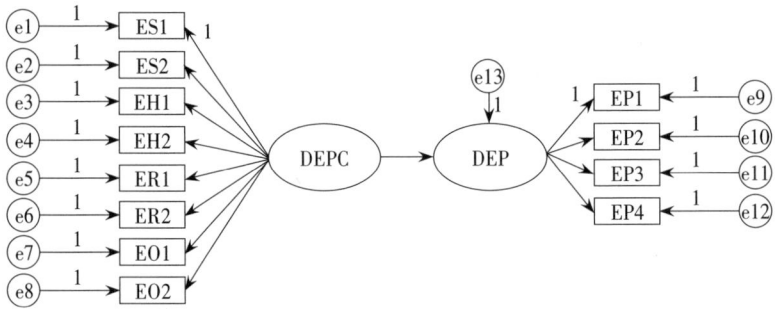

图4-3 数字创业心理资本对创业绩效的SEM模型

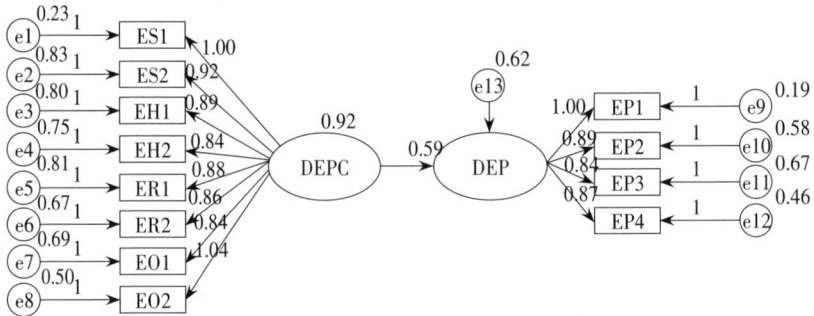

图4-4 数字创业心理资本对创业绩效的直接影响路径系数

表4-9 数字创业心理资本-创业绩效SEM模型拟合度检验结果

模型拟合指标	最优标准值	统计值	拟合情况
CMIN	—	68.915	—
DF	—	53	—
CMIN/DF	<3	1.30	良好
RMR	<0.08	0.048	良好
GFI	>0.8	0.965	良好
AGFI	>0.8	0.949	良好
NFI	>0.9	0.966	良好
IFI	>0.9	0.992	良好
TLI	>0.9	0.990	良好
CFI	>0.9	0.992	良好
RMSEA	<0.08	0.031	良好

注: CMIN/DF 为卡方/自由度；RMR 为残差均方和平方根；GFI 为拟合优度指数；AGFI 为调整后的拟合优度指数；NFI 为规范拟合指数；IFI 为增值适配指数；TLI 为非规范拟合指数；CFI 为比较拟合指数；RMSEA 为渐进残差均方和平方根。

为了看出各变量之间的影响程度，将模型的标准化路径系数进行显著性整理，结果见表4-10。由表4-10可以看出，数字创业心理资本对创业绩效（标准化系数=0.583，P<0.001）具有显著的正向影响，该结果说明假设H1成立。

表4-10　数字创业心理资本对创业绩效的直接影响路径系数显著性

路径			标准化系数	非标准化系数	S.E.	C.R.	P	假设
DEP	←	DEPC	0.583	0.588	0.057	10.296	***	成立

注：*表示 P<0.05；**表示 P<0.01；***表示 P<0.001。

4.3.2　数字创业能力的中介作用检验

以数字创业能力为中介变量的数字创业心理资本对创业绩效的影响路径如图4-5所示。数字创业能力由数字创业动态能力和数字创业战略能力构成，以下分别构建以数字创业动态能力和数字创业战略能力为中介变量的结构方程模型并进行检验。以数字创业动态能力为中介的SEM模型如图4-6所示，以数字创业动态能力为中介的影响路径系数如图4-7所示。

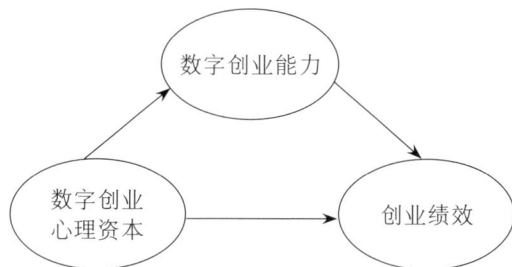

图4-5　以数字创业能力为中介变量的数字创业心理资本对创业绩效的影响路径图

（1）数字创业动态能力的中介作用检验

以数字创业动态能力为中介的SEM模型拟合度检验结果见表4-11。从检验结果可以看出，拟合指标均达到了拟合标准，证明所检验的模型具有良好的拟合度。

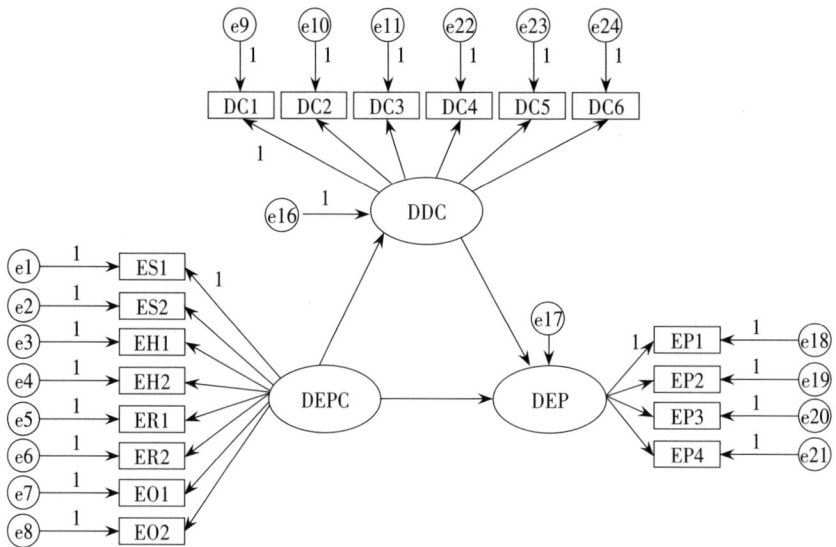

图 4-6　以数字创业动态能力为中介的 SEM 模型

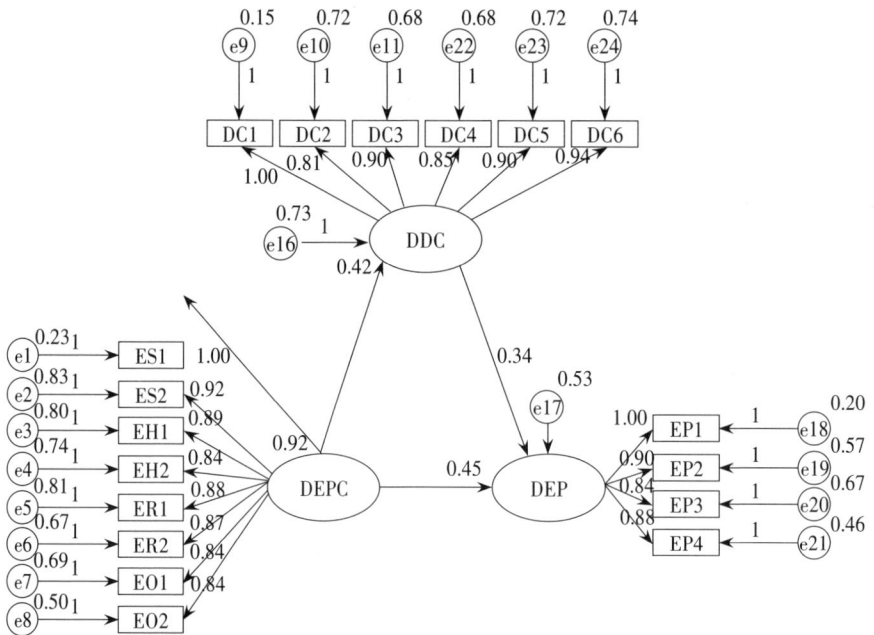

图 4-7　以数字创业动态能力为中介的影响路径系数

表4-11　以数字创业动态能力为中介的SEM模型拟合度检验结果

模型拟合指标	最优标准值	统计值	拟合情况
CMIN	—	168.359	—
DF	—	132	—
CMIN/DF	<3	1.275	良好
RMR	<0.08	0.059	良好
GFI	>0.8	0.944	良好
AGFI	>0.8	0.927	良好
NFI	>0.9	0.946	良好
IFI	>0.9	0.988	良好
TLI	>0.9	0.986	良好
CFI	>0.9	0.988	良好
RMSEA	<0.08	0.030	良好

注：CMIN/DF 为卡方/自由度；RMR 为残差均方和平方根；GFI 为拟合优度指数；AGFI 为调整后的拟合优度指数；NFI 为规范拟合指数；IFI 为增值适配指数；TLI 为非规范拟合指数；CFI 为比较拟合指数；RMSEA 为渐进残差均方和平方根。

（2）数字创业心理资本对数字创业动态能力的作用检验

数字创业心理资本对数字创业动态能力的直接影响路径系数显著性见表4-12。由表4-12可以看出，数字创业心理资本对数字创业动态能力（标准化系数=0.423，$P<0.001$）具有显著的正向影响，假设 H2a 成立。

表4-12　数字创业心理资本对数字创业动态能力的直接影响路径系数显著性

路径			标准化系数	非标准化系数	S.E.	C.R.	P	假设
DDC	←	DEPC	0.423	0.416	0.058	7.216	***	成立

注：*表示 $P<0.05$；**表示 $P<0.01$；***表示 $P<0.001$。

（3）数字创业动态能力对创业绩效的作用检验

数字创业动态能力对创业绩效的直接影响路径系数显著性见表4-13。

表4-13　　**数字创业动态能力对创业绩效的直接影响路径系数显著性**

路径			标准化系数	非标准化系数	S.E.	C.R.	P	假设
DEP	←	DDC	0.329	0.336	0.059	5.730	***	成立

注：*表示 P<0.05；**表示 P<0.01；***表示P<0.001。

由表4-13可以看出，数字创业动态能力对创业绩效（标准化系数=0.329，P<0.001）具有显著的正向影响，由此可得假设H3a成立。

（4）数字创业动态能力在数字创业心理资本与创业绩效间的中介作用检验

采用Bootstrap方法对模型中的中介效应加以验证，在AMOS26.0软件中使用Bootstrap方法运行2 000次，得出数字创业心理资本-数字创业动态能力-创业绩效的直接效应、间接效应与总效应，见表4-14。

表4-14　　**数字创业心理资本-数字创业动态能力-创业绩效**
的直接效应、间接效应与总效应

Paths	Standardized Effects	Bias-Corrected 95%CI		Percentile 95%CI	
		Lower	Upper	Lower	Upper
Total effect					
DEPC-DEP	0.585	0.458	0.704	0.457	0.703
Indirect effect					
DEPC-DDC-DEP	0.139	0.085	0.213	0.082	0.208
Direct effect					
DEPC-DEP	0.445	0.312	0.556	0.315	0.559

由表4-14可知，DEPC-DEP的总效应值为0.585，置信区间所处位置大于0，所以数字创业心理资本对创业绩效的总效应存在；DEPC-DEP的直接效应值为0.445，置信区间大于0，所以数字创业心理资本对创业绩效的直接效应存在。DEPC-DDC-DEP的间接效应值为0.139，所在的置信区间大于0，所以以数字创业动态能力为中介的间接效应显著存在。以上结果说明数字创业动态能力在数字创业心理资本和创业绩效间起到部分中介作用，假设H4a成立。

（5）数字创业战略能力的中介作用检验

构建以数字创业战略能力为中介变量的SEM模型，如图4-8所示。

以数字创业战略能力为中介的影响路径系数如图4-9所示。

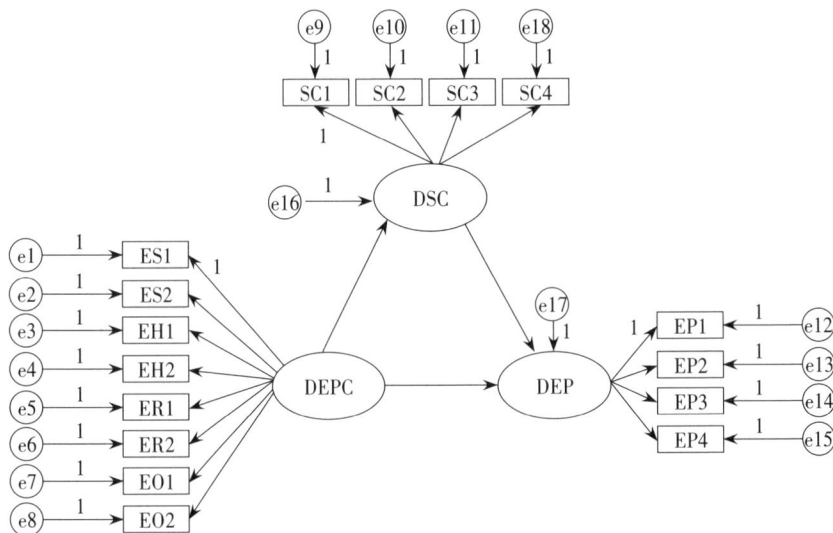

图4-8　以数字创业战略能力为中介的SEM模型

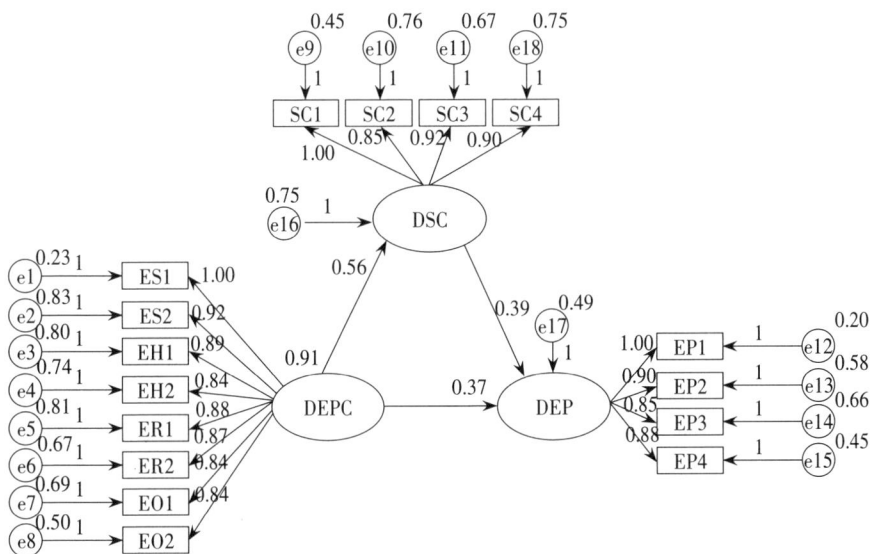

图4-9　以数字创业战略能力为中介的影响路径系数

以数字创业战略能力为中介的SEM模型拟合度检验结果见表4-15。从表4-15可以看出，各个拟合指标均达到了拟合标准，证明检验的模型具有良好的拟合度。

表4-15 以数字创业战略能力为中介的SEM模型拟合度检验结果

模型拟合指标	最优标准值	统计值	拟合情况
CMIN	—	136.726	—
DF	—	101	—
CMIN/DF	<3	1.354	良好
RMR	<0.08	0.058	良好
GFI	>0.8	0.950	良好
AGFI	>0.8	0.932	良好
NFI	>0.9	0.950	良好
IFI	>0.9	0.986	良好
TLI	>0.9	0.984	良好
CFI	>0.9	0.986	良好
RMSEA	<0.08	0.034	良好

注：CMIN/DF 为卡方/自由度；RMR 为残差均方和平方根；GFI 为拟合优度指数；AGFI 为调整后的拟合优度指数；NFI 为规范拟合指数；IFI 为增值适配指数；TLI 为非规范拟合指数；CFI 为比较拟合指数；RMSEA 为渐进残差均方和平方根。

（6）数字创业心理资本对数字创业战略能力的作用检验

数字创业心理资本对数字创业战略能力的直接影响路径系数显著性见表4-16。由表4-16可以看出，数字创业心理资本对数字创业战略能力（标准化系数=0.526，P<0.001）具有显著的正向影响，假设H2b成立。假设H2a与H2b均成立，因此假设H2成立。

表4-16 数字创业心理资本对数字创业战略能力的直接影响路径系数显著性

路径			标准化系数	非标准化系数	S.E.	C.R.	P	假设
DSC	←	DEPC	0.526	0.559	0.065	8.574	***	成立

注：*表示 P<0.05；**表示 P<0.01；***表示 P<0.001。

（7）数字创业战略能力对创业绩效的作用检验

数字创业战略能力对创业绩效的直接影响路径系数显著性见表4-17。由表4-17可以看出，数字创业战略能力对创业绩效（标准化系数=0.410，P<0.001）具有显著的正向影响，假设H3b成立。假设H3a、H3a与H3b均成立，所以假设H3成立。

表4-17　　**数字创业战略能力对创业绩效的直接影响路径系数显著性**

路径			标准化系数	非标准化系数	S.E.	C.R.	P	假设
DEP	←	DSC	0.410	0.387	0.062	6.221	***	成立

注：*表示 P<0.05；**表示 P<0.01；***表示P<0.001。

（8）数字创业战略能力在数字创业心理资本与创业绩效间的中介作用检验

采用Bootstrap方法对模型中的中介效应进行检验，在AMOS26.0软件中使用Bootstrap方法运行2 000次，得出路径的总效应值、间接效应值和直接效应值以及 Bias-Corrected 与 Percentile 在95%的置信度下的水平值，见表4-18。

表4-18　　**数字创业心理资本–数字创业战略能力–创业**

绩效的直接效应、间接效应与总效应

Paths	Standardized Effects	Bias-Corrected 95%CI		Percentile 95%CI	
		Lower	Upper	Lower	Upper
Total effect					
DEPC-DEP	0.585	0.458	0.702	0.458	0.702
Indirect effect					
DEPC-DSC-DEP	0.215	0.139	0.338	0.130	0.318
Direct effect					
DEPC-DEP	0.369	0.221	0.497	0.227	0.500

由表4-18可知，在以数字创业战略能力为中介变量的检验中，DEPC-DEP的总效应值为0.585，所在置信区间所处位置不包含0，所以数字创业心理资本对创业绩效的总效应存在；DEPC-DEP的直接效应值为0.369，置信区间不包含0，所以数字创业心理资本对创业绩效的直接效应存在；DEPC-DSC-DEP的间接效应值为0.215，所在的置信区间不包含0，所以以数字创业战略能力为中介的间接效应显著存在。数字创业战略能力的直接效应值小于总效应值，说明数字创业战略能力在数字创业心理资本和创业绩效间起到部分中介作用，假设H4b成立。H4a、与H4b均成立，由此得出假设H4成立。

4.3.3 数字创业行为的中介作用检验

构建以数字创业行为为中介变量的数字创业心理资本对创业绩效的影响路径，如图4-10所示。

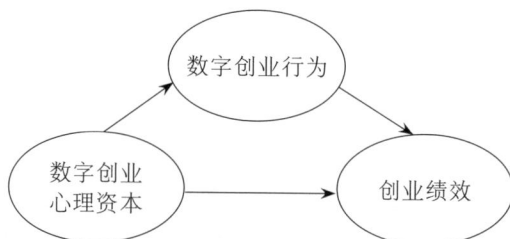

图4-10 以数字创业行为为中介变量的数字创业心理资本对创业绩效的影响路径

数字创业行为由数字创业机会开发和数字创业资源获取两部分构成，分别构建以数字创业机会开发和数字创业资源获取为中介变量的结构方程模型并进行检验。

（1）数字创业机会开发的中介作用检验

以数字创业机会开发为中介的SEM模型如图4-11所示，以数字创业机会开发为中介的SEM影响路径系数如图4-12所示。将收集到的数据带入SEM模型中，利用最大似然估计法进行参数估计，运算结果显示模型的拟合状况比较好。

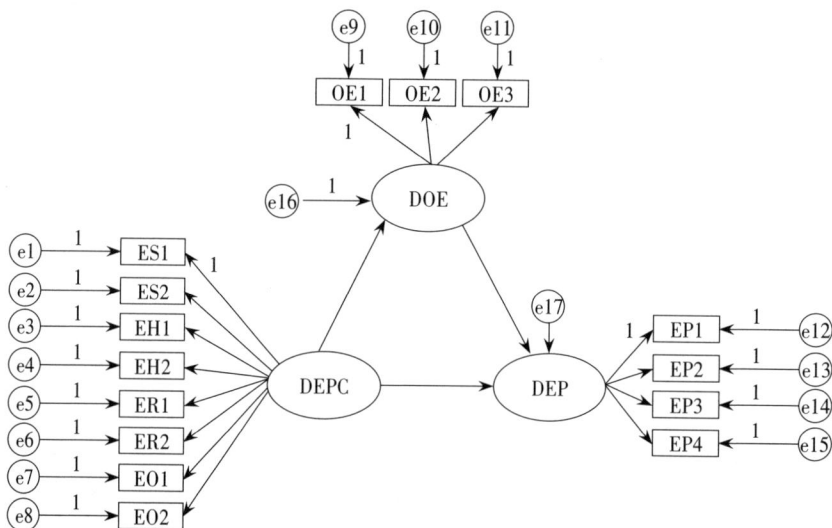

图4-11 以数字创业机会开发为中介的SEM模型

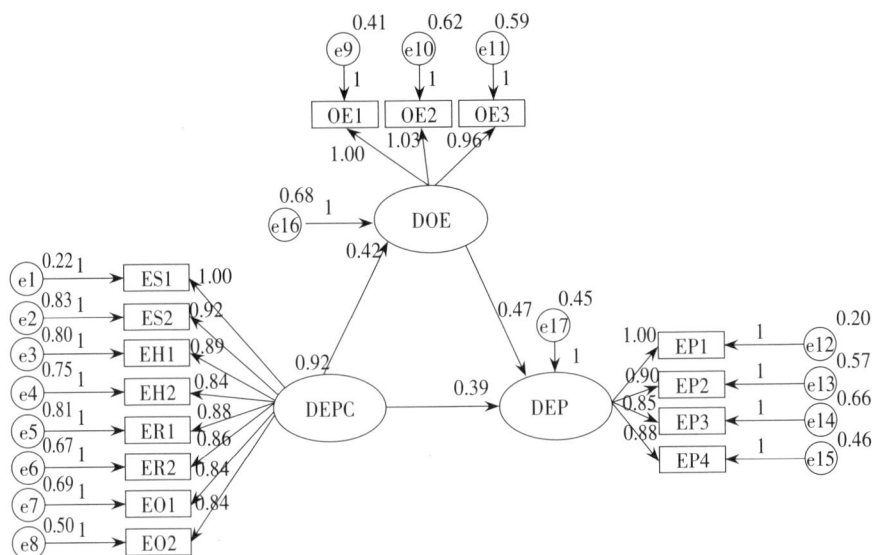

图4-12　以数字创业机会开发为中介的SEM影响路径系数

以数字创业机会开发为中介的SEM模型拟合度检验结果见表4-19。由表4-19可以看出，各个拟合指标均达到了拟合标准，说明模型拟合度良好。

表4-19　以数字创业机会开发为中介的SEM模型拟合度检验结果

模型拟合指标	最优标准值	统计值	拟合情况
CMIN	—	117.088	—
DF	—	87	—
CMIN/DF	<3	1.346	良好
RMR	<0.08	0.048	良好
GFI	>0.8	0.954	良好
AGFI	>0.8	0.937	良好
NFI	>0.9	0.954	良好
IFI	>0.9	0.988	良好
TLI	>0.9	0.985	良好
CFI	>0.9	0.988	良好
RMSEA	<0.08	0.033	良好

注：CMIN/DF为卡方/自由度；RMR为残差均方和平方根；GFI为拟合优度指数；AGFI为调整后的拟合优度指数；NFI为规范拟合指数；IFI为增值适配指数；TLI为非规范拟合指数；CFI为比较拟合指数；RMSEA为渐进残差均方和平方根。

（2）数字创业心理资本对数字创业机会开发的作用检验

数字创业心理资本对数字创业机会开发的直接影响路径系数显著性见表4-20。从表4-20可以看出，数字创业心理资本对数字创业机会开发（标准化系数=0.441，P<0.001）具有显著的正向影响，该结果表明假设H5a成立。

表4-20 数字创业心理资本对数字创业机会开发的直接影响路径系数显著性

路径			标准化系数	非标准化系数	S.E.	C.R.	P	假设
DOE	←	DEPC	0.441	0.424	0.061	6.952	***	成立

注：*表示P<0.05；**表示P<0.01；***表示P<0.001。

（3）数字创业机会开发对创业绩效的作用检验

数字创业机会开发对创业绩效的直接影响路径系数显著性见表4-21。由表4-21可以看出，数字创业机会开发对创业绩效（标准化系数=0.454，P<0.001）具有显著的正向影响，该结果表明假设H6a成立。

表4-21 数字创业机会开发对创业绩效的直接影响路径系数显著性

路径			标准化系数	非标准化系数	S.E.	C.R.	P	假设
DEP	←	DOE	0.454	0.473	0.065	7.237	***	成立

注：*表示P<0.05；**表示P<0.01；***表示P<0.001。

（4）数字创业机会开发在数字创业心理资本与创业绩效间的中介作用检验

运用AMOS26.0软件中的Bootstrap方法运行2 000次，得出表4-22。

表4-22 数字创业心理资本–数字创业机会开发–创业绩效的直接效应、间接效应与总效应

Paths	Standardized Effects	Bias-Corrected 95%CI		Percentile 95%CI	
		Lower	Upper	Lower	Upper
Total effect					
DEPC–DEP	0.585	0.464	0.709	0.464	0.708
Indirect effect					
DEPC–DOE–DEP	0.200	0.118	0.321	0.114	0.315
Direct effect					
DEPC–DEP	0.385	0.106	0.371	0.112	0.382

由表4-22可知，在数字创业心理资本-数字创业机会开发-创业绩效路径中，DEPC-DEP的总效应值为0.585，所在置信区间处于大于0的范畴，所以数字创业心理资本对创业绩效的总效应存在；DEPC-DEP的直接效应值为0.385，所在置信区间均处于大于0的范畴，所以数字创业心理资本对创业绩效的直接效应存在；DEPC-DOE-DEP的间接效应值为0.200，所在的置信区间大于0，所以以数字创业机会开发为中介的间接效应存在。在该路径中，直接效应值与间接效应值均显著存在并且直接效应值小于总效应值，说明数字创业机会开发在数字创业心理资本和创业绩效间起到部分中介作用，由此可得假设H7a成立。

（5）数字创业资源获取的中介作用检验

以数字创业资源获取为中介的SEM模型如图4-13所示。以数字创业资源获取为中介的影响路径系数如图4-14所示。

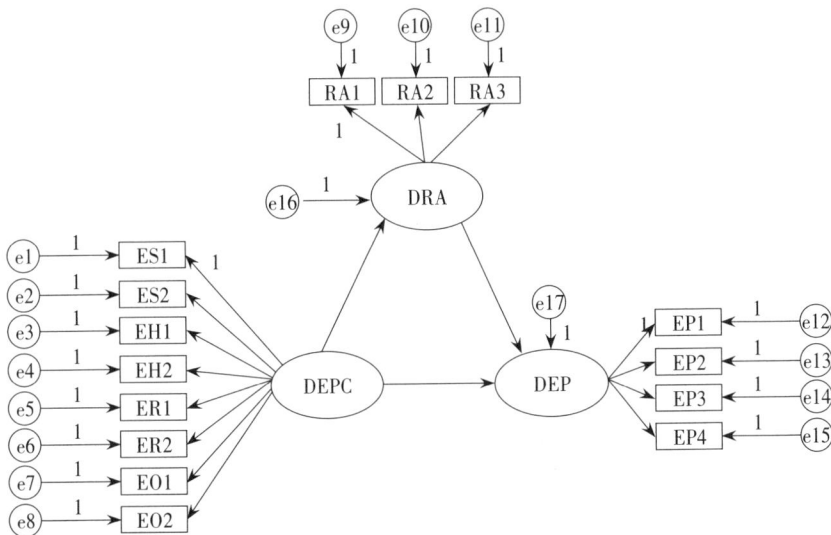

图4-13 以数字创业资源获取为中介的SEM模型

以数字创业资源获取为中介的SEM模型拟合度检验结果见表4-23。由表4-23可知，各个拟合指标均达到了拟合标准，说明模型拟合度良好。

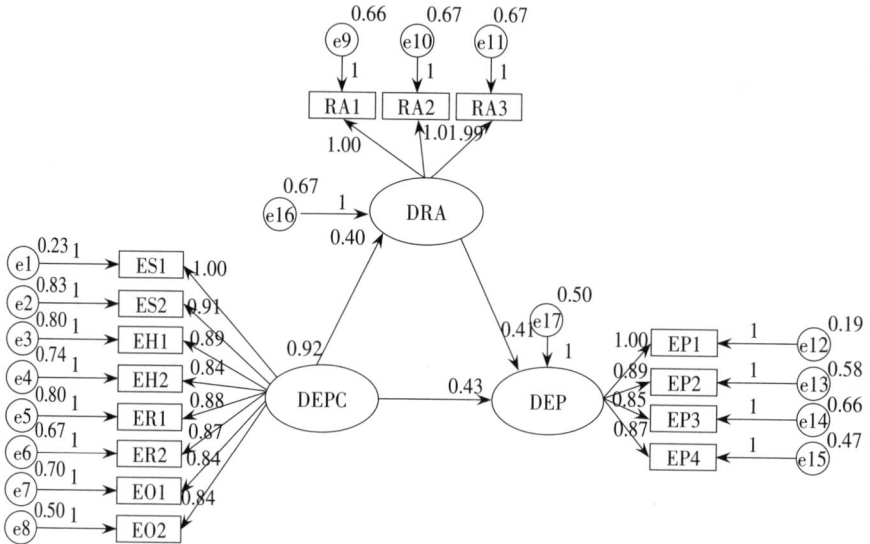

图 4-14　以数字创业资源获取为中介的影响路径系数

表 4-23　以数字创业资源获取为中介的 SEM 模型拟合度检验结果

模型拟合指标	最优标准值	统计值	拟合情况
CMIN	—	107.238	—
DF	—	87	—
CMIN/DF	<3	1.233	良好
RMR	<0.08	0.051	良好
GFI	>0.8	0.956	良好
AGFI	>0.8	0.940	良好
NFI	>0.9	0.956	良好
IFI	>0.9	0.991	良好
TLI	>0.9	0.989	良好
CFI	>0.9	0.991	良好
RMSEA	<0.08	0.027	良好

注：CMIN/DF 为卡方/自由度；RMR 为残差均方和平方根；GFI 为拟合优度指数；AGFI 为调整后的拟合优度指数；NFI 为规范拟合指数；IFI 为增值适配指数；TLI 为非规范拟合指数；CFI 为比较拟合指数；RMSEA 为渐进残差均方和平方根。

（6）数字创业心理资本对数字创业资源获取的作用检验

数字创业心理资本对数字创业资源获取的直接影响路径系数显著性见表4-24。由表4-24可以看出，数字创业心理资本对数字创业资源获取（标准化系数=0.420，P<0.001）具有显著的正向影响，该结果表明假设H5b成立。假设H5a与H5b均成立，由此得出假设H5成立。

表4-24　数字创业心理资本对数字创业资源获取的直接影响路径系数显著性

路径			标准化系数	非标准化系数	S.E.	C.R.	P	假设
DRA	←	DEPC	0.420	0.396	0.063	6.238	***	成立

注：*表示 P<0.05；**表示 P<0.01；***表示 P<0.001。

（7）数字创业资源获取对创业绩效的作用检验

数字创业资源获取对创业绩效的直接影响路径系数显著性见表4-25。由表4-25可以看出，数字创业资源获取对创业绩效（标准化系数=0.308，P<0.001）具有显著的正向影响，该结果表明假设H6b成立。假设H6a与H6b皆成立，由此得出假设H6成立。

表4-25　数字创业资源获取对创业绩效的直接影响路径系数显著性

路径			标准化系数	非标准化系数	S.E.	C.R.	P	假设
DEP	←	DRA	0.308	0.406	0.070	5.774	***	成立

注：*表示 P<0.05；**表示 P<0.01；***表示 P<0.001。

（8）数字创业资源获取在数字创业心理资本与创业绩效间的中介作用检验

运用AMOS26.0软件中的Bootstrap检验方法运行2 000次，得出表4-26。

由表4-26可知，在数字创业心理资本-数字创业资源获取-创业绩效路径中，DEPC-DEP的总效应值为0.583；DEPC-DEP的直接效应值为0.424；DEPC-DRA-DEP的间接效应值为0.159，直接效应、间接效应与总效应值所在的置信区间范围均大于0，所以以数字创业

表4-26 数字创业心理资本–数字创业资源获取–创业
绩效的直接效应、间接效应与总效应

Paths	Standardized Effects	Bias-Corrected 95%CI		Percentile 95%CI	
		Lower	Upper	Lower	Upper
Total effect					
DEPC-DEP	0.583	0.455	0.702	0.455	0.701
Indirect effect					
DEPC-DRA-DEP	0.159	0.093	0.256	0.091	0.248
Direct effect					
DEPC-DEP	0.424	0.298	0.537	0.295	0.536

资源获取为中介变量的直接效应、间接效应与总效应均显著存在。以数字创业资源获取为中介变量的直接效应值小于总效应值，说明数字创业资源获取在数字创业心理资本和创业绩效间起到部分中介作用，假设 H7b 成立。假设 H7a 与 H7b 均成立，说明假设 H7 成立。

4.3.4 数字创业能力与数字创业行为的链式中介作用检验

数字创业能力与数字创业行为的链式中介影响路径图如图 4-15 所示。

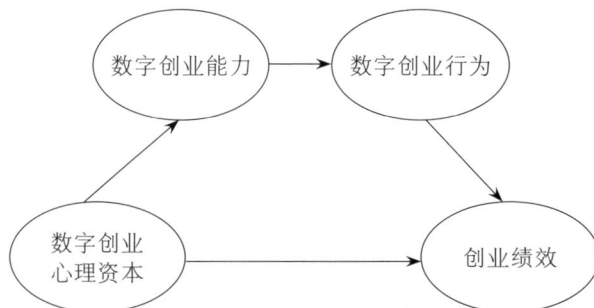

图 4-15 数字创业能力与数字创业行为的链式中介影响路径图

数字创业能力由数字创业动态能力和数字创业战略能力两个维度构成，数字创业行为由数字创业机会开发和数字创业资源获取两个维度组成，以下将分别构建结构方程模型，并加以检验。

（1）数字创业动态能力与数字创业机会开发的链式中介作用检验

使用 Amos26.0 软件定义路径系数 DEPC-DDC 为 a1、DEPC-DOE 为 a2、DDC-DEP 为 b1、DOE-DEP 为 b2；直接效应系数 DEPC-DEP 为 c；DDC-DOE 路径系数为 d。定义以 DDC 为中介的路径系数为 ind1=a1*b1，以 DOE 为中介的路径系数为 ind2=a2*b2，以 DDC 和 DOE 为链式中介的路径系数为 ind3=a1*d*b2，总效应为 total=ind1+ind2+ind3+c。得出以数字创业动态能力和数字创业机会开发为链式中介的 SEM 模型如图 4-16 所示。以数字创业动态能力和数字创业机会开发为链式中介的影响路径系数如图 4-17 所示。

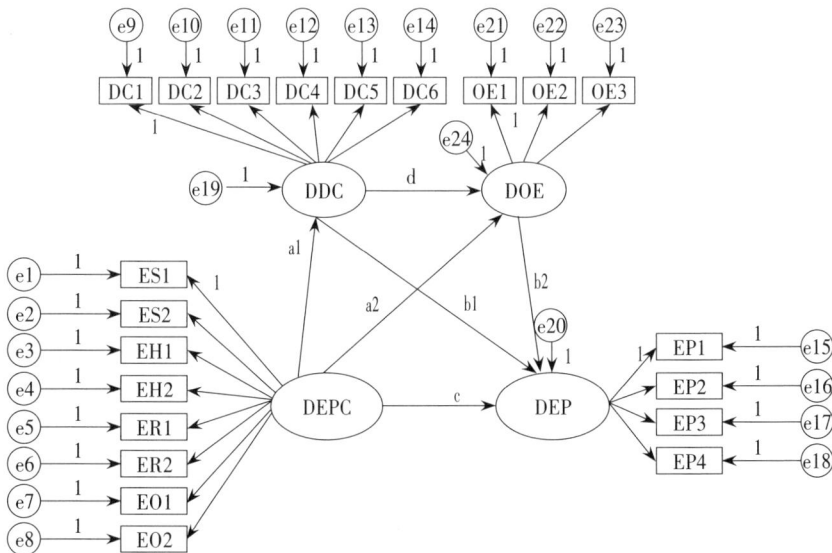

图 4-16　以数字创业动态能力和数字创业机会开发为链式中介的 SEM 模型

经 Bootstrap 运算 2 000 次后，得出以数字创业动态能力和数字创业机会开发为链式中介的 SEM 模型拟合情况，见表 4-27。其中各个拟合指标均达到了拟合标准，说明模型拟合度良好。

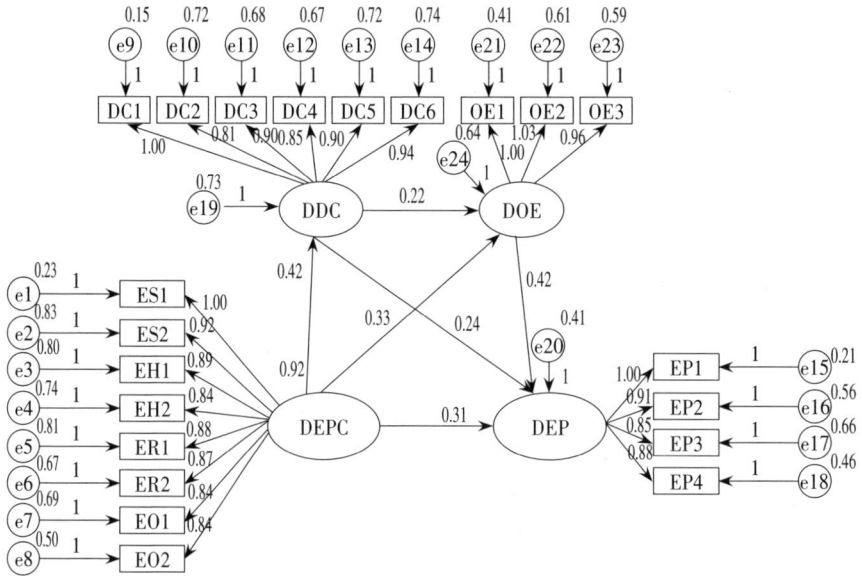

图4-17 以数字创业动态能力和数字创业机会开发为链式中介的影响路径系数

表4-27 以数字创业动态能力和数字创业机会开发为链式中介的SEM模型拟合情况

模型拟合指标	最优标准值	统计值	拟合情况
CMIN	—	229.758	—
DF	—	183	—
CMIN/DF	<3	1.256	良好
RMR	<0.08	0.58	良好
GFI	>0.8	0.936	良好
AGFI	>0.8	0.919	良好
NFI	>0.9	0.937	良好
IFI	>0.9	0.986	良好
TLI	>0.9	0.984	良好
CFI	>0.9	0.986	良好
RMSEA	<0.08	0.029	良好

注：CMIN/DF为卡方/自由度；RMR为残差均方和平方根；GFI为拟合优度指数；AGFI为调整后的拟合优度指数；NFI为规范拟合指数；IFI为增值适配指数；TLI为非规范拟合指数；CFI为比较拟合指数；RMSEA为渐进残差均方和平方根。

（2）数字创业动态能力对数字创业机会开发的直接作用检验

数字创业动态能力对数字创业机会开发的直接影响路径系数显著性见表4-28。由表4-28可以看出，数字创业动态能力对数字创业机会开发（标准化系数=0.227，P<0.001）具有显著的正向影响，该结果表明假设H8a成立。

表4-28　　**数字创业动态能力对数字创业机会开发的**

直接影响路径系数显著性

路径			标准化系数	非标准化系数	S.E.	C.R.	P	假设
DOE	←	DDC	0.227	0.222	0.065	3.390	***	成立

注：*表示 P＜0.05；**表示 P＜0.01；***表示 P＜0.001。

（3）数字创业动态能力与数字创业机会开发的链式中介作用检验

运用 AMOS26.0 软件中的 Bootstrap 检验方法运行 2 000 次，得出以数字创业动态能力与数字创业机会开发为链式中介的直接效应、间接效应与总效应，见表4-29。由表 4-29 可知，DEPC-DEP 的总效应值为0.586，DEPC-DEP 的直接效应值为0.309，DEPC-DDC-DOE-DEP 的间接效应值为0.038。直接效应、间接效应与总效应值所在的置信区间范围均大于 0，所以以数字创业动态能力和数字创业机会开发为链式中介的直接效应、间接效应与总效应均显著存在。由此可得假设 H9a成立。

（4）数字创业动态能力与数字创业资源获取的链式中介作用检验

以数字创业动态能力和数字创业资源获取为链式中介的 SEM 模型如图 4-18 所示。使用 Amos26.0 软件定义路径系数 DEPC-DDC 为 a1、DEPC-DRA 为 a2、DDC-DEP 为 b1、DRA-DEP 为 b2，直接效应系数 DEPC-DEP 为 c，DDC-DRA 路径系数为 d。定义以 DDC 为中介的路径系数为 ind1=a1*b1，以 DRA 为中介的路径系数为 ind2=a2*b2，以 DDC 和 DRA 为链式中介的路径系数为 ind3=a1*d*b2，总效应为 total=ind1+ind2+ind3+c。经 Bootstrap 运算 2 000 次后，得出路径系数图如图 4-19所示。

表4-29 以数字创业动态能力与数字创业机会开发为链式
中介的直接效应、间接效应与总效应

Paths	Standardized Effects	Bias-Corrected 95%CI		Percentile 95%CI	
		Lower	Upper	Lower	Upper
Total effect					
DEPC-DEP	0.586	0.462	0.705	0.461	0.704
Indirect effect					
DEPC-DDC-DEP	0.101	0.056	0.171	0.053	0.166
DEPC-DOE-DEP	0.138	0.081	0.228	0.076	0.219
DEPC-DDC-DOE-DEP	0.038	0.016	0.084	0.013	0.076
Direct effect					
DEPC-DEP	0.309	0.190	0.423	0.181	0.416

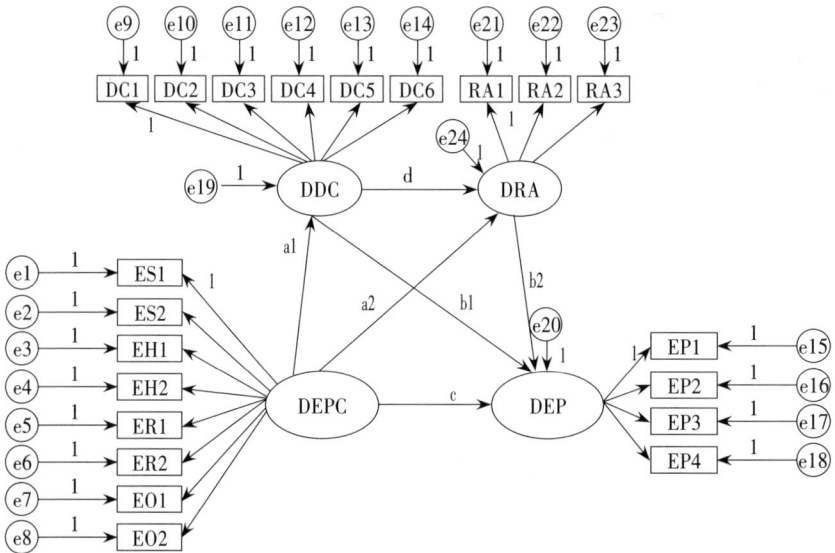

图4-18 以数字创业动态能力和数字创业资源获取为链式中介的SEM模型

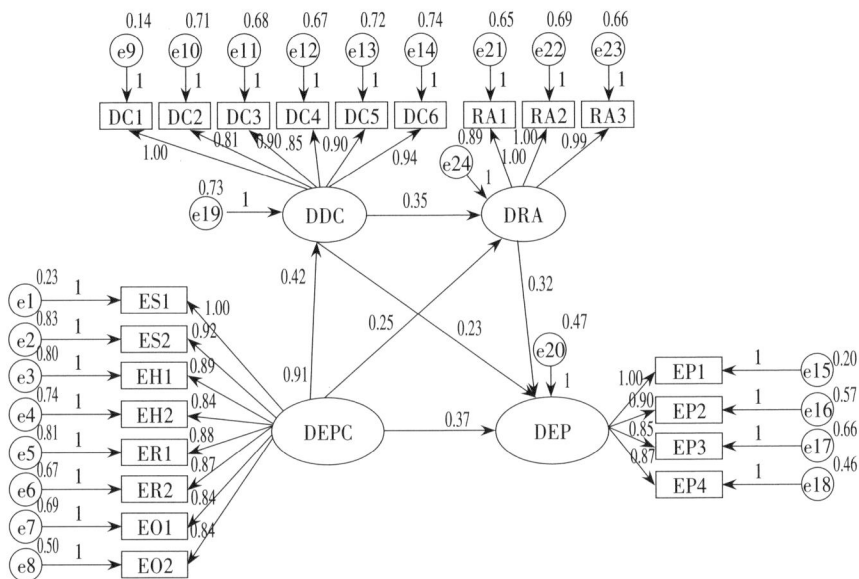

图4-19 以数字创业动态能力和数字创业资源获取为链式中介的影响路径系数

由表4-30可知，各个拟合指标均达到了拟合标准，说明模型拟合度良好。

表4-30 以数字创业动态能力和数字创业资源获取为链式中介的SEM模型拟合情况

模型拟合指标	最优标准值	统计值	拟合情况
CMIN	—	223.679	—
DF	—	183	—
CMIN/DF	<3	1.222	良好
RMR	<0.08	0.059	良好
GFI	>0.8	0.936	良好
AGFI	>0.8	0.920	良好
NFI	>0.9	0.937	良好
IFI	>0.9	0.988	良好
TLI	>0.9	0.986	良好
CFI	>0.9	0.988	良好
RMSEA	<0.08	0.027	良好

注：CMIN/DF为卡方/自由度；RMR为残差均方和平方根；GFI为拟合优度指数；AGFI为调整后的拟合优度指数；NFI为规范拟合指数；IFI为增值适配指数；TLI为非规范拟合指数；CFI为比较拟合指数；RMSEA为渐进残差均方和平方根。

（5）数字创业动态能力对数字创业资源获取的直接作用检验

由表4-31可以看出，数字创业动态能力对数字创业资源获取（标准化系数=0.358，P<0.001）具有显著的正向影响，该结果表明假设H8b成立。

表4-31　数字创业动态能力对数字创业资源获取的直接影响路径系数显著性

路径			标准化系数	非标准化系数	S.E.	C.R.	P	假设
DRA	←	DDC	0.358	0.345	0.067	5.112	***	成立

注：*表示 P<0.05；**表示 P<0.01；***表示 P<0.001。

（6）数字创业动态能力与数字创业资源获取的链式中介作用检验

运用AMOS26.0软件中的Bootstrap检验方法运行2 000次，得出以数字创业动态能力与数字创业资源获取为链式中介的总效应、间接效应及直接效应，见表4-32。由表4-32可知，DEPC-DEP的总效应值为0.588，DEPC-DEP的直接效应值为0.367，DEPC-DDC-DRA-DEP的间接效应值为0.046。直接效应值、间接效应值与总效应值所在的置信区间范围均大于0，说明以数字创业动态能力与数字创业资源获取为链式中介的直接效应、间接效应与总效应均显著存在。因此，假设H9b成立。

表4-32　　　以数字创业动态能力与数字创业资源获取为链式

中介的总效应、间接效应及直接效应

Paths	Standardized Effects	Bias-Corrected 95%CI		Percentile 95%CI	
		Lower	Upper	Lower	Upper
Total effect					
DEPC-DEP	0.588	0.466	0.708	0.464	0.706
Indirect effect					
DEPC-DDC-DEP	0.094	0.045	0.167	0.041	0.159
DEPC-DRA-DEP	0.081	0.037	0.149	0.035	0.145
DEPC-DDC-DRA-DEP	0.046	0.022	0.086	0.021	0.084
Direct effect					
DEPC-DEP	0.367	0.250	0.475	0.246	0.472

（7）数字创业战略能力与数字创业机会开发的链式中介作用检验

在使用Amos26.0软件时定义路径系数DEPC-DSC为a1、DEPC-DOE为a2、DSC-DEP为b1、DOE-DEP为b2，直接效应系数DEPC-DEP为c，DSC-DOE路径系数为d。定义以DSC为中介的路径系数为ind1=a1*b1，以 DOE 为中介的路径系数为 ind2=a2*b2，以 DSC 和 DOE 为链式中介的路径系数为 ind3=a1*d*b2，总效应为 total=ind1+ind2+ind3+c。以数字创业战略能力和数字创业机会开发为链式中介的 SEM 模型如图4-20所示。以数字创业战略能力和数字创业机会开发为链式中介的影响路径系数如图4-21所示。

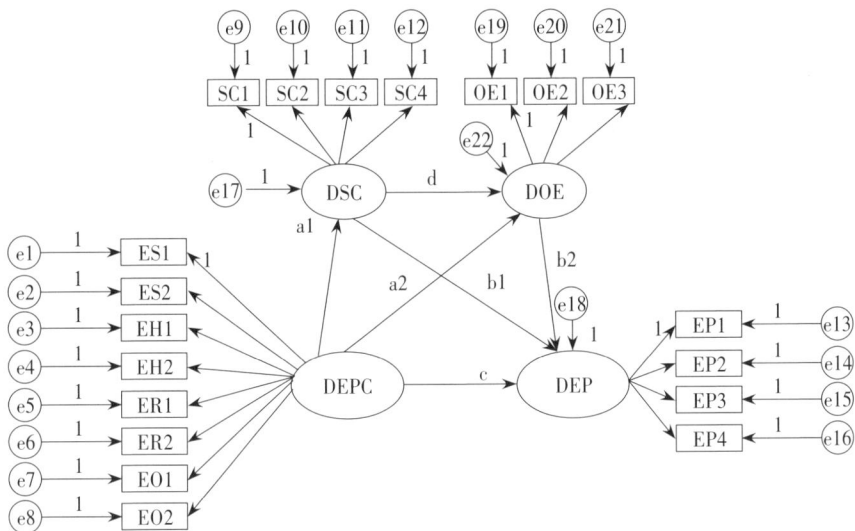

图 4-20　以数字创业战略能力和数字创业机会开发为链式中介的 SEM 模型

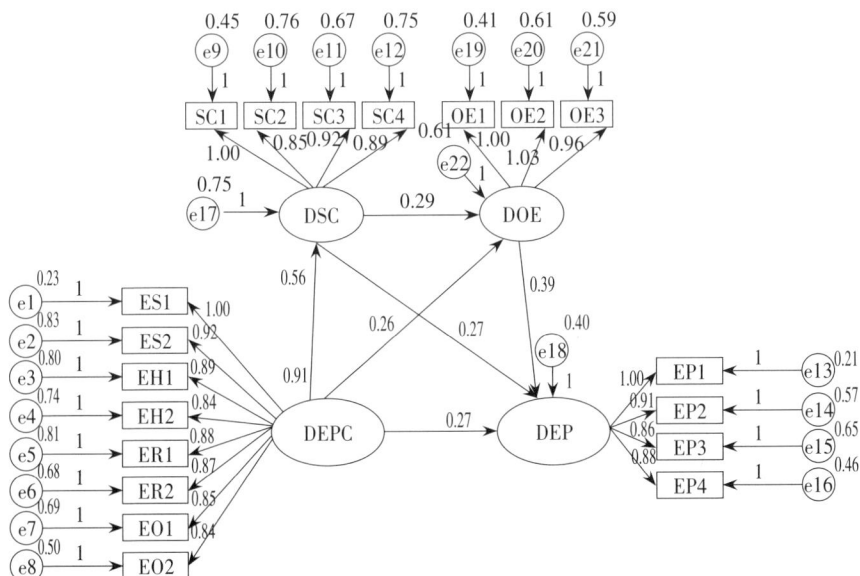

图 4-21　以数字创业战略能力和数字创业机会开发为链式中介的影响路径系数

以数字创业战略能力和数字创业机会开发为链式中介的SEM模型拟合情况见表4-33。由表4-33可知，各个拟合指标均达到了拟合标准，说明模型拟合度良好。

表4-33　　以数字创业战略能力和数字创业机会开发为链式中介的SEM模型拟合情况

模型拟合指标	最优标准值	统计值	拟合情况
CMIN	—	198.089	—
DF	—	146	—
CMIN/DF	<3	1.357	良好
RMR	<0.08	0.056	良好
GFI	>0.8	0.940	良好
AGFI	>0.8	0.922	良好
NFI	>0.9	0.939	良好
IFI	>0.9	0.983	良好
TLI	>0.9	0.980	良好
CFI	>0.9	0.983	良好
RMSEA	<0.08	0.034	良好

注：CMIN/DF为卡方/自由度；RMR为残差均方和平方根；GFI为拟合优度指数；AGFI为调整后的拟合优度指数；NFI为规范拟合指数；IFI为增值适配指数；TLI为非规范拟合指数；CFI为比较拟合指数；RMSEA为渐进残差均方和平方根。

（8）数字创业战略能力对数字创业机会开发的直接作用检验

数字创业战略能力对数字创业机会开发的直接影响路径系数显著性见表4-34。由表4-34可以看出，数字创业战略能力对数字创业机会开发（标准化系数=0.325，P<0.001）具有显著的正向影响，该结果表明假设H8c成立。

表4-34　数字创业战略能力对数字创业机会开发的直接影响路径系数显著性

路径			标准化系数	非标准化系数	S.E.	C.R.	P	假设
DOE	←	DSC	0.325	0.294	0.069	4.272	***	成立

注：*表示 P<0.05；**表示 P<0.01；***P表示<0.001。

（9）数字创业战略能力与数字创业机会开发的链式中介作用检验

运用 AMOS26.0 软件中的 Bootstrap 检验方法运行 2 000 次，得出表 4-35。

表4-35　　以数字创业战略能力与数字创业机会开发为
链式中介的总效应、间接效应及直接效应

Paths	Standardized Effects	Bias-Corrected 95%CI		Percentile 95%CI	
		Lower	Upper	Lower	Upper
Total effect					
DEPC-DEP	0.586	0.462	0.704	0.462	0.705
Indirect effect					
DEPC-DSC-DEP	0.152	0.079	0.270	0.068	0.243
DEPC-DOE-DEP	0.100	0.047	0.178	0.044	0.171
DEPC-DSC-DOE-DEP	0.063	0.026	0.140	0.024	0.132
Direct effect					
DEPC-DEP	0.270	0.136	0.393	0.140	0.394

由表 4-35 可知，DEPC-DEP 的总效应值为 0.586，DEPC-DEP 的直接效应值为 0.270，以 DEPC-DSC-DOE-DEP 为路径的间接效应值为 0.063。直接效应值、间接效应值与总效应值的置信区间范围均大于 0，说明以数字创业战略能力和数字创业机会开发为链式中介的直接效应、间接效应与总效应均显著存在。由此可以证明假设 H9c 成立。

（10）数字创业战略能力与数字创业资源获取的链式中介作用检验

使用 Amos26.0 软件定义路径系数 DEPC-DSC 为 a1、DEPC-DRA 为 a2、DSC-DEP 为 b1、DRA-DEP 为 b2，直接效应系数 DEPC-DEP 为 c，DSC-DRA 路径系数为 d。定义以 DSC 为中介的路径系数为 ind1=a1*b1，以 DRA 为中介的路径系数为 ind2=a2*b2，以 DSC 和 DRA 为链式中介的路径系数为 ind3=a1*d*b2，该模型的总效应为 Total=ind1+ind2+ind3+c。

以数字创业战略能力和数字创业资源获取为链式中介的SEM模型如图4-22所示。以数字创业战略能力和数字创业资源获取为链式中介的影响路径系如图4-23所示。

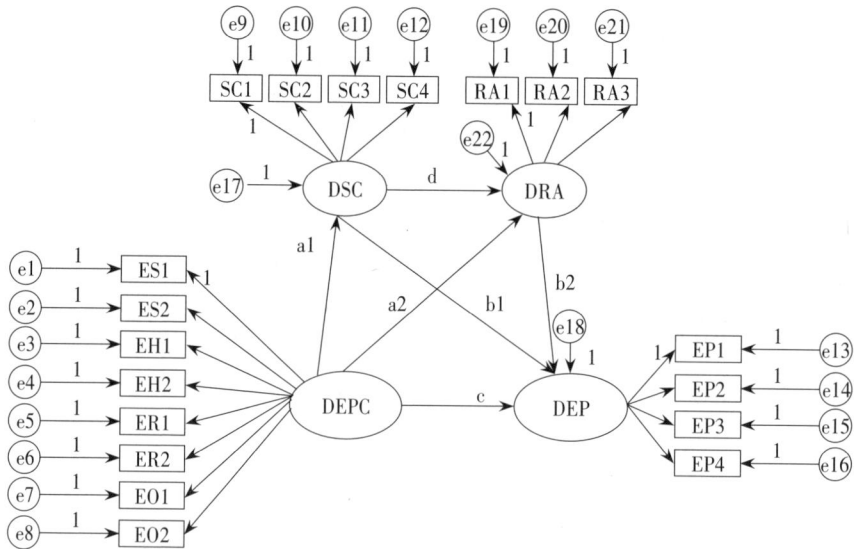

图4-22　以数字创业战略能力和数字创业资源获取为链式中介的SEM模型

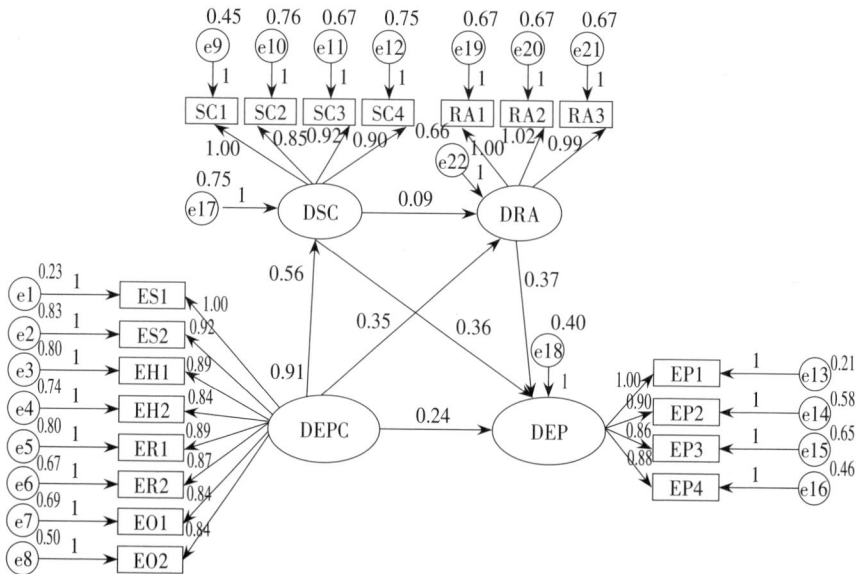

图4-23　以数字创业战略能力和数字创业资源获取为链式中介的影响路径系数

由表4-36可知，各个拟合指标均达到了拟合标准，说明模型拟合度良好。

表4-36　　**以数字创业战略能力和数字创业资源获取为链式中介的SEM模型拟合情况**

模型拟合指标	最优标准值	统计值	拟合情况
CMIN	—	184.579	—
DF	—	146	—
CMIN/DF	<3	1.264	良好
RMR	<0.08	0.056	良好
GFI	>0.8	0.943	良好
AGFI	>0.8	0.925	良好
NFI	>0.9	0.941	良好
IFI	>0.9	0.987	良好
TLI	>0.9	0.985	良好
CFI	>0.9	0.987	良好
RMSEA	<0.08	0.029	良好

注：CMIN/DF为卡方/自由度；RMR为残差均方和平方根；GFI为拟合优度指数；AGFI为调整后的拟合优度指数；NFI为规范拟合指数；IFI为增值适配指数；TLI为非规范拟合指数；CFI为比较拟合指数；RMSEA为渐进残差均方和平方根。

（11）数字创业战略能力对数字创业资源获取的直接作用检验

数字创业战略能力对数字创业资源获取的直接影响路径系数显著性见表4-37。由表4-37可以看出，数字创业战略能力对数字创业资源获取（标准化系数=0.096，$P>0.05$）不具有显著的正向影响，该结果表明假设H8d不成立。结合H8a、H8b和H8c的成立情况可得，假设H8部分成立。

表4-37 **数字创业战略能力对数字创业资源获取的直接影响路径系数显著性**

路径			标准化系数	非标准化系数	S.E.	C.R.	P	假设
DRA	←	DSC	0.096	0.085	0.070	1.206	0.228	不成立

注：*表示 P<0.05；**表示 P<0.01；***P 表示<0.001。

（12）数字创业战略能力与数字创业资源获取的链式中介作用检验

运用 AMOS26.0 软件中的 Bootstrap 检验方法运行 2 000 次，得出表 4-38。

表4-38以数字创业战略能力与数字创业资源获取为链式中介的总效应、
间接效应及直接效应

Paths	Standardized Effects	Bias-Corrected 95%CI		Percentile 95%CI	
		Lower	Upper	Lower	Upper
Total effect					
DEPC-DEP	0.587	0.465	0.707	0.464	0.706
Indirect effect					
DEPC-DSC-DEP	0.199	0.126	0.325	0.117	0.298
DEPC-DRA-DEP	0.129	0.082	0.190	0.077	0.186
DEPC-DSC-DRA-DEP	0.018	−0.002	0.048	−0.003	0.046
Direct effect					
DEPC-DEP	0.241	0.111	0.365	0.113	0.366

由表 4-38 可知，DEPC-DEP 的总效应值为 0.587，DEPC-DEP 的直接效应值为 0.241，DEPC-DSC-DRA-DEP 的间接效应值为 0.018。直接效应值与总效应值的置信区间范围均大于 0，说明直接效应与总效应显著存在，但 DEPC-DSC-DRA-DEP 的置信区间包含 0，说明间接效应不存在。因此，假设 H9d 不成立。结合假设 H9a、H9b 和 H9c 的成立情况可得，假设 H9 部分成立。

4.3.5 整体结构方程模型的构建与模型分析

（1）整体结构方程模型的构建

构建整体模型前要确定各个变量之间的关系和作用。数字创业心理资本–创业绩效整体结构方程模型如图4-24所示。数字创业心理资本–创业绩效整体结构方程模型路径系数如图4-25所示。

（2）整体结构方程模型的运算与拟合情况

数字创业心理资本–创业绩效整体结构方程模型拟合度检验结果见表4-39。由表4-39可知，CMIN/DF统计值为1.234，小于3；AGFI统计值达到0.899，大于0.8，在可接受的范围之内；GFI、NFI、IFI、TLI、CFI统计值均达到0.9以上，符合模型拟合的标准；RMR统计值为0.066，小于0.08，可接受；RMSEA统计值为0.028，小于0.08，可接受。模型中的各个拟合指标均符合一般的研究标准，可以认为该模型配适度较好。

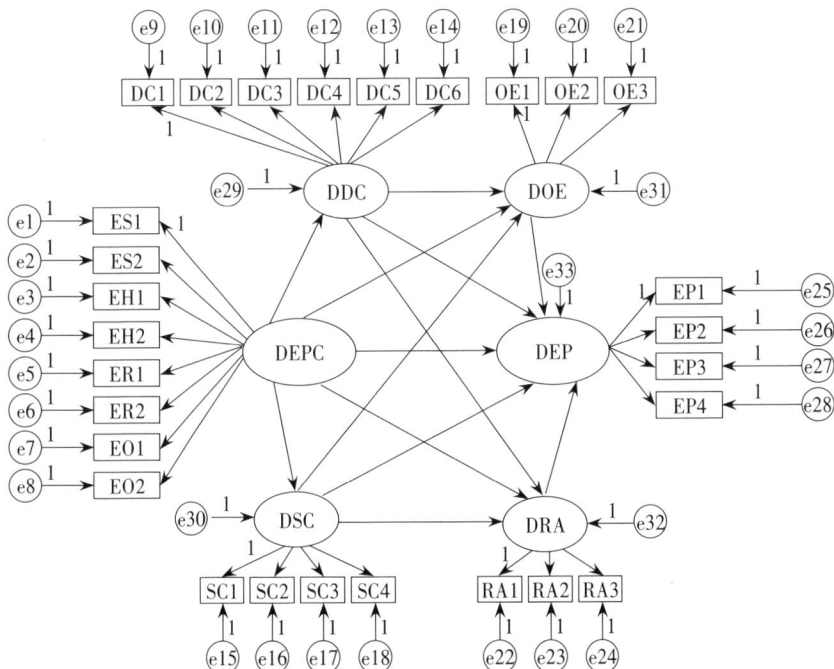

图4-24 数字创业心理资本–创业绩效整体结构方程模型

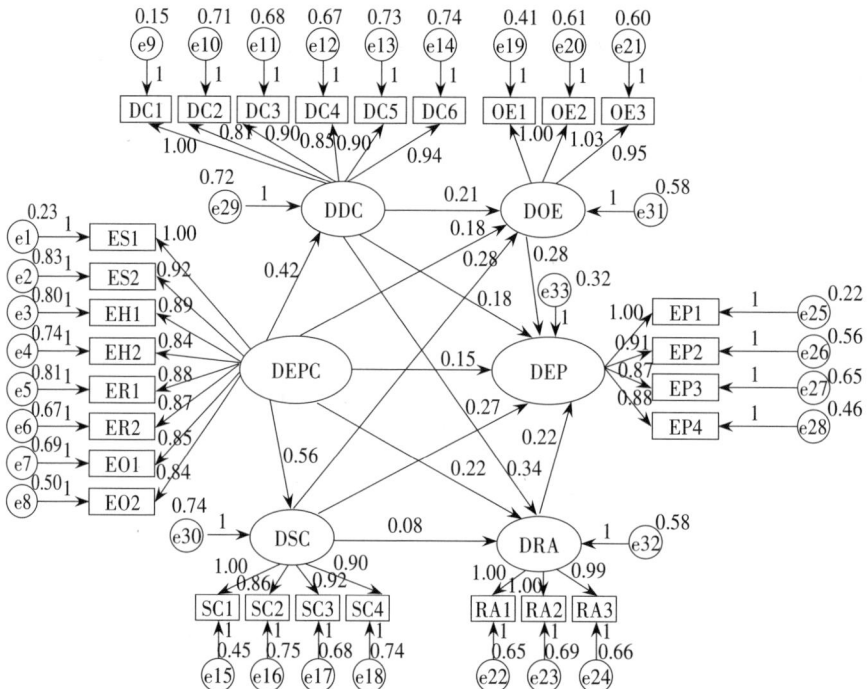

图 4-25 数字创业心理资本-创业绩效整体结构方程模型路径系数

表4-39   数字创业心理资本-创业绩效整体结构

方程模型拟合度检验结果

模型拟合指标	最优标准值	统计值	拟合情况
CMIN	—	415.961	—
DF	—	337	—
CMIN/DF	<3	1.234	良好
RMR	<0.08	0.066	良好
GFI	>0.8	0.916	良好
AGFI	>0.8	0.899	良好
NFI	>0.9	0.913	良好
IFI	>0.9	0.982	良好
TLI	>0.9	0.980	良好
CFI	>0.9	0.982	良好
RMSEA	<0.08	0.028	良好

注：CMIN/DF 为卡方/自由度；RMR 为残差均方和平方根；GFI 为拟合优度指数；AGFI 为调整后的拟合优度指数；NFI 为规范拟合指数；IFI 为增值适配指数；TLI 为非规范拟合指数；CFI 为比较拟合指数；RMSEA 为渐进残差均方和平方根。

（3）整体结构方程模型的路径系数与假设检验

①直接效应检验。

整体结构方程模型路径系数与假设检验值见表4-40。

表4-40　　　　整体结构方程模型路径系数与假设检验值

路径			标准化系数	非标准化系数	S.E.	C.R.	P	假设
DDC	←	DEPC	0.426	0.420	0.058	7.275	***	成立
DSC	←	DEPC	0.529	0.562	0.065	8.616	***	成立
DOE	←	DEPC	0.190	0.182	0.074	2.463	0.014	成立
DOE	←	DDC	0.215	0.210	0.063	3.318	***	成立
DOE	←	DSC	0.313	0.283	0.068	4.175	***	成立
DRA	←	DEPC	0.227	0.215	0.077	2.810	0.005	成立
DRA	←	DDC	0.357	0.343	0.067	5.096	***	成立
DRA	←	DSC	0.085	0.076	0.068	1.126	0.260	不成立
DEP	←	DEPC	0.153	0.151	0.060	2.508	0.012	成立
DEP	←	DDC	0.177	0.177	0.056	3.166	0.002	成立
DEP	←	DSC	0.292	0.271	0.057	4.772	***	成立
DEP	←	DOE	0.273	0.280	0.061	4.574	***	成立
DEP	←	DRA	0.216	0.225	0.063	3.581	***	成立

注：*表示 $P<0.05$；**表示 $P<0.01$；***表示 $P<0.001$。

②中介效应检验。

通过 Amos26.0 软件使用 Bootstrap 方法进行 2 000 次运算，得出表4-41。由表4-41可知，DEPC-DEP 总效应值为0.597，在置信区间范围内均不包含0，表明总效应存在。在直接效应中，DEPC-DEP 为0.153，在置信区间之内均不包含0，表明直接效应存在。DEPC-DDC-DEP的间接效应值为0.075、DEPC-DSC-DEP 的间接效应值为0.154，DEPC-DOE-DEP 的间接效应值为0.052、DEPC-DRA-DEP 的间接效应值为0.049，以上路径在置信区间均不包含0，表明间接效应存在。由此表明假设 H4a、H4b、H7a 和 H7b 成立。

表4-41　　整体结构方程模型的总效应、间接效应及直接效应

Paths	Standardized Effects	Bias-Corrected 95%CI		Percentile 95%CI	
		Lower	Upper	Lower	Upper
Total effect					
DEPC-DEP	0.597	0.468	0.715	0.468	0.716
Indirect effect					
DEPC-DDC-DEP	0.075	0.034	0.133	0.032	0.129
DEPC-DSC-DEP	0.154	0.085	0.256	0.078	0.241
DEPC-DOE-DEP	0.052	0.017	0.103	0.013	0.095
DEPC-DRA-DEP	0.049	0.021	0.086	0.019	0.082
DEPC-DDC-DOE-DEP	0.025	0.01	0.052	0.009	0.048
DEPC -DDC-DRA-DEP	0.033	0.015	0.066	0.013	0.061
DEPC -DSC-DOE-DEP	0.045	0.018	0.097	0.017	0.093
DEPC -DSC-DRA-DEP	0.010	−0.002	0.028	−0.003	0.026
Direct effect					
DEPC-DEP	0.153	0.015	0.263	0.028	0.27

③链式中介效应检验。

由表4-41可得知，DEPC-DDC-DOE-DEP 的间接效应值为0.025，DEPC -DDC-DRA-DEP 的间接效应值为0.033，DEPC -DSC-DOE-DEP 的间接效应值为0.045，这些路径的系数在置信区间内均不包含0，表明间接效应存在，假设H9a、H9b与H9c成立。

DEPC -DSC-DRA-DEP 的间接效应值为0.010，在置信区间内包含0，表明间接效应不存在，假设H9d不成立。

从以上结果可以看出，整体结构方程模型的拟合程度较好，并且其假设检验的结果与逐条假设检验的结果相同，说明整体结构方程模型具有稳健性。

4.3.6　环境动态性的调节作用检验

（1）环境动态性在数字创业心理资本和创业绩效间的调节作用检验

首先，对数字创业心理资本与环境动态性变量进行中心化处理以降低多重共线性问题并计算二者的交互项；其次，分别检验数字创业心理资本、环境动态性对创业绩效的影响；最后，检验数字创业心理资本、环境动态性以及二者中心化后的交互项对创业绩效的影响，如果其交互项回归系数显著，表明调节作用存在。

运用 SPSS21.0 软件中的回归分析，以性别（GEN）、年龄（AGE）、学历（EDU）、创业年限（DEXP）作为控制变量，以数字创业心理资本作为自变量，以环境动态性作为调节变量，以创业绩效作为因变量进行调节检验，结果见表 4-42。

表4-42　环境动态性在数字创业心理资本和创业绩效间的调节检验

	DEP			
	M1	M2	M3	M4
	β	β	β	β
GEN	−0.055	−0.019	−0.021	−0.026
AGE	−0.01	0.036	0.017	0.015
EDU	0.152**	0.049	0.047	0.061
DEXP	0.122	0.045	0.046	0.044
DEPC		0.527***	0.442***	0.481***
ED			0.26***	0.254***
ED×DEPC				0.125*
R^2	0.043	0.3	0.36	0.374
△ R^2	0.043	0.257	0.06	0.014
F	3.385*	26.026***	28.393***	25.729***

注：*表示 $P<0.05$，**表示 $P<0.01$，***表示 $P<0.001$。

由表 4-42 可以看出，ED×DEPC 对 DEP（β=0.125，$P<0.05$）具有显著正向影响。环境动态性在数字创业心理资本与创业绩效间的调节效应图如图 4-26 所示。

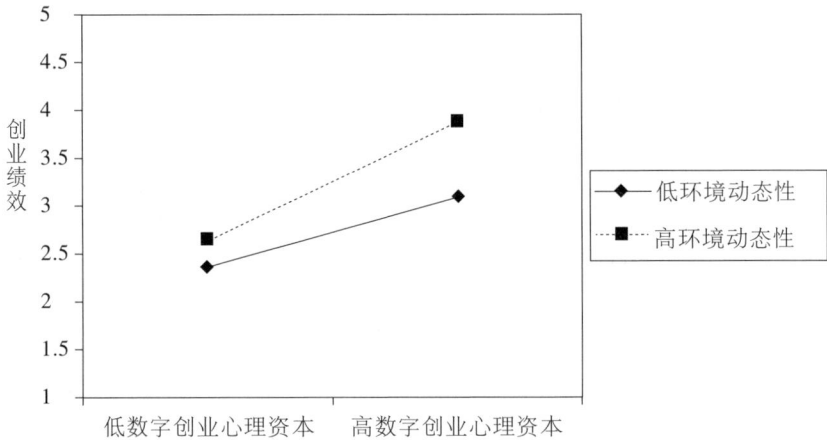

图4-26　环境动态性在数字创业心理资本与创业绩效间的调节效应图

从图4-26可以看出，与低环境动态性相比，高环境动态性的斜率较大。由此可得假设H10成立。

（2）环境动态性在数字创业能力和创业绩效间的调节作用检验

首先对数字创业能力和创业绩效之间的调节作用进行检验，然后分别对数字创业动态能力与数字创业战略能力两个子维度进行检验。

①环境动态性在数字创业能力和创业绩效间的调节作用检验。

环境动态性在数字创业能力和创业绩效间的调节检验见表4-43。

表4-43　环境动态性在数字创业能力和创业绩效间的调节检验

	DEP			
	M1	M2	M3	M4
	β	β	β	β
GEN	−0.055	−0.002	−0.006	−0.019
AGE	−0.01	0.024	0.012	0.014
EDU	0.152**	0.083	0.076	0.087*
DEXP	0.122*	−0.022	−0.015	−0.014
DEC		0.652***	0.58***	0.593***
ED			0.195***	0.19***
ED×DEC				0.112*
R^2	0.043	0.438	0.471	0.483
$\triangle R^2$	0.043	0.396	0.033	0.012
F	3.385*	47.386***	44.919***	40.273***

注：*表示P<0.05，**表示P<0.01，***表示P<0.001。

由表4-43可以看出，ED×DEC 对 DEP（β=0.112，P<0.05）具有显著正向影响。从图4-27可以看出，高环境动态性比低环境动态性的斜率大。由此可得，假设H11成立。

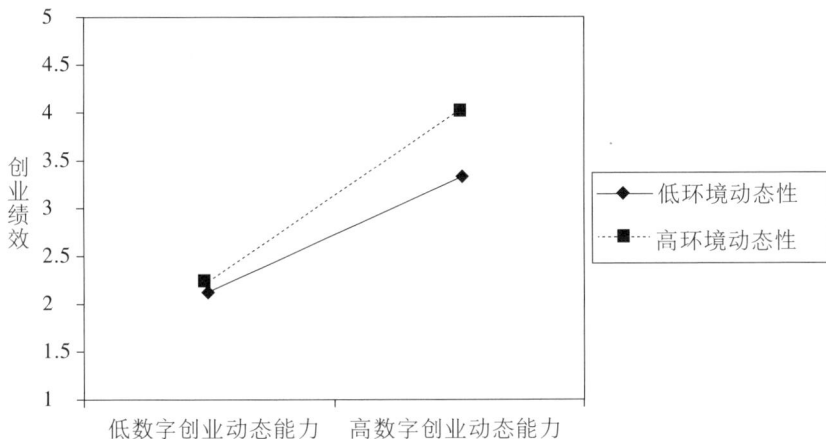

图4-27　环境动态性在数字创业动态能力与创业绩效间的调节效应图

②环境动态性在数字创业动态能力和创业绩效间的调节作用检验。

环境动态性在数字创业动态能力和创业绩效间的调节检验见表4-44。

表4-44　　环境动态性在数字创业动态能力和创业绩效间的调节检验

	DEP			
	M1	M2	M3	M4
	β	β	β	β
GEN	−0.055	−0.036	−0.036	−0.05
AGE	−0.01	0.032	0.012	0.013
EDU	0.152^{**}	0.12^{*}	0.105^{*}	0.117^{*}
DEXP	0.122^{*}	0.043	0.043	0.039
DDC		0.483^{***}	0.403^{***}	0.423^{***}
ED			0.285^{***}	0.293^{***}
ED×DDC				0.137^{*}
R^2	0.043	0.267	0.341	0.359
$\triangle R^2$	0.043	0.224	0.074	0.018
F	3.385^{*}	22.138^{***}	26.128^{***}	24.144^{***}

注：*表示 P<0.05，**表示 P<0.01，***表示 P<0.001。

由表4-44可以看出，ED×DDC对DEP（β=0.137，P<0.05）具有显著正向影响。环境动态性在数字创业动态能力与创业绩效间的调节效应如图4-28所示。

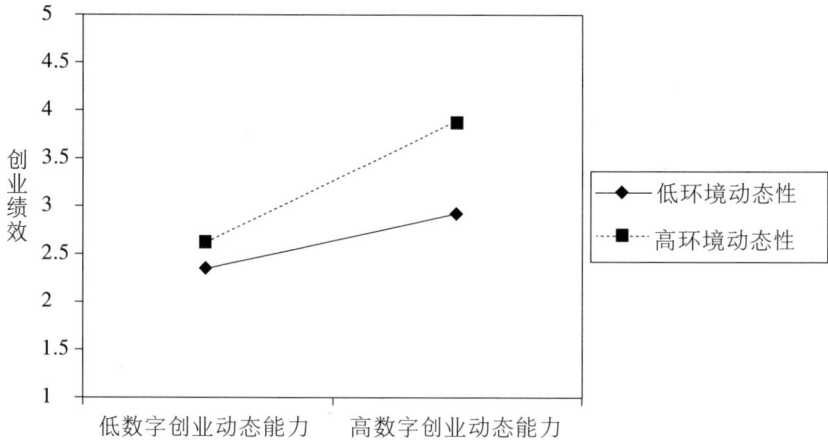

图4-28　环境动态性在数字创业动态能力与创业绩效间的调节效应图

从图4-28可以看出，与低环境动态性相比，在高环境动态性条件下，数字创业动态能力与创业绩效之间关系的斜率较大。由此可得，假设H11a成立。

③环境动态性在数字创业战略能力和创业绩效间的调节作用检验。

环境动态性在数字创业战略能力和创业绩效间调节检验见表4-45。

从表4-45可以看出，ED×DSC对DEP（β=0.073，P>0.05）不具有显著正向影响，假设H11b不成立。

表4-45　　环境动态性在数字创业战略能力和创业绩效间的调节检验

	DEP			
	M1	M2	M3	M4
	β	β	β	β
GEN	−0.055	−0.01	−0.013	−0.02
AGE	−0.01	−0.009	−0.021	−0.018
EDU	0.152**	0.1*	0.088	0.094*
DEXP	0.122*	0.024	0.027	0.029
DSC		0.524***	0.446***	0.455***

续表

	DEP			
	M1	M2	M3	M4
	β	β	β	β
ED			0.273***	0.264***
ED×DSC				0.073
R^2	0.043	0.303	0.371	0.376
△ R^2	0.043	0.26	0.068	0.005
F	3.385*	26.419***	29.756***	25.98***

注：*表示 $P<0.05$，**表示 $P<0.01$，***表示 $P<0.001$。

4.4　稳健性检验

稳健性检验考察的是评价方法和指标解释能力的强壮性，也就是当改变某些参数时，评价方法和指标是否仍然对评价结果保持比较一致、稳定的解释。

简单来说，当得出一个结论时，需要通过一系列方法来验证结论是否可靠。当改变一些条件发现所得结论依然不变，那么结论就是稳健的；反之，所得结论有待商榷，需要找出使结论发生改变的原因并进行解释。在较早的文献中，一般很少涉及稳健性检验，近年来，稳健性检验受重视程度越来越高。稳健性检验是让结论被广泛接受的重要步骤之一。

本书采用两种方式对结构方程的稳健性进行检验。

方式一是先构建子影响路径对所提出的假设进行逐一检验，然后构建整体结构方程模型对验证方法进行稳健性检验。整体结构方程模型所得的个别路径系数的显著性水平与单独分析其子影响路径时的显著性水平略有不同，但仍能保持在5%的水平上显著，说明整体模型具有稳健性，同时也说明模型中的直接效应、间接效应与总效应检验结论具有稳健性。

方式二为对结构方程整体模型 Bootstrap 的检验由 2 000 次提升至 3 000 次，进行结果对比，如果除个别系数存在微小变动以外，效应存在与否和迭代次数提升前相同，说明结构方程所得结论具有稳健性。

在对调节效应进行的稳健性检验中，首先计算中位数并将高于中位数的数据划分入高水平组，低于中位数的数据划分入低水平组；然后重新对调节效应的相关假设进行回归分析，如果所得结果回归系数的值略有变化，但回归系数符号和显著性水平未发生改变，表明调节效应的研究结果具有稳健性。

4.5 本章小结

本章采用 Amos26.0 软件对研究框架中的潜变量进行路径分析并构建结构方程，假设检验结果汇总见表 4-46。

表4-46　　　　　　　　　　　假设检验结果汇总

序号	假设	假设内容	结论
1	H1	数字创业心理资本对于创业绩效具有显著正向影响	成立
2	H2	数字创业心理资本对于数字创业能力有着显著正向影响	成立
3	H2a	数字创业心理资本对数字创业动态能力有着显著正向影响	成立
4	H2b	数字创业心理资本对数字创业战略能力有着显著正向影响	成立
5	H3	数字创业能力对于创业绩效有显著正向影响	成立
6	H3a	数字创业动态能力对于创业绩效有显著正向影响	成立
7	H3b	数字创业战略能力对于创业绩效有显著正向影响	成立
8	H4	数字创业能力在心理资本和创业绩效之间起到中介作用	成立
9	H4a	数字创业动态能力在心理资本和创业绩效之间起到中介作用	成立
10	H4b	数字创业战略能力在心理资本和创业绩效之间起到中介作用	成立

续表

序号	假设	假设内容	结论
11	H5	数字创业心理资本对于数字行为有显著正向影响	成立
12	H5a	数字创业心理资本对于数字创业机会开发有显著正向影响	成立
13	H5b	数字创业心理资本对于数字创业资源获取有显著正向影响	成立
14	H6	数字创业行为对创业绩效有显著正向影响	成立
15	H6a	数字创业机会开发对创业绩效有显著正向影响	成立
16	H6b	数字创业资源获取对创业绩效有显著正向影响	成立
17	H7	数字创业行为在心理资本和创业绩效间起到中介作用	成立
18	H7a	数字创业机会开发在心理资本和创业绩效间起到中介作用	成立
19	H7b	数字创业资源获取在心理资本和创业绩效间起到中介作用	成立
20	H8	数字创业能力对数字创业行为具有显著正向影响	部分成立
21	H8a	数字创业动态能力对数字创业机会开发具有显著正向影响	成立
22	H8b	数字创业动态能力对数字创业资源获取具有显著正向影响	成立
23	H8c	数字创业战略能力对数字创业机会开发具有显著正向影响	成立
24	H8d	数字创业战略能力对数字创业资源获取具有显著正向影响	不成立
25	H9	数字创业能力与数字创业行为在心理资本与创业绩效间起到链式中介作用	部分成立
26	H9a	数字创业动态能力和数字创业机会开发在心理资本与创业绩效间起到链式中介作用	成立

续表

序号	假设	假设内容	结论
27	H9b	数字创业动态能力和数字创业资源获取在心理资本与创业绩效间起到链式中介作用	成立
28	H9c	数字创业战略能力和数字创业机会开发在心理资本与创业绩效间起到链式中介作用	成立
29	H9d	数字创业战略能力和数字创业资源获取在心理资本与创业绩效间起到链式中介作用	不成立
30	H10	环境动态性在数字创业心理资本与创业绩效间起到正向调节作用	成立
31	H11	环境动态性在数字创业能力与创业绩效间起到正向调节作用	成立
32	H11a	环境动态性在数字创业动态能力与创业绩效间起到正向调节作用	成立
33	H11b	环境动态性在数字创业战略能力与创业绩效间起到正向调节作用	不成立

第 5 章　实证研究结论与讨论

前文的实证研究探讨了数字创业心理资本对创业的影响机制，分析了数字创业能力与数字创业行为起到的链式中介作用以及环境动态性的调节作用。本书通过对数百位数字创业者调研数据的实证分析，得出以下主要结论。

5.1　数字创业心理资本对创业绩效具有显著积极影响

创业心理资本是一种创业者拥有的个人资源，可以解释有关创业意向、创业能力以及创业认知等方面的相关创业活动。有关实证研究表明，创业心理资本可以对创业绩效产生积极的显著影响（Hmieleski，2008；何红光，2015；牛骅，2015；王嫣婷，2015；关培兰和罗东霞，2009；谢雅萍等，2013）。虽然已有充足的实证研究表明心理资本可以积极影响创业绩效（其研究群体主要为大学生创业者、女性创业者等），但目前没有关于数字创业者群体的心理资本水平对创业绩效是否产生影响的实证研究。

数字创业竞争激烈、数字技术迭代快和消费偏好的易变性导致创业者需要承担较大的心理压力。当创业压力过大时，会对创业者的创业认知和决策产生消极影响。拥有积极心理资本的个体通常会保持在低压状态（Baron等，2016），这意味着拥有高水平数字创业心理资本的个体更不易受到数字创业中高压环境的影响。

本书构建的整体结构方程模型显示数字创业心理资本对创业绩效具有显著正向影响，说明在数字创业情境下数字创业心理资本对创业绩效的积极影响仍成立。由此说明，拥有积极数字创业心理资本的数字创业者可以调节压力，从而提高创业绩效。

5.2 数字创业能力的中介作用

数字创业能力在数字创业心理资本和创业绩效间起到部分中介作用。

数字创业能力是数字创业者需具备的重要才能，在数字创业过程中起到不可或缺的作用。学者们研究了创业机会能力对心理资本和绩效的中介作用（牛骅，2015；马红玉等，2020；陈梦妍等，2019）。因为数字技术弱化了创业过程和结果的边界感，颠覆了传统的创业模式，所以数字创业能力的内涵与传统的创业能力有所不同。

多位学者通过实证研究发现心理资本对创业能力具有积极影响（马红玉，2016；吴能全和李芬香，2020；Ismael，2013；田硕和许燕，2015；Hasan等，2019）。在数字创业情境下，本书参考了朱秀梅等（2020）的研究结果，将数字创业能力划分为数字创业动态能力与数字创业战略能力。通过结构方程模型可以看出，数字创业心理资本对数字创业动态能力和数字创业战略能力具有显著正向影响，说明数字创业心理资本对于数字创业能力具有显著的积极影响。

有关实证研究表明，创业能力对于创业绩效具有显著正向影响（蔡莉等，2014；杨艳和胡蓓，2012；谢雅萍和黄美娇，2016；康健和胡祖光，2017；张成甦，2020）。本书的研究结果表明，数字创业动态能力和数字创业战略能力对创业绩效具有显著积极影响，说明数字创业能力对于创业绩效具有显著正向影响。数字创业者在创业过程中应不断学习有关数字技术的相关知识，培养识别数字创业机会的相关能力，从而提高创业绩效。

本书通过 Bootstrap 方法分别对数字创业动态能力与数字创业战略能力进行中介效应检验，结果表明数字创业动态能力在数字创业心理资本和创业绩效间起到部分中介作用。数字创业动态能力是数字创业者能够迅速适应市场以及数字技术变化的能力，可以帮助数字创业者掌握主动权。实证结果表明，数字创业战略能力在数字创业心理资本和创业绩效间起到部分中介作用，能够帮助数字创业者进行战略布局与商业决策。综上所述，数字创业能力在数字创业心理资本和创业绩效间起到中介作用。

5.3 数字创业行为的中介作用

数字创业行为在数字创业心理资本和创业绩效间起到部分中介作用。

数字创业行为是创业者在创业过程中利用数字技术实现数字创业目的的一系列举措，关乎数字创业活动的开展情况。学者们在创业心理资本和创业行为的相关研究中，通常会从创业行为倾向、创业意向等方面展开探究（Baluku 等，2019；何红光和宋林，2015；魏江国，2020；伍如昕和何薇薇，2018；Baluku 等，2016）。有关研究表明心理资本对创业行为有积极影响（Newman，2014；何良兴等，2017；马红玉等，2018；Cui，2021）。

朱秀梅等（2020）认为数字创业活动得以开展离不开数字创业机会与数字创业资源。因此，本书将数字创业行为划分成数字创业机会开发与数字创业资源获取两个维度。研究结果表明，数字创业心理资本对数字创业机会开发和数字创业资源获取具有显著正向影响，从而说明数字创业心理资本对数字创业行为具有显著的积极影响。

创业行为对于创业绩效具有显著正向影响（张玉利和赵都敏，2009；黄荣冬等，2007；张秀娥和孙中博，2013；周烁等，2020；刘勤华和刘晓冰等，2020）。本书的实证研究结果表明，数字创业机会开发对创业绩效具有显著正向影响（这与张梦琪（2015）、刘佳和李新春（2013）实证研究得出的"创业机会开发对创业绩效具有显著影响"的结论一致），数字创业资源获取对创业绩效具有显著正向影响（这与朱红根（2012）、芮正云和史清华（2018）的研究结论一致）。由此说明，数字创业行为对创业绩效具有显著正向影响。

通过 Bootstrap 法对数字创业机会开发和数字创业资源获取两个维度进行中介效应检验，结果表明数字创业机会开发和数字创业资源获取在数字创业心理资本和创业绩效间起到部分中介作用。数字创业机会开发是开启数字创业并使其得到可持续发展的根本，数字创业资源获取是维持经营的条件之一。综上所述，数字创业行为在数字创业心理资本和创业绩效间起到中介作用。

5.4　数字创业能力和数字创业行为的链式中介作用

本书基于"能力-行为-绩效"的研究逻辑，从数字创业者的动态能力和战略能力角度出发，引入数字创业机会开发和资源获取作为"数字创业能力-数字创业行为"路径中的解释机制，验证了二者的中介作用。通过整体结构方程模型运算结果可以看出，数字创业动态能力对数字创业机会开发有显著正向影响，与 Martin（2011）的研究结论吻合；数字创业动态能力对数字创业资源获取有显著正向影响，与 Zahra 等（2006）的研究结论一致。数字创业战略能力对数字创业机会开发有显著正向影响，与 Guo（2018）的研究结论一致；数字创业战略能力对数字创业资源获取未能起到显著影响，表明数字创业战略能力对于其资源获取行为并不能产生明显影响。

通过 Bootstrap 方法对数字创业能力和数字创业行为的链式中介作用进行检验，结果表明数字创业动态能力和数字创业机会开发的链式中介效应存在。数字创业动态能力和数字创业资源获取的链式中介效应存在，说明数字创业心理资本可以通过提升数字创业动态能力促进机会开发行为和资源获取行为从而提高创业绩效。数字创业战略能力和数字创业机会开发的链式中介效应存在，说明数字创业心理资本可以通过增强数字创业战略能力来促进数字创业机会开发行为，从而正向影响创业绩效。数字创业战略能力和数字创业资源获取的链式中介效应不存在，一个可能的解释是数字创业战略能力与传统的战略能力的含义有所不同，前者强调的是对于数字信息的分析、方针的制定以及综合决断的能力，与在数字创业过程中创业者获取数字技术支持、相关知识、场地和资金等资源的行为不存在直接关系。在数字创业能力的两个维度中，数字创业动态能力反映数字创业者快速应对外部技术和市场变化的能力（Helfat 等，2007）。

5.5　环境动态性的调节作用

在数字创业心理资本和创业绩效的机制探究中，本书分别探讨了环境动态性在"数字创业心理资本-创业绩效"、"数字创业能力-创业绩效"、"数字创业动态能力-创业绩效"和"数字创业战略能力-创业绩效"关系中的调节作用，并得出了不同结论。研究结果表明，数字创业者需要注意环境动态性对于个人心理资本与创业能力的影响，并根据环境变化及时调整有关数字创业的战略和决策。

5.5.1　环境动态性在数字创业心理资本和创业绩效间起正向调节作用

本书的研究结果显示，环境动态性正向调节数字创业心理资本和创业绩效间的关系。该结果表明环境变化越强烈，数字创业心理资本对于创业绩效的正向影响越强；相反，环境趋于稳定，数字创业心理资本与创业绩效间的影响关系会减弱。该结论与 Hmieleski 等（2015）的实证研究结论相似。

5.5.2　环境动态性在数字创业能力和创业绩效间起正向调节作用

本书的实证研究结果显示，环境动态性在数字创业能力和创业绩效间起正向调节作用，说明数字创业能力在对创业绩效产生影响的同时受到环境动态性的影响。当环境动态性强时，数字创业能力对于创业绩效的正向影响较强；当环境动态性减弱时，数字创业能力对于创业绩效的正向影响会减弱。该结论与周键（2017）的研究结论类似。

（1）环境动态性在数字创业动态能力和创业绩效间起正向调节作用

本书的实证研究结果表明，环境动态性在数字创业动态能力和创业绩效间起正向调节作用。该结论意味着数字创业动态能力和创业绩效的关系受环境动态性的影响。数字创业环境的动态性强时，数字创业动态能力对创业绩效的正向促进作用较强；环境动态性弱时，数字创业动态能力对创业绩效的正向促进作用减弱。这与焦豪（2008）的研究结论类似。

（2）环境动态性在数字创业战略能力和创业绩效间未能起到显著调节作用

根据实证结果可知，环境动态性在数字创业战略能力和创业绩效间未起到显著调节作用。虽然项国鹏和项乐毅（2013）通过实证研究发现环境动态性对企业家战略能力和企业绩效间的关系存在调节效应，但是数字创业战略能力与项国鹏和项乐毅（2013）在研究中涉及的企业家战略能力内涵有所不同，结论出现了不一致的情况。一个可能的解释是数字创业战略能力在本书中强调的是数字创业者制订数字战略计划、进行趋势判断等的综合战略分析能力，并且具备数字创业战略能力的创业者需要根据环境的变化来调整数字创业战略。由此可见，数字创业战略能力是需要与数字创业环境变化同频的。因此，无论环境是否变化，环境动态性对数字创业战略能力和创业绩效间的关系并没有显著影响。

5.6 本章小结

本章根据实证研究结果，对"数字创业心理资本-创业绩效"的直接作用、数字创业能力和数字创业行为的中介作用以及二者的链式中介

作用进行总结分析，并对环境动态性对于"数字创业心理资本–创业绩
效"、"数字创业能力–创业绩效"、"数字创业动态能力–创业绩效"和
"数字创业战略能力–创业绩效"间的调节作用进行了讨论。

第6章 总结与展望

6.1 研究总结

6.1.1 数字创业心理资本受多因素组态效应的驱动影响

本书采用定性比较分析法历时数月收集到238个有关于数字创业心理资本的数据样本,通过fsQCA3.1b软件运算分析出影响数字创业心理资本的组态。基于社会认知等理论,从数字创业者的自我调节、创业学习、家庭支持和所处的创业环境几个方面构成的组态进行分析,得到高心理资本水平组态有以下类型:家庭依赖型、环境造就型、学习促进型和厚积薄发型。其中,学习促进型组态中包括自主学习型和经验学习型两个构型。

通过研究发现,影响高心理资本水平的核心条件包括家庭支持、创业学习和创业环境。家庭支持构型对于总体的唯一解释度最高。非高心理资本经分析获得以下组态:学习环境缺乏型、家庭学习缺乏型、自我调节受阻型、家庭支持受阻型和创业经验受阻型。家庭学习缺乏型组态包含家庭自主学习缺乏型和经验学习受阻型两个构型。

通过研究分析，所得结论如下：

第一，家庭依赖型构型作为所得解中唯一的单一条件核心构型对数字创业心理资本的提升尤为关键。我国创业者重视人际关系，直系和旁系亲属等家庭成员的支持对于数字创业心理资本会起到非常重要的作用。

第二，在以创业学习为核心条件的构型中，包含自主学习型组态和经验学习型组态。剔除经验学习维度并加入数字创业经验进行综合分析，所得构型显示数字创业经验仅为边缘条件，创业学习中的认知学习维度和实践学习维度对于数字创业心理资本的发展非常重要。

第三，环境对于个体的行为具有显著影响。实证所得结论表明，数字创业环境具有的不确定性对创业者的心理状况会产生一定影响，结合不同条件后导致的心理资本水平不尽相同。所以，创业环境要结合其他有关因素协同分析其对数字创业心理资本水平的影响。

综上所述，心理资本变化主要是由多种因素协同导致的。传统实证研究变量主要关注结果的净效应和双向效应，由于自变量与因变量之间路径可逆，并不能阐明因果逻辑关系。本书通过模糊集定性分析法得到多种组态，从综合视角分析多个条件对数字创业心理资本的共同作用，为数字创业者培养积极心理资本指引了方向。

6.1.2　数字创业心理资本对创业绩效的作用机制研究总结

本书基于心理资本论和计划行为理论等，对数字创业心理资本和创业绩效的关系进行探究，通过文献回顾梳理各个变量间的关系并构建了"数字创业心理资本–创业绩效"的机制模型。通过对几百位数字创业者的调研数据进行实证分析，得出如下结论：数字创业心理资本对创业绩效具有显著积极影响。这与 Hmieleski（2008）、何红光（2015）、牛骍（2015）、王嫣婷（2015）、关培兰和罗东霞（2009）、谢雅萍和周芳等（2013）、Stajkovic 和 Luthans（1998）以及苏晓华等（2018）的研究结论一致。Baron 等（2016）认为拥有积极心理资本的个体通常会保持在低压状态，高水平心理资本的个体不易受到高压环境的影响。

实证的中介作用研究中，主要结果为"数字创业能力在数字创业心理资本和创业绩效间起到部分中介作用"、"数字创业行为在数字创业心理资本和创业绩效间起到部分中介作用"以及"数字创业能力和数字创业行为在数字创业心理资本和创业绩效间起到链式中介作用"。

数字创业能力是数字创业者需具备的重要才能，在数字创业过程中起到不可或缺的作用。数字创业动态能力可以帮助数字创业者掌握主动权，数字创业战略能力能够帮助数字创业者能够更好地审时度势。综上所述，提升数字创业心理资本水平可以提高数字创业能力，数字创业能力可以显著提升创业绩效，并且数字创业能力在数字创业心理资本和创业绩效间起到中介作用。

数字创业行为关乎数字创业活动的开展状况。目前有关数字创业行为作为中介变量对数字创业心理资本和创业绩效产生影响的实证研究比较少见。数字创业较传统创业而言，创业行为模式有所不同。数字创业机会开发行为是数字创业可持续发展的根本，数字创业资源获取行为是维持经营的必需条件之一，数字创业心理资本水平可以通过二者影响创业绩效。综上所述，数字创业行为在数字创业心理资本和创业绩效间起到中介作用。

在链式中介的实证结果中得出以下结论：数字创业心理资本可以通过提升数字创业动态能力以增强机会开发行为和资源获取行为从而提高创业绩效；数字创业心理资本可以通过提高数字创业战略能力促进机会开发行为，从而正向影响创业绩效；数字创业战略能力和数字创业资源获取的链式中介效应不存在。本书认为造成该链式中介效应不存在的原因是数字创业战略能力强调的是对于数字信息的分析、方针的制定等能力，该能力对数字创业者获取技术支持、知识、场地和资金等行为不存在直接影响。

在调节效应的检验中，结果显示环境动态性正向调节数字创业心理资本和创业绩效的关系、数字创业能力和创业绩效的关系、数字创业动态能力和创业绩效间的关系，但在数字创业战略能力和创业绩效间并不存在显著的调节效应。本书认为数字创业战略能力强调的是数字创业者制订数字战略计划和信息分析等的能力，需要根据环境形势的变化来调整数字创业战略，因此，数字创业战略能力需要与数字创业环境变化保持同步。综上所述，在数字创业情境下，需要考虑环境动态性对整体的影响。

6.2 研究启示

6.2.1 理论贡献

本书从以下几个方面对现有研究作出理论贡献：

第一，厘清了有关数字创业心理资本、数字创业能力和数字创业行为等的概念内涵。

通过研究发现，数字创业和传统创业之间存在区别，并且数字创业能力、数字创业行为与传统的创业能力和创业行为均有所不同。通过对相关变量进行定义，使研究更为科学严谨，并为未来的相关研究提供了参考。

第二，界定了影响数字创业心理资本的关键条件。

本书基于构型理论，通过大量的文献回顾界定了影响数字创业心理资本的关键条件，包括自我调节、创业学习家庭支持和创业环境，并对自我调节和创业学习、创业学习和创业环境等的关系进行梳理，为影响数字创业心理资本条件的界定拓展了范畴。

第三，识别出了影响数字创业心理资本形成的核心条件和条件组合。

本书依据构型理论对数字创业心理资本组态构建构型，该构型中包含数字创业者的内部个人因素和外部情境因素。通过模糊集定性分析法找到有关于组态模型的对应构型，得到了4个主要影响高数字创业心理资本的组态以及5个主要影响非高数字创业心理资本的组态，找到关于数字创业心理资本的形成、提升和抑制的部分原因。

第四，揭示了数字创业心理资本对创业绩效的作用路径。

通过对"心理资本–能力–行为–绩效"的研究，发现数字创业心理资本可以通过数字创业能力和数字创业行为作用于创业绩效，并且数字创业能力和数字创业行为之间存在链式中介效应，研究结果得到了关于数字创业心理资本可以影响数字创业能力、继而影响数字创业行为最终传递到创业绩效的完整链条。

第五，丰富了多种理论在数字创业领域中的应用。

心理资本作为一种可供发展的心理资源，对于创业者提升绩效和实现创业成功均有显著的预测作用。心理资本在数字创业领域的应用开辟了心理学在数字创业领域进行交叉研究的先河。在自我决定论和社会认知论的基础下，本书得出数字创业者对自身的思维和心理、认知与决策均可以进行干预的结论，这为数字创业心理资本的提升提供了理论依据。

第六，拓展了模糊集定性比较分析法在数字创业领域的应用。

在数字创业心理资本中应用模糊集定性比较分析法，摆脱了以往有关创业心理资本研究中主要关注结果变量之间的净效应或双向关联的局限性。本书从整体视角出发，结合集合论思想中的多重并发因果关系，为数字创业心理资本的前因条件和组态分析提供了一定理论参考，拓展了高数字创业心理资本的反事实分析，补充了非高数字创业心理资本的条件组合分析，进一步探究了抑制数字创业心理资本水平的原因。

6.2.2　对于数字创业者的建议

通过对以上研究的分析和总结，本书为数字创业者提供以下建议：

第一，数字创业者要留意自身的心理资本。

干预心理资本时可以从自我调节、保持学习、向家庭成员寻求情感上的理解和支持等方面切入，从而调节自身压力并保持自信的状态，积极影响自我决策与自我认知，实现创业绩效的提高。

第二，数字创业者应注重对自身能力的培养。

在数字创业过程中，创业者应注重对数字技术和数字创业的相关知识的学习，提高把握数字创业机会的能力，从而提高创业绩效。

第三，数字创业者要对数字创业行为进行把控。

数字创业者识别到有价值的创业机会时，应制订可行性计划并逐步进行机会开发，以确保把握住创业机会。在数字创业资源获取方面，建议数字创业者在日常生活中留意政府的创业扶持政策，从而获取所需资源。

第四，要充分意识到所处环境发生的变化。

新技术的出现、新产品的问世、营销策略的变革、消费偏好的不确定性和消费导向的转变使得数字创业者需要不断反思自我决策和所选赛道的可行性。建议数字创业者通过学习相关的大数据分析技术等，敏锐洞悉行业走势，在数字创业环境出现巨大变化前作出反应。

6.2.3　研究创新性

本书主要创新点如下：

第一，将心理学与管理学结合展开交叉学科研究。

在交叉学科中，通过转换理论视角可以让研究得出新解释。将心理资本理论应用于数字创业领域，用全新的积极心理学视角提出问题并解决问题，在心理资本理论层面实现了新的突破；将数字创业心理资本概念应用于实证研究中，在数字创业实践层面取得了新的进展。

第二，首次将心理资本概念应用于数字创业者群体。

心理资本非常适合应用于动荡多变的数字创业情境以帮助数字创业者舒缓压力，并有助于提升创业绩效与预测创业成功。因此，本书展开有关数字创业心理资本的相关研究，通过实证所得结论帮助数字创业者顺利开展创业活动。

第三，从个体层面构建数字创业心理资本组态模型。

本书从数字创业者的个体特征、行为，所处的内部环境和外部环境入手，构建数字创业心理资本组态模型对影响数字创业心理资本的因素和条件组合进行讨论，并通过 fsQCA 方法验证模型，对所得实证结果与相应的构型进行主题编排和命名，以确保模型的科学性与合理性。该组态模型发现多种路径可以导致同种结果，为研究如何提升数字创业心理资本提供了新的研究方向和理论指引。

第四，在数字创业领域进行实证研究设计。

本书尝试将理论研究向实证研究方向延伸，并未通过传统创业的创业能力和创业行为进行模型的构建，而是界定数字创业能力和数字创业行为的概念，基于现有数字创业理论相关文献进行维度划分。通过数字创业心理资本、数字创业能力、数字创业行为与创业绩效之间的逻辑关系构建理论模型，并基于此模型构建结构方程模型以实现实证研究分析，实现了国内数字创业研究领域由理论向实践方向的拓展。

6.2.4 研究的局限性

本书对于丰富心理资本的理论研究和数字创业方面的实证研究具有一定的贡献，但仍有如下局限性：

第一，变量测量的局限性。

尽管通过数字创业情境进行适应性调整，并在预调研中使用探索性因子分析来检验量表的结构效度，但由于预调研中样本数量有限，量表仍需大量数据检验并在后期不断完善。

第二，样本收集的局限性。

在收集有关数字创业者调研数据的过程中，发现样本数据回收困难。首先，选择数字平台上符合条件的创业者进行线上发放问卷的样本回收率较低。其次，为扩大样本量委托咨询公司在长春和沈阳两地的创业基地投放问卷，但有效样本数量仍未能明显增多，并且数据来源在一定程度上受到地缘性影响。

第三，研究方法的局限性。

本书未能结合受试者访谈等调研形式进行更为全面的数据收集，并且采用的问卷调研法由于设置了作答范围，导致更为细致的问题可能被遗漏，存在题项导致受试者产生误解等问题。

未来的研究可以从以下方面深入进行：

首先，可以尝试使用文本分析方法探索数字创业心理资本的前因条件。通过问卷调研的方式回收的样本数量较低，在未来的研究中可以尝试运用大数据将影响数字创业者情绪、决策和行为的相关信息挖掘出来，这样就解决了问卷调查法带来的问题，并且可以更为准确和全面地界定影响数字创业心理资本的关键条件。

其次，未来可以继续在数字创业心理资本成因方面进行探索。本书确定了部分数字创业心理资本的影响条件，并通过文献梳理关键条件之间的关联从而构成组态模型，但并未以内部影响机理作为切入点进行研究。未来可以尝试研究多机构组合对数字创业心理资本的影响。

再次，在未来的研究中还可以在数字创业心理资本与创业绩效之间探寻中介变量，深入探讨其内在机制。本书验证了数字创业相关能力和数字创业相关行为在数字创业心理资本和创业绩效之间起到的中介作用，那么在该路径之中是否存在其他中介变量？具体是哪些变量？其影响机理如何？这些问题有待进一步探索研究，以形成完整的作用机制链条。

最后，在未来的研究中可以尝试从个体层面向组织层面拓展。本书主要从数字创业者个体展开研究，对应的绩效为个体主观绩效。在未来的研究中，可以尝试从数字创业团队心理资本对组织绩效的影响方面进行探究，从而使结论可以应用于数字创业企业中，将数字创业心理资本的有关研究结论加以推广。

参考文献

[1]   ADAMS G A, KING L A, KING, et al. Relationships of job and family involvement, family social support, and work-family conflict with job and life satisfaction [J]. Journal of Applied Psychology, 1996, 81 (4): 411-420.

[2]   ALEXANDER E S, ONWUEGBUZIE A J. Academic procrastination and the role of hope as a coping strategy [J]. Personal.Individ.Differ, 2007 (42): 1301-1310.

[3]   ALARICH H E, CLIFF J E. The pervasive effects of family on entrepreneurship: toward a family embeddedness perspective [J]. Business Venture, 2003 (18): 573-596.

[4]   ALARICH H E, PFEFFER J. Environments of organizations [J]. Annual Review of Sociology, 1976 (2): 78.

[5]   AMMIRATO S, FELICETTI A M, GALA M D. The use of social media for knowledge acquisition and dissemination in B2B companies: an empirical study of Finnish technology industries [J]. Knowledge Management Research and Practice, 2019, 17 (1): 52-69.

[6]   BANDURA A. The explanatory and predictive scope of self-efficacy theory [J]. Journal of Social and Clinical Psychology, 1986, 4 (3): 359-373.

[7]   BANDURA A. Reflections on an agentic theory of human behavior [J]. Tidsskrift for Norsk Psykologforening, 2007, 44 (8): 995-1004.

[8]   BAGOZZI R P.The self-regulation of attitudes, intentions and behavior [J]. Social Psychology Quarterly, 1992, 55 (2): 178-240.

[9]   BARON R A, FRANKLIN R J, HMIELESKI K M.Why entrepreneurs often experience low, not high, levels of stress: the joint effects of selection and psychological capital [J]. Journal of Management, 2016, 42 (3): 742-768.

[10]   BARNEY.Firm resource and sustained competitive advantage [J]. Journal of Management, 1991, 17 (1): 99-120.

[11]   BALUKU M M, KIKOOMA J F, KIBANJA G M.Psychological capital and the startup capital - entrepreneurial success relationship [J]. Journal of Small Business & Entrepreneurship, 2016, 28 (1): 27-54.

[12]   BAYON M C, VAILLANT Y.International variations in the impact of perceived entrepreneurial ability and actual ability on entrepreneurial activities [J]. Strategic Change - briefings In Entrepreneurial Finance, 2016, 5 (2): 131-150.

[13]   BROCKNER J, HIGGINS E T, LOW M B.Regulatory focus theory and the entrepreneurial process [J]. Journal of Business Venturing, 2004, 19 (2): 203-220.

[14]   BROCKNER J, PARUCHURI S, IDSON L C.Regulatory focus and the probability estimates of conjunctive and disjunctive events. [J]. Organizational Behavior and Human Decision Processes, 2002, 87 (1): 5-5.

[15]   BRUNETTO Y, ARR-WHARTON R.The moderating role of trust in sme owner/managers' decision-making about collaboration [J]. Journal of Small Business Management, 2007, 45 (3): 362-387.

[16]   BURGOYNE J G.The competence movement: issues, stakeholders and prospects [J]. Personnel Review, 1993, 22 (6): 6-13.

[17]   BRIAN L, LEWIS G D.Antecedents of perceived support: Is perceived family environment generalized to new social relationships? [J]. Cognitive Therapy and Research, 1994, 18 (1): 39-53.

[18]   CARVER C S, WHITE T L.Behavioral inhibition, behavioral activation, and affective responses to impending reward and punishment: The BIS/BAS Scales [J]. Journal of Personality and Social Psychology, 1994, 67 (2).

[19]   CARVER C S, SCHEIER M F.On the self-regulation of behavior [M].

Cambridge: Cambridge University Press, 1998.

[20] CHANG C H, JOHNSON R E, LORD R G. Moving beyond discrepancies: the importance of velocity as a predictor of satisfaction and motivation [J]. Human Performance, 2010 (23): 58-80.

[21] CHENERS M M, WATSON C B, MAY S T. Dispositional affect and leadership effectiveness: a comparison of self-esteem, optimism, and efficacy [J]. Personality and Social Psychology Bulletin, 2000, 26 (3): 267-277.

[22] DAVIS G F, COBB J A. Resource dependence theory: past and future [J]. Stanford's Organization Theory Renaissance, 2010, (28): 21-42.

[23] DELACROIX E, PARGUEL B, BENOIT-MOREAU F. Digital subsistence entrepreneurs on facebook [J]. Technological Forecasting and Social Change, 2019 (146): 887-899.

[24] DU W Y, PAN S L, ZHOU N, et al. From a marketplace of electronics to a digital entrepreneurial ecosystem (DEE): the emergence of a meta-organization in Zhongguancun, China (Conference Paper) [J]. Information Systems Journal, 2018, 28 (6): 1158-1175.

[25] DWIVEDI P, JOSHI A, VILMOS F. Gender-inclusive gatekeeping: how (mostly male) predecessors influence the success of female CEOs [J]. Academy of management journal, 2018, 61 (2): 379-404.

[26] EDWARDS J R. A cybernetic theory of stress, coping, and well-being in organizations [J]. Academy of Management Review, 1992, (17): 238-274.

[27] EDUARDO C B, JUAN M T T, JUAN A L N. Accomplishments in learning self - regulation in personal environments [J]. Creative Education, 2015, 6 (11): 1108-1120.

[28] EPHREM A N, NAMATOVU R, BASALIRWA E M. Perceived social norms, psychological capital and entrepreneurial intention among undergraduate students in Bukavu [J]. Education and Training, 2019, 61 (7-8): 963-983.

[29] FURNARI S, CRILLY D, MISANGYI V F, et al. Capturing causal complexity: heuristics for configurational theorizing [J]. The Academy of Management Review, 2021, 46 (4): 778.

[30] GAO Q, WU C, WANG L. The entrepreneur's psychological capital, creative innovation behavior, and enterprise performance [J].

Frontiers in Psychology, 2020 (11).

[31] GUO R P. Strategic decision-making logics, entrepreneurial capability and opportunity exploitation in high-tech new ventures [J]. Journal of Business Economics and Management, 2018, 19 (2): 235-252.

[32] HASAN M, HATIDJA S, NURJANNA, et al. Entrepreneurship learning, positive psychological capital and entrepreneur competence of students: A research study [J]. Entrepreneurship and Sustainability Issues, 2019, 7 (1): 425-437.

[33] HATCH M. The maker movement manifesto: rules for innovation in the new world of crafters, hackers, and tinkerers [M]. New York: McGraw-Hill, 2013.

[34] HAMILTON E. Entrepreneurial learning in family business [J]. Journal of Small Business and Enterprise Development, 2011, 18 (1): 8-26.

[35] HAMID N, KHALID F. Entrepreneurship and innovation in the digital economy [J]. Lahore Journal of Economics, 2016 (21): 273-312.

[36] HIGGINS E T, TYKOCINSKI O. Seff-discrepancies and biographical memory: personality and cognition at the level of psychological situation [J]. Personality and Social Psychology Bulletin, 1992, 18 (5): 527-535.

[37] HIGGINS E T, RONEY C, CROWE E, et al. Ldeal versus ought predilections for approach and avoidance distinct self-regulatory systems [J]. Journal of Personality and Social Psychology, 1994, 66 (2): 276-286.

[38] HIGGINS E T. Beyond pleasure and pain [J]. American Psychologist, 1997, 52 (12): 1280-1300.

[39] HIGGINS E T. Making a good decision: value from fit [J]. The American psychologist, 2000, 55 (11): 1217-1230.

[40] HIGGINS E T, RONALD S F, ROBERT E H. Achievement orientations from subjective histories of success: Promotion pride versus prevention pride [J]. European Journal of Social Psychology, 2001, 31 (1): 3-23.

[41] HMIELESKI K M, CARR J C. The relationship between entrepreneur psychological capital and well-being [J]. Front Entrepreneursh, 2007 (27).

[42] HMIELESKI K M, CARR J C, BARON R A. Integrating discovery and creation perspectives of entrepreneurial action: the relative roles of founding ceo human capital, social capital, and psychological capital in

contexts of risk versus uncertainty [J]. Strategic Entrepreneurship Journal, 2015, 9 (4): 289-312.

[43] HMIELESKI K M, CORBETT A C.The contracting interaction effects of improvisational behavior with entrepreneurial self-efficacy on new venture performance and entrepreneurship work satisfaction [J]. Journal of Business Venturing, 2008 (23): 482-496.

[44] JACOBS D.Dependency and vulnerability: An exchange approach to the control of organizations [J]. Administrative Science Quarterly, 1974 (19): 45-59.

[45] JARILLO J C.Entrepreneurship and growth: the strategic use of external resources [J]. Journal of business venturing, 1989, 4 (2): 133-147.

[46] JANSEN P, BOSCH D, VOLBERDA W. Exploratory innovation, exploitative innovation, and performance: effects of organizational antecedents and environmental moderators [J]. Management Science, 2006, 52 (11): 1661-1674.

[47] KNIGHT F H.Risk, uncertainty and profit [M]. Washington: Beard Books, 1921.

[48] KUNDT E, BAERT H.Entrepreneurial competencies: assessment and predictive value for entrepreneurship [J]. Journal of Vocational Behavior, 2015, 90 (3): 13-25.

[49] LANAJ K, CHANG C H, JOHNSON R E.Regulatory focus and work-related outcomes: a review and meta-analysis [J]. Psychological Bulletin, 2012, 138 (5): 998-1034.

[50] LAFUENTE E, VAILLANT Y, RIALP J. Regional differences in the influence of role models: comparing the entrepreneurial process of rural catalonia [J]. Regional Studies, 2007, 41 (6): 779-795.

[51] LAZEAR E P.Entrepreneurship [J]. Journal of Labor Economics, 2005 (23): 649-680.

[52] LERNER M, BRUSH C, HISRICH R.Israeli women entrepreneurs: An examination of factors affecting performance [J]. Journal of Business Venturing, 1997, 12 (4): 315-339.

[53] LIANG X, NDOFOR H A, PRIEM R L. Top management team communication networks, environmental un-certainty, and organizational performance: a contingency view [J]. Journal of Managerial Issues, 2010, 12 (4): 436-455.

[54] LI J H, YAO M F. Dynamic evolution mechanism of digital entrepreneurship ecosystem based on text sentiment computing analysis [J]. Frontiers in Psychology, 2021 (12).

[55] LOCKWOOD P, JORDAN C H, KUNDA Z. Motivation by positive or negative role models: regulatory focus determines who will best inspire us [J]. Journal of Personality & Social Psychology, 2002, 83 (4): 854-864.

[56] LUNTHANS F, CHURCH A. Positive organizational behavior: developing and managing psychological strengths and executive commentary [J]. The Academy of Management Executive (1993—2005), 2002, 16 (1): 57-75.

[57] LUNTHANS F, YOUSSEF C M, AVOLIO B J. Psychological capital: developing the human competitive edge [M]. New York: Oxford University Press, 2007.

[58] MAHFUD T, TRIYONO B M, SUDIRA P. The influence of social capital and entrepreneurial attitude orientation on entrepreneurial intentions: the mediating role of psychological capital [J]. European research on management and business economics, 2020, 26 (1).

[59] MAN T W Y. Exploring the behavioral patterns of entrepreneurial learning: A competency approach [J]. Education + Training, 2006, 48 (5): 309-321.

[60] MAN T W Y. Developing a behavior-centred model of entrepreneurial learning [J]. Journal of Small Business and Enterprise Development, 2012, 19 (3): 549-566.

[61] MAN T W Y. Entrepreneurial competencies and the performance of small and medium enterprises in the Hong Kong services sector [D]. Hong Kong: Hong Kong Polytechnic University, 2001.

[62] MAN T W Y, LAU T, SNAPE E. Entrepreneurial competencies and the performance of small and medium enterprises: an investigation through a framework of competitiveness [J]. Journal of Small Business & Entrepreneurship, 2008, 21 (3): 257-276.

[63] MARIA C. Enhancing self-regulation skills in e-learning environments [J]. Conference proceedings of eLearning and Software for Education, 2019, 2 (15): 32-38.

[64] MCKENNY A F, SHORT J C, PAYNE G T. Using computer-aided text

analysis to elevate constructs: an illustration using psychological capital [J]. Organizational Research Methods, 2013, 16 (1): 152-184.

[65] MCMULLEN J S, SHEPHERD D A.Entrepreneurial action and the role of uncertainty in the theory of the entrepreneur [J]. Academy of Management Review, 2006, 31 (1): 132-152.

[66] MCGRATH R G. Exploratory learning, innovative capacity, and managerial oversight [J]. Academy of Management Journal, 2001 (44): 118-131.

[67] MAHMOOD I P, ZHU H, ZAJZC E J.Where can capabilities come from? network ties and capability acquisition inbusiness groups [J]. Strategic Management Journal, 2011, 32 (8).

[68] MINNITI M, BYGRAVE W.A dynamic model of entrepreneurial learning [J]. Entrepreneurship Theory and Practice, 2001, 25 (3): 5-16.

[69] MARKOSKI G. Elements of entrepreneurial environment for family business development [J]. Horizons Series A, 2014 (14): 61-69.

[70] MACHER J T, MOWERY D C. Measuring dynamic capabilities: practices and performance in semiconductor manufacturing [J]. British Journal of Management, 2009 (20).

[71] MISHRA C S. Creating & sustaining competitive advantage [M]. Basingstoke: Management Logics, Business Models, & Entrepreneurial Rent, 2017.

[72] MILLER D, FRIESEN P H.Strategy-making and environment-the 3rd link [J]. STRATEGIC MANAGEMENT JOURNAL, 1983, 4 (3): 221-235.

[73] MOLLICK E.The dynamics of crowd funding: an exploratory study [J]. Journal of Business Venturing, 2014, 29 (1): 1-16.

[74] MOORE J F.The advent of business ecosystems [J]. Upside, 1995 (7): 30.

[75] NAMBISAN S. Digital entrepreneurship: toward a digital technology perspective of entrepreneurship [J]. Entrepreneurship Theory & Practice, 2016, 6 (41): 1-27.

[76] NAMBISAN S. Digital entrepreneurship: toward a digital technology perspective of entrepreneurship [J]. Entrepreneurship Theory and Practice, 2017, 41 (6): 1029-1055.

[77] NAMBISAN S, WRIGHT M, FELDAM M.The digital transformation of innovation and entrepreneurship: progress, challenges and key themes

[J]．Research Policy，2019，48（8）：1-9.

[78] RAYNA T，STRIUKOVA L，DARKUBGTIB J．Co‐creation and user innovation：the role of online 3D printing platforms［J］．Journal of Engineering and Technology Management，2015（37）：90-102.

[79] RAE D，CARSWELL M．Towards a conceptual understanding of entrepreneurial learning［J］．Journal of Small Business and Enterprise Development，2001，8（2）：150-158.

[80] RAGIN C C．Fuzzy-set social science［M］．Chicago：The University of Chicago Press，2000.

[81] RAGIN C C．Using qualitative comparative analysis to study causal order ［J］．Sociological Methods and Research，2008，36（4）：431-441.

[82] TEECE D J，PISANO G，SHUEN A．Dynamic capabilities and strategic Management［J］．Strategic Management Journal，1997，18（7）：509-533.

[83] TTEECE D J．Explicating dynamic capabilities：the nature and microfoundations of（sustainable）enterprise performance［J］．Strategic Management Journal，2007，28（13）.

[84] 董保宝，曹琦．不平衡时代的创新与创业研究［J］．南方经济，2019（10）：1-10.

[85] 程聪．创业心理资本与创业绩效：混合模型的检验［J］．科研管理，2015，36（10）：85-93.

[86] 蔡莉，崔启国，史琳．创业环境研究框架［J］．吉林大学社会科学学报，2007（1）.

[87] 蔡莉，单标安，朱秀梅，等．创业研究回顾与资源视角下的研究框架构建：基于扎根思想的编码与提炼［J］．管理世界，2011（12）：160-169.

[88] 蔡莉，单标安．中国情境下的创业研究：回顾与展望［J］．管理世界，2013（12）：160-169.

[89] 崔启国．基于网络视角的创业环境对新创企业绩效的影响研究［D］．长春：吉林大学，2007.

[90] 何红光，宋林．大学生创业资本对创业绩效的影响［J］．教育发展研究，2015，35（5）：35-40.

[91] 何良兴，张玉利，宋正刚．创业情绪与创业行为倾向关系研究［J］．研究与发展管理，2017，29（3）：13-20.

[92] 韩翼，杨百寅．真实型领导、心理资本与员工创新行为：领导成员交换的调节作用［J］．管理世界，2011（12）.

[93] 胡玲玉，吴剑琳，古继宝．创业环境和创业自我效能对个体创业意向的影响 [J]．管理学报，2014（11）．

[94] 江波，高娜．创业心理资本：创业心理研究的新视角 [J]．心理技术与应用，2013（3）：3-6.

[95] 靳娟，杜羽笛．大学生创业心理资本影响因素研究——基于积极心理学视角 [J]．北京邮电大学学报（社会科学版），2020，22（4）：112-122.

[96] 简兆权，刘念，黄如意．动态能力、企业规模与双元创新关系研究——基于 fsQCA 方法的实证分析 [J]．科技进步与对策，2020（19）：77-86.

[97] 焦豪，杨季枫，应瑛．动态能力研究述评及开展中国情境化研究的建议 [J]．管理世界，2021，37（5）．

[98] 焦豪．企业动态能力、环境动态性与绩效关系的实证研究 [J]．软科学，2008（4）：112-117.

[99] 蒋丽，蒋勤峰，田晓明．动态能力和创业绩效的关系：新创企业和成熟企业的对比 [J]．苏州大学学报（哲学社会科学版），2013，34（4）：120-125.

[100] 柯江林，冯静颖，邓建光．大学生心理资本对创业意向影响的实证研究 [J]．青年研究，2013（3）．

[101] 柯江林，孙健敏，李永瑞．心理资本：本土量表的开发及中西比较 [J]．心理学报，2009，41（9）．

[102] 康健，胡祖光．创新链内多重网络、创业能力与创业绩效关系研究 [J]．科技管理研究，2017，37（2）：7-16.

[103] 刘聪．心理资本对大学生创业意向的影响研究 [D]．济南：山东财经大学，2017.

[104] 刘志铭，邹文．数字创业生态系统：理论框架与政策思考 [J]．广东社会科学，2020（4）：5-14.

[105] 刘素婷．大学生创业心理资本培育与开发策略 [J]．创新与创业教育，2015，6（2）：30-32.

[106] 刘凤，余靖，明翠琴．灾害情境下韧性与创业意愿的实证研究——基于汶川地震十周年调查 [J]．科学学研究，2020，38（8）．

[107] 马红玉，陈梦妍，夏显力．社会资本、心理资本与新生代农民工创业绩效 [J]．科研管理，2020，41（11）：193-201.

[108] 马红玉．社会资本、心理资本与新生代农民工创业绩效研究 [D]．长春：东北师范大学，2016.

[109] 孟晓斌，张海兰．创业过程的情景依存性分析 [J]．技术经济，2007（12）．

[110] 马鸿佳，董保宝，常冠群．网络能力与创业能力——基于东北地区新创企业的实证研究 [J]．科学学研究，2010，28（7）．

[111] 牛骅．大学生创业心理资本、创业机会能力和创业绩效的关系研究［D］．重庆：重庆师范大学，2015.

[112] 牛骅，李祚山．大学生创业动机与心理资本的关系［J］．心理研究，2014，7（6）：64-69.

[113] 宁德鹏，葛宝山．创业教育对创业行为的影响机理研究［J］．中国高等教育，2017（10）：55-57.

[114] 倪宁，王重鸣．创业学习研究领域的反思［J］．科研管理，2005，26（6）：94-98.

[115] 潘建林．网络平台创业能力的内涵、维度及测量［J］．高等工程教育研究，2017（1）：48-54.

[116] 潘建林．网络平台用户创业能力、行为及绩效关系研究：网络创业型平台领导特征调节作用［D］．杭州：浙江工商大学，2017.

[117] 钱永红．创业意向影响因素研究［J］．浙江大学学报（人文社会科学版），2007，37（4）：144-152.

[118] 孙红霞，郭霜飞，陈浩义．创业自我效能感、创业资源与农民创业动机［J］．科学学研究，2013，31（12）.

[119] 张铭．心理资本影响因素研究回顾及拟议框架［J］．商业经济与管理，2017，（12）：24-34.

[120] 张秀娥，祁伟宏，李泽卉．创业者经验对创业机会识别的影响机制研究［J］．科学学研究，2017，35（3）：419-427.

[121] 张明，陈伟宏，蓝海林．中国企业"凭什么"完全并购境外高新技术企业——基于94个案例的模糊集定性比较分析（fsQCA）［J］．中国工业经济，2019（4）：117-135.

[122] 张秀娥，赵敏慧．创业学习、创业能力与创业成功间关系研究回顾与展望［J］．经济管理，2017，39（6）：194-208.

[123] 张秀娥，孙中博．基于效果逻辑的创业行为与创业绩效研究［J］．商业研究，2013（3）：91-95.

[124] 朱秀梅，李明芳．创业网络特征对资源获取的动态影响——基于中国转型经济的证据［J］．管理世界，2011（6）：105-115.

[125] 张晓旭．心理资本对组织绩效、组织承诺及组织公民行为的影响分析［J］．统计与决策，2013（11）：108-110.

[126] 张叶涵．非市场资源、战略能力与企业绩效关系研究［D］．上海：复旦大学，2013.

[127] 仲理峰．心理资本对员工的工作绩效、组织承诺及组织公民行为的影响［J］．心理学报，2007（2）：328-334.

附录1 数字创业心理资本影响因素组态分析调查问卷

尊敬的受试者：

你好！非常感谢你在百忙之中抽出时间对本问卷进行作答。本问卷中共有29个问题，占用你3~5分钟的时间。本问卷无任何与个人信息相关的问题，并承诺用于研究后便销毁，请放心作答。调查并无正确答案，选择最接近你实际想法的答案即可。

1~6题是对自我调节的描述，请根据实际情况进行选择：

1. 你会经常尽力将不同的事情做好。

○非常不符合　　○较为不符合　　○一般　　○较为符合　　○非常符合

2. 你经常完成令你感到刺激的工作，哪怕工作十分困难。

○非常不符合　　○较为不符合　　○一般　　○较为符合　　○非常符合

3. 生活中很少有爱好和感兴趣的事情能促使你为之付出努力。

○非常不符合　　○较为不符合　　○一般　　○较为符合　　○非常符合

4. 你认为自己在通往人生成功的道路上取得了进步。

○非常不符合　　　○较为不符合　　　○一般　　　○较为符合　　　○非常符合

5. 即将完成一个对你来说非常重要的任务时，你发现自己的表现并不像想象中的那样好。

○非常不符合　　　○较为不符合　　　○一般　　　○较为符合　　　○非常符合

6. 与大多数人相比，你总是无法获得生活以外想要得到的东西。

○非常不符合　　　○较为不符合　　　○一般　　　○较为符合　　　○非常符合

7~12题是对创业学习的描述，请根据实际情况进行选择：

7. 你经常与同行进行交流。

○非常不符合　　　○较为不符合　　　○一般　　　○较为符合　　　○非常符合

8. 你非常关注同行业中的"标杆创业者"的行为。

○非常不符合　　　○较为不符合　　　○一般　　　○较为符合　　　○非常符合

9. 你经常阅览相关书籍和报道以获取有价值的创业信息。

○非常不符合　　　○较为不符合　　　○一般　　　○较为符合　　　○非常符合

10. 你通过创业实践获得的经验极为有限。

○非常不符合　　　○较为不符合　　　○一般　　　○较为符合　　　○非常符合

11. 你会通过持续的创业实践来反思或纠正已有的经验。

○非常不符合　　　○较为不符合　　　○一般　　　○较为符合　　　○非常符合

12. 创业过程中，你会持续收集有关内、外部环境的信息。

○非常不符合　　　○较为不符合　　　○一般　　　○较为符合　　　○非常符合

13~16题是对家庭支持的描述，请根据实际情况进行选择：

13. 在创业中感到沮丧时，你的家人会试图理解你。

○非常不符合　　　○较为不符合　　　○一般　　　○较为符合　　　○非常符合

14. 你的家人为了帮助你创业成功所做的努力超出了你的预期。

○非常不符合　　　○较为不符合　　○一般　　○较为符合　　○非常符合

15. 你的家庭对你的创业想法会提供有用的反馈。

○非常不符合　　　○较为不符合　　○一般　　○较为符合　　○非常符合

16. 你的家人经常为你的创业作出贡献而不期望得到回报。

○非常不符合　　　○较为不符合　　○一般　　○较为符合　　○非常符合

17～20题是对创业环境的描述，请根据实际情况进行选择：

17. 如果创业，本地市场能够为你提供良好的技术支持。

○非常不符合　　　○较为不符合　　○一般　　○较为符合　　○非常符合

18. 如果创业，本地市场能够为你提供良好的资金支持。

○非常不符合　　　○较为不符合　　○一般　　○较为符合　　○非常符合

19. 本地政府对创业非常重视，为促进创业出台了多种措施。

○非常不符合　　　○较为不符合　　○一般　　○较为符合　　○非常符合

20. 本地文化鼓励自立、自治和个人主动性。

○非常不符合　　　○较为不符合　　○一般　　○较为符合　　○非常符合

21～28题是对心理资本的描述，请根据实际情况进行选择：

21. 你相信自己有分析长远问题的能力，并能找到解决方案。

○非常不符合　　　○较为不符合　　○一般　　○较为符合　　○非常符合

22. 在创业过程中，你相信自己能够设定好目标。

○非常不符合　　　○较为不符合　　○一般　　○较为符合　　○非常符合

23. 如果发现自己在创业中陷入了困境，你能想出很多办法摆脱。

○非常不符合　　　○较为不符合　　○一般　　○较为符合　　○非常符合

24. 你能想出很多办法来实现目前的创业目标。

○非常不符合　　　○较为不符合　　○一般　　○较为符合　　○非常符合

25.在创业中遇到挫折时，你很难从中恢复过来并继续前进。

○非常不符合　　　○较为不符合　　　○一般　　　○较为符合　　　○非常符合

26.你通常对创业中的压力能泰然处之。

○非常不符合　　　○较为不符合　　　○一般　　　○较为符合　　　○非常符合

27.在创业中，当遇到不确定的事情时，你通常期盼最好的结果。

○非常不符合　　　○较为不符合　　　○一般　　　○较为符合　　　○非常符合

28.在目前的创业中，事情从来没有像你希望的那样发展。

○非常不符合　　　○较为不符合　　　○一般　　　○较为符合　　　○非常符合

29题是对创业经验的描述，请根据实际情况进行选择：

29.你已开展数字创业：

○1年以下　　　○1~2年　　　○2~3年　　　○3~4年　　　○4年以上

附录2 数字创业心理资本与绩效
正式调研问卷

尊敬的先生/女生：

你好！感谢你参与本次调研。这是一份关于你在日常工作生活中真实感受的学术调查问卷，采取完全匿名的填答方式，回答没有对错之分。本问卷的调查结果仅用于学术研究，信息录入后原问卷集中销毁，对你的正常生活不会产生任何影响。问卷中包含反向题项，你的回答对我们非常重要，请务必真实作答。填写问卷过程中，如果认为某个问题并不能完全代表你的意见，请选择最接近你想法的答案。

1. 你的性别：

○男　　　　　　　　○女

2. 你的年龄：

○25岁以下　　　　○25~35岁　　　　○35~45岁　　　　○45岁以上

3. 你的学历：

○中专以下　　　　○高中或中专　　　○大专或本科　　　○硕士及以上

4. 你的创业年限：

○1年以下　　　　　○1~2年　　　　　○2~4年　　　　　○4年以上

5~12题将对你在数字创业中的心理资本水平进行调查。

5. 在开展数字创业时，你相信自己有分析长远问题的能力，并能找到解决方案。

○完全不符合　　　○较为不符合　　　○一般　　　○较为符合　　　○完全符合

6. 在数字创业过程中，你相信自己能够设定好目标。

○完全不符合　　　○较为不符合　　　○一般　　　○较为符合　　　○完全符合

7. 如果发现自己在数字创业中陷入了困境，你能想方设法摆脱。

○完全不符合　　　○较为不符合　　　○一般　　　○较为符合　　　○完全符合

8. 你能想出很多办法来实现目前的创业目标。

○完全不符合　　　○较为不符合　　　○一般　　　○较为符合　　　○完全符合

9. 在数字创业中遇到挫折（网络暴力、恶意差评、违规操作或行政处罚等）时，你很难从中恢复过来并继续前进。

○完全不符合　　　○较为不符合　　　○一般　　　○较为符合　　　○完全符合

10. 你通常对数字创业中的压力能泰然处之。

○完全不符合　　　○较为不符合　　　○一般　　　○较为符合　　　○完全符合

11. 在数字创业中遇到不确定的事情时，你通常期盼最好的结果。

○完全不符合　　　○较为不符合　　　○一般　　　○较为符合　　　○完全符合

12. 在目前的创业中，事情从来没有像你希望的那样发展。

○完全不符合　　　○较为不符合　　　○一般　　　○较为符合　　　○完全符合

13~22题将对你在数字创业中的能力范畴进行调查。

13. 你能够敏锐察觉到未被满足的数字市场需求。

○完全不符合　　　○较为不符合　　　○一般　　　○较为符合　　　○完全符合

14. 你能在外部环境变化中甄别出有价值的数字创业机会。

○完全不符合　　　○较为不符合　　　○一般　　　○较为符合　　　○完全符合

15. 你能够快速进入目标市场。

○完全不符合　　　○较为不符合　　　○一般　　　○较为符合　　　○完全符合

16. 你有数字产品或服务的创新能力，如模仿创新等。

○完全不符合　　　○较为不符合　　　○一般　　　○较为符合　　　○完全符合

17. 你能在数字创业过程中持续学习相关的数字技术和知识。

○完全不符合　　　○较为不符合　　　○一般　　　○较为符合　　　○完全符合

18. 你能经常通过与同行和利益相关方交流以获取有用信息。

○完全不符合　　　○较为不符合　　　○一般　　　○较为符合　　　○完全符合

19. 你对自己投身于数字创业的未来发展有着清晰愿景。

○完全不符合　　　○较为不符合　　　○一般　　　○较为符合　　　○完全符合

20. 你能为实现数字创业目标制订具体计划并准备备选方案。

○完全不符合　　　○较为不符合　　　○一般　　　○较为符合　　　○完全符合

21. 你能对数字创业项目进行信息分析、趋势判断和决策分析。

○完全不符合　　　○较为不符合　　　○一般　　　○较为符合　　　○完全符合

22. 你能根据形势变化调整数字创业战略。

○完全不符合　　　○较为不符合　　　○一般　　　○较为符合　　　○完全符合

23~28题将对你在数字创业中的行为进行调查。

23. 你会积极搜寻数字环境中的商业机会。

○完全不符合　　　○较为不符合　　　○一般　　　○较为符合　　　○完全符合

24. 你会利用数字环境中的信息创造商业机会。

○完全不符合　　　○较为不符合　　　○一般　　　○较为符合　　　○完全符合

25. 你在锁定商业机会后，会积极推进创业。

○完全不符合　　　○较为不符合　　　○一般　　　○较为符合　　　○完全符合

26. 你会积极创造条件以取得创业所需资源。

○完全不符合　　　○较为不符合　　　○一般　　　○较为符合　　　○完全符合

27. 你会去获取并掌握相关数字专业技术知识。

○完全不符合　　　○较为不符合　　　○一般　　　○较为符合　　　○完全符合

28. 你会主动获取数字创业所需的资金、设备和场所等。

○完全不符合　　　○较为不符合　　　○一般　　　○较为符合　　　○完全符合

29~33题将调查你对目前数字创业环境的看法。

29. 你认为数字创业的行业竞争非常激烈。[单选题]*

○完全不符合　　　○较为不符合　　　○一般　　　○较为符合　　　○完全符合

30. 你认为行业中新的营销手段层出不穷。[单选题]*

○完全不符合　　　○较为不符合　　　○一般　　　○较为符合　　　○完全符合

31. 你认为行业内提供的产品或服务淘汰率高。[单选题]*

○完全不符合　　　○较为不符合　　　○一般　　　○较为符合　　　○完全符合

32. 你认为行业内顾客的消费偏好变化快。[单选题]*

○完全不符合　　　○较为不符合　　　○一般　　　○较为符合　　　○完全符合

33. 你认为竞争对手的调整能力强。[单选题]*

○完全不符合　　　○较为不符合　　　○一般　　　○较为符合　　　○完全符合

34~37题将对你在数字创业中取得的成果和绩效水平进行调查。

34. 你认为个人收入比开展数字创业前有很大提高。

○完全不符合　　　○较为不符合　　　○一般　　　○较为符合　　　○完全符合

35. 你认为生活质量比开展数字创业前有很大提高。

○完全不符合　　　○较为不符合　　　○一般　　　○较为符合　　　○完全符合

36. 你认为开展数字创业让自己很幸福。[单选题]*

○完全不符合 ○较为不符合 ○一般 ○较为符合 ○完全符合

37. 你认为实现了数字创业前的设想目标。

○完全不符合 ○较为不符合 ○一般 ○较为符合 ○完全符合

索引

数字创业情境下心理资本对创业者及创业绩效的影响

The Impact on Digital Entrepreneurial Psychological Capital
and Performance in the Context of Digital Entrepreneurship

李佳卉　著

ISBN 978-7-5654-4842-3

定价：68.00元